さようなら
読売新聞

Media would fall into disfavor with citizens
Good-bye, Yomiuri Shimbun

メディアが市民の敵になる

山口正紀 Yamaguchi Masanori

現代人文社

メディアが市民の敵になる

さようなら読売新聞

はじめに

私は一九七三年に読売新聞社に入り、三〇年余り記者として取材・編集・報道に携わった後、「定年」まで五年余を残し、二〇〇三年一二月末、読売新聞社を退社した。退社のきっかけは、二〇〇二年秋の「日朝首脳会談」報道をめぐり、私が『週刊金曜日』誌上で《「拉致《らち》一色」報道が隠す日本側の侵略責任》などと批判したことを理由に翌年二月、「記者職」を剝奪《はくだつ》されたことだった。

私は入社直後から、「新聞記者であること」に悩んできた。市民の人権を守り、権力を監視する立場にあるマスメディアが、警察情報を鵜呑《うの》みにした犯人視・プライバシー侵害報道で市民を苦しめている。私は人権侵害をするために記者になったのではない。なんとかして報道のありようを変えたい——そう思い続けてきた私は一九八五年、報道被害をなくそうと発足した「人権と報道・連絡会」に参加、その世話人として活動してきた。

この活動を通じ、私は社外のメディアで、メディア批判の記事・論文を書くようになった。人権と報道・連絡会で知ったさまざまな報道被害の実態、それに対するメディアの対応、権力側の報道規制の動き。それらのレポートを、月刊誌『法学セミナー』（日本評論社）、『週刊金曜日』、月刊誌『創』、その他のメディアに発表してきた。

一九七四年の「甲山事件」では、犯人視報道が無実の山田悦子さんを二一年間も被告席に縛りつけた。一九八四年の「ロス疑惑」報道は、「銃撃事件」無罪確定後の今も三浦和義さんへの「疑惑の眼差《まなざ》し」をもたらしている。一九九四年の「松本サリン事件」報道は、メディア総ぐるみで河野義行さんに「毒ガス男」の濡れ衣を着せた。

しかし、メディアは「報道加害」を改めず、九〇年代後半以降、オウム報道、神戸・児童殺傷事件、和歌山・毒カレー事件、大阪・池田小事件などで、センセーショナルな犯人探しの特ダネ競争を繰り返し、「地域・取材報道被害」を生み出した。そうした報道への批判を悪用し、権力によるメディア法規制の動きも進行している。

警察情報に依存した事件報道の中で、記者たちの多くがジャーナリストにとって何よりも大切な「権力を疑う視点」をスポイルされてきた。警察・検察、政治家・官僚、大企業などから流される情報に「疑い」の目を向けず、そのまま大量に垂れ流す。そうしたジャーナリズム精神の衰退によって現在進行しているのが、マスコミ報道の「体制翼賛化」とそれを固定する「報道統制」だ。

二〇〇一年「9・11」事件後のアフガニスタン攻撃、二〇〇二年「9・17」後の日朝交渉・「北朝鮮」報道、二〇〇三年のイラク侵略とイラク占領をめぐる報道で、メディアの「翼賛化」は目を覆うばかりになった。そのかげで、有事法制という名の戦時体制作りが着々と進行し、自衛隊のイラク派兵が強行された。今や憲法九条は風前の灯であり、「改憲」は現実の政治日程に上っている。

私は九七年八月以来、『週刊金曜日』の「人権とメディア」欄に隔週で報道検証の記事を書いてきたが、二〇〇一年以降は、戦争と侵略をめぐる報道を取り上げることが多くなった。それこそが最大の人権侵害だからだ。私に対する「記者職剥奪」も、そうした中で起きた。

本書では、九九年八月から二〇〇三年一二月末までに『週刊金曜日』に連載した記事を第一部「現場で考えた'99〜'03報道検証」として収録した。これは九九年に出版した『ニュースの虚構　メディアの真実——現場で考えた'90〜'99報道検証』（現代人文社）の続編に当たる。

第二部「翼賛化するメディアと記者職剥奪」には、『検証・「拉致帰国者」マスコミ報道』（人権と報道・連絡会編、社会評論社、二〇〇三年一月）、月刊誌『創』二〇〇三年五月号、季刊誌『ひとりから』二〇〇三年一二月号に発表した「日朝交渉報道」批判、私に対する記者職剥奪人事などをめぐる論文、レポートを収めた。

「あとがきに代えて」で、二〇〇四年四月のイラク日本人拘束事件で「自己責任論」を展開した読売報道を、「読売新聞への惜別の思い」をこめて批判的に検証した。

日本の大手メディアは「権力の広報機関」化が進み、〈市民の敵〉になりつつある。本書で市民がその実態を知り、報道を批判的に見る視点を培っていただければと思う。同時に、本書が報道現場で悩みつつメディアの「翼賛化」に抗する記者の助けになることを願ってやまない。

メディアが市民の敵になる◆目次

2000年

2001年

2002年

2003年

さようなら読売新聞——あとがきに代えて……251

第1部◆現場で考えた'99～'03報道検証

1999

◆全日空機ハイジャック

主体性のない実名報道転換

99年8月27日

事件の被疑者に対する実名報道は、マスメディアが捜査当局の判断を鵜《う》呑《の》みにし、裁判を待たずに加える制裁だとメディアが自ら認めた――。七月二三日に起きた全日空機ハイジャック・機長刺殺事件。その被疑者の起訴前後の実名報道への転換に、私はこんな意味を読み取った。

この事件で新聞・テレビは、被疑者が精神科の治療を受けていたことなどから、『産経新聞』を除き、発生以来、匿名で報道していた。《犯罪の発生・発覚時、重度の精神障害下の犯行と強く推測できる状況があるときは、容疑者を匿名で書く》（『読売新聞』記述原則）など、各社ごとの報道基準に従ったものだ。

ところが勾留期限が切れる八月一四日を控え、『読売』が一一日朝刊一面に実名・顔写真入りで《全日空機乗っ取り／容疑の28歳起訴へ／地検　刑事責任問えると判断》との四段見出し記事を掲載。これを皮切りに、各社が次々と実名報道に転じた。

『読売』記事は、東京地検が《起訴する方針を固めた模様だ》という〝感触記事〟だったが、地検は他社にも同様の「感触」を与えたようだ。

まず、『日本経済新聞』が同日夕刊社会面に、四段見出しで《乗っ取り容疑者起訴へ》と実名報道。翌一二日、『毎日新聞』は朝刊社会面に、同様の四段見出しで実名・顔写真を掲載。以前から実名報道の『産経』も、同日朝刊社会面に起訴予告記事を載せた。

続いて一三日、『朝日新聞』は朝刊社会面に《全日空機事件起訴へ／容疑者に責任能力／東京地検》の断定的な四段見出しをつけ、実名・顔写真入りで報道。その日、東京地検が被疑者をハイジャック防止法違反などの罪で東京地裁に起訴すると、それまで各社の実名報道の列に加わっていなかった『東京新聞』も、翌一四日朝刊一面でいきなり名前を五段見出しにして報道、顔写真も掲載した。

各紙は実名報道転換に当たり、次のような「おことわり」を載せた。

《この事件で読売新聞社は、刑事責任能力の有無について捜査当局が結論を出していないことから、容疑者を匿名にしていましたが、検察当局が責任を問えるとして起訴の方針を固めたため、今後、実名で報道します》

《ハイジャック事件で逮捕された容疑者について、刑事責任能力の有無が判断できない状況にあったため匿名にしてきましたが、検察当局が刑事責任を問えると起訴することが確実視されることや取材の結果などから、実名での報道が相当と判断し、今後は実名で報道します》＝『朝日』

他社もほぼ同内容だったが、私はこれらの文章に「裁判を待たないメディア制裁」の論理を見た。

問題点は二つある。第一に、検察が起訴の方針を固めたことが、なぜ直ちに「刑事責任能力の有無」の判断につながるのか。起訴を報じた『読売』の一四日朝刊が《弁護人は公判で精神鑑定を申請する方針で、裁判では刑事責任能力の有無が最大の争点になる》と書いた通り、「判断」は、今後の裁判の審理にかかっているのだ。にもかかわらず、メディアは単なる検察の判断を、まるで裁判の結果が出たかのように扱った。

第二には、検察の「刑事責任を問える」という判断を、そのまま実名報道への転換にリンクさせたこと。これは、メディアが自ら判断すべき報道の基準を捜査当局に委《ゆだ》ねてしまっている主体性のなさをあからさまに示すものだ。しかも、「刑事責任を問う」ことが、メディアにとっては直ちに実名・顔写真掲載という「さらし刑」の執行になってしまう。

事件発生段階の匿名報道は、いったい何だったのかと思う。メディアが「精神障害」者に関する事件報道を原則として匿名にしてきたのは、刑事責任が問われないからというだけでなく、病気への社会的偏見による差別を防ぎ、社会復帰の道を閉ざさないためでもあった。

それが、検察の判断だけでいとも簡単に放棄されている。『読売』は起訴翌日の社会面で、被疑者の「人物像」として、経歴や私生活から病状まで詳細に伝えた。しかし、前述の『読売』記述原則によると、《起訴後の鑑定や判決で心神喪失下の犯行と認定されたときは、匿名に切り替える》となっている。だが、その段階でまた匿名に戻しても、失われたプライバシーはもう戻らない。

被疑者の名前や顔写真を掲載しなくても、事件は報道できる。現にこの事件でも、起訴まではそうしてきたではないか。メディアの仕事は、被疑者を制裁することではない。

◆「オウム進出」トラブル

メディアが煽った「住民不安」

99年9月10日

《オウム、大田原《おおたわら》に進出／松本被告の子ら転入届／1人受理、

2人保留》――六月二六日付の『下野《しもつけ》新聞』朝刊一面トップの見出しだ。社会面には《全住民挙げ戦い抜く／緊急区長会》の記事。以後、同紙には連日、大見出しが躍る。

《オウム転入届け不受理へ／大田原市長「住民を尊重」》（二七日）

《〝拠点〟建設、監視態勢に／長期化の不安も》（二八日）

《オウム転入届、受理せず／「公共の福祉」を考慮》（二九日）

全国紙の県版も《激震オウム進出／「絶対阻止」住民が気勢／強まる不安、憤り／「出てけ」コールやまず》（二七日付『読売新聞』）など、各紙がセンセーショナルな大報道。

地元商店会が始めたオウム信者への「不売運動」は、近隣市町に広がる。ゴミの収集、トイレのくみ取りも業者が拒否。行政も信者にプールや図書館の利用を認めないと公言。それらの報道が緊張感を高める。ストレスや監視活動の疲れから不眠や食欲不振を訴える住民も増え、市は付近の住民の健康相談会を始めた。

こんな「オウムの大田原進出」をめぐる地元の報道に目を通して、ため息が出た。報道は、地元住民の不安を煽《あお》ってきただけではないか。

四月以降、全国二〇以上の自治体がオウム信者の転入届を受理しないと表明し、公然と違法行為を宣言した。行政機関が法を無視して「あなたたちの人権はない」と言う。だがそれを批判するメディアはない。

オウムへの〝超法規的措置〟は警察が本家だ。マンションのポストにビラを入れた信者を次々と住居侵入容疑で逮捕。その「容疑固め」と称し、教団施設を何度も家宅捜索しては、ビラを根こそぎ押収する。そのビラの内容は、オウム報道に対する教団の反論・主張なのだ。メディア批判の口封じは日頃の報道へのお返しか？

「オウムには何をしてもよい」という風潮は、信者を直接の暴力にさらす。六月六日、東京・神田の路上でビラを配っていた男性を二人組の男が、「お前はオウム信者だろう」と刃物で刺した。大田原では七月二一日、ダンプカーが教団施設に突っ込み、信者二人をはね飛ばした。

一連の「オウム進出」報道を『読売』データベースでたどっていて、妙なことに気づいた。「オウム・トラブル」の多くは九九年三月以降に起きているのに、メディアの「トラブル報道」は、それ以前に始まっている。つまり、報道は実際のトラブルに先んじて行われていたのだ。

一月二九日付《オウム真理教、着々と復活》の記事は、「公安調査庁によると」として「住民とのトラブルも絶えない」と書いたが、その事例は長野県北御牧村《きたみまきむら》と山梨県高根町《たかねちょう》の二例だけ。その後、茨城県旭村《あさひむら》、埼玉県都幾川村《ときがわむら》、吹上町《ふきあげまち》、滋賀県甲西町《こうせいちょう》などで、住民が相次いで立て看板を設置したり集会を開いたりするようになったが、これらの町村でオウムが物件を取得したのは九六年から九七年にかけてのこと。この時点では特に問題は起きていなかった。

二月以降、北御牧村、高根町の続報や東京・足立区議会による施設視察などがひんぱんに報道される。三月二日には、《政府がオウム対策で「省庁連絡会議」新設》の記事。

「オウム進出」騒動が一気に全国版の大ニュースになったのは、四月二二日付《茨城・三和町のオウム工場に転入届》の記事からだ。この印刷工場では、前年六月から信者十数人が働いており、住民届も受理されていた。だが、この記事の翌日、地元町内会が受け入れ反対を町に申し入れ、二六日に町長が「違法承知」で転入届の不受理を決定。以後、「オウム進出パニック」ともいうべき現象が各地に広がっていった。

公安調査庁や警察がメディアにオウム情報を流す。メディアは「オウムが来た」と騒ぐ。行政がそれに反応し「受け入れ拒否」を言明、地元に「監視団」が作られ、緊張が高まる。これが、春以降の「オウム・トラブル」大発生の構造ではないか。

その一方で、次のような記事。

《オウム対策／自民、特別立法を含む規制策検討へ》(五月一二日)

《オウム真理教の活動活発化／「破防法適用の再検討が必要／野田自治相が表明》(五月一八日)

《組織犯罪対策3法案／実質審議1年ぶり再開／「オウム抑止策」強調／衆院法務委》(五月一九日)

《破防法の要件緩和へ／「政治目的」を削除／改正案、次国会に／政府・自民が方針》(五月二三日)

陰の演出者がほくそ笑んでいる。人権を踏みつぶして強権が行く。

◆神奈川県警不祥事

〝根腐れ〟は全国警察もメディアにも

99年9月24日

殴る、蹴《け》る。後ろ手錠をかける。拳銃を突きつける。裸にし、体毛に火をつける——一般社会ではこれを「リンチ」と呼ぶが、神奈川県警では「多少のふざけ心と、早く一人前になってほしいという気持ち」(中林英二・同県警警務部長)と、容認される。

暴力団員宅から押収したネガを盗み出し、そこに写っていた女性を脅してネガの買い取りと交際を迫る。犯人が一市民なら脅迫容疑などで直ちに逮捕されるが、警察官だと「女性は恐怖を覚えたが、実質的な被害はなかった」(深山健男・同本部長)と、もみ消してもらえる。

しかも、事実を隠す。ウソをつく。「確認できない」「調査中」とシラを切る。ウソがばれても、「説明不足」「言葉のあや」と開き直る。

「ネガ脅迫」の虚偽発表が露見した翌日(九月七日)、各紙は一斉に「神奈川県警不祥事」を社説に取り上げた。『朝日新聞』は《独り善がりは通らない》と独善的体質を批判、『読売新聞』は《倫理観を喪失した警察の怖さ》を指摘した。『毎日新聞』は《監督責任の所在を明確に》、『産経新聞』は《トップは自ら責任をとれ》と幹部の責任を追及。『東京新聞』は《法律は公平に適用すべきだ》と訴えた。

だが、こうした体質や問題は、最近にわかに生じたものではない。

暴力体質は、一九九二年一二月の川崎駅前派出所集団リンチ事件と何一つ変わらない。警察官三人が労働者を派出所に連れ込み、後ろ手に縛って殴る蹴るの暴行を加えたうえ、拳銃を突きつけ、熱湯をかけて重傷を負わせた。このすさまじいリンチが、「酩酊《めいてい》保護」として処理された。

ウソつき体質も、共産党国際部長宅盗聴事件とまったく同じだ。東京地検が「実行犯」の巡査を取り調べた八七年五月、当時の中山好雄・県警本部長は、「県警としても警察官個人としても、事件に関与していない。これは警察官の勤務報告などを総合的に調査したうえでの結論だ」と記者会見で堂々とウソを並べた。

ノンフィクション作家の久田恵さんは、《今回の不祥事には、底知れない怖さを感じる。警察が根腐れを起こしている印象だ。警察官個人の資質の問題ではなく、組織の腐敗が内部の人たちを変えていったのではないか。(中略)市民が彼らを厳しくチェックしていく必要がある》と言う(九月六日付『読売』)。

「神奈川県警不祥事」はその後も続々と明るみに出た。▼警察手帳を三人が紛失▼痴漢、万引きの二警察官に甘い処分で退職金▼警部補がJR車掌に暴行・傷害、逮捕されず▼窃盗事件の取り調べで被疑者に暴行、裁判で認定▼事故で車内に倒れた男性を警察官が放置し、死亡——。

いずれも、この二年ほどの出来事だ。よくもまあ、とあきれるが、ここで、ふと大きな疑問が浮かぶ。これほど多くの不祥事が、なぜこれまでは報道されてこなかったのか。

答えは明白だ。久田さんの言う「市民による厳しいチェック」を日常的に行う立場にあるメディアが、その役割を果たしてこなかったのだ。

問題は、警察と記者の関係にある。記者は警察の権力行使をチェックするためにいるのか、それとも警察から情報をもらうためにいるのか。建前は前者、だが実態は後者だ。

サツ回り記者は「※夜討ち朝駆け」に奔走し、それで得た断片的捜査情報で記事を書く。それには、捜査員と仲良くしなければばならない。警察情報に依存して行われる「犯人探し」の特ダネ競争。そこでは記者は警察から「情報をもらう立場」にあり、「監視する立場」には立てない。この関係が、権力チェック機能を奪う一方で報道被害を再生産してきた。

日本新聞協会は九月一日、『朝日』の「※和歌山毒カレー事件報道」を新聞協会賞に選んだ。《報道各社が激しい取材競争を展開する中、和歌山県警捜査本部が強制捜査に踏み切る方針を固めていたことをいち早くつかみ、他社に先駆けて報じたこのスクープは、（中略）事件解明の方向性を決定づけた》と評価して。警察の捜査方針をつかむことが勲章になる世界。

一週間後、七日付の同紙「天声人語」は警察の不祥事に触れ、《警察とは権力の権化であり、傲岸不遜《ごうがんふそん》そのものだと思いたくなる》と書き、《警察を信じたいのに》と結んだ。権力を疑うのが記者の役割なのに。

権力をチェックする立場から取材すれば、今回のように報道すべき問題はいくらでも出てくる。「根腐れ」は神奈川県警だけではない。他の都道府県警も、そしてメディアも。

◆「オウム排斥」報道

新・破防法に手を貸すメディア

99年10月8日

「殺人オウムよー、おめえらには生きる場所はねえんだよー、人殺しー、バカヤロー、出てけー」。栃木県大田原《おおたわら》市の元民宿。深夜、塀越しに、酒に酔った中年男性たちが大声でののしる。固定カメラに記録された罵声《ばせい》は、延々十数分も続いた。

九月一五日、宇都宮市で開かれた「※人権と報道・連絡会」主催のシンポジウム〈オウム真理教信者の転入届不受理をめぐって「公共の福祉」を考える〉で上映されたビデオ。ゲストの河野義行さんは「見ていて悲しくなった。あまりにも醜い。オウムが怖いと言うけれど、本当に怖い相手にこんなことが言えますか。私には住民の方が怖い」と語った。

五年前、※松本サリン事件で犯人視報道された河野さん宅にも、「人殺し」「松本から出ていけ」と、いやがらせ電話や脅迫状が相次いだ。

「今のビデオに、五年前の自分の体験がだぶって見えました。社会から抹殺《まっさつ》されかけて、死んだ方がラクかなあと思ったこともあります」

大田原市では六月二五日、信者の転入届が数時間後には地元紙に流れた。翌日の紙面に、「なぜ大田原へ来るんだ」「全住民挙げ戦い抜く」と、感情むき出しの大見出しが躍った。

その後約二カ月半の間に、栃木県内四九市町村のうち二四の市町村議会が、破防法（破壊活動防止法）「改正」を含む教団の活動制限などを求めた国への意見書を採択。栃木県知事は、政府への「破防法改正要請」の急先鋒《せんぽう》となった。

メディアが煽《あお》った集団的敵愾心《てきがいしん》。シンポジウムに参加した地元の男性は、「関東大震災の時、朝鮮人を虐殺した官製組織を思い出す。それをおかしいと言う人は異端者扱いされる」と話した。「転入届不受理」という明白な違法行為が、今や行政の「トレンド」となり、大田原市の反対住民のプラカード「オウムは地球から出ていけ」が現実化しつつある。

河野さんは言う。「今オウムにいる人たちは、もし何かやっていたら逮捕されている。つまり、何もしていない。それなのに行政が先頭をきって犯罪者扱いし、いじめている。出ていけというのなら、信者の居場所を確保して移ってもらう。それが行政のやるべき仕事でしょう」

ところが、政府・自民党にとっては「オウム・トラブル」の拡大は、念願の盗聴法（通信傍受法）に続き、破防法「改正」も実現する絶好のチャンスなのだ。七月から八月にかけ、破防法再適用・「改正」論が勢いを増し、小渕恵三首相も「改正の検討」を表明した。

だが、破防法「改正」は公明党の反発を招いて「自自公」路線にヒビを入れかねない。そんな政治判断から政府は九月八日、破防法には直接手をつけず、新たな団体規制法案を臨時国会に提出する方針を決めた。

各紙報道によると、新法には、①観察処分対象は、公安審査委員会の審査を経ずに公安調査庁長官が認定できる②団体が立ち入り調査を拒めば刑事罰を科し、公安庁に強制調査権を与える③破防法にない施設の新規取得、勧誘、寄付の禁止——などが盛り込まれようとしている。

要するに新法は、法務省などが検討してきた破防法「改正」案の主な内容を盛り込み、公安庁の権限を大幅に強化する「新・破防法」というべきもの。それがオウム対策に名を借りて実現されようとしている。しかし、盗聴法には反対した政党や市民団体も、オウム新法には異論を唱えにくいムードができつつある。

河野さんはシンポジウム会場でオウム教団の荒木浩・広報部副部長と会い、「今は裁判中だが、もしオウムの組織犯罪が確定したら、被害者に対してどうするのか。私ならお金を供託しておいて被害者のために使う。そう表明した時、世の中の見方は変わってくると思う。自分たちが今、何を考えているのかを表に出していくのが大事ではないか」と提案した。

荒木さんはシンポジウムで「事件に対する教団の姿勢に不透明な部分があり、それが住民の不安の根底にあると河野さんに指摘され、その通りだと思った。近いうちに教団としての姿勢を示したい」と発言した。

サリン被害者が、こんなに冷静に対話している。メディアは新・破防法に手を貸す煽情《せんじょう》的報道をやめ、住民がオウム教団と冷静に対話するための環境作りに力を注いでほしい。

（教団は九月二九日、対外的宗教活動の休止と「オウム真理教」の名称使用の一時停止を発表した。メディアの多くは、これも「批判回避」「組織防衛」との公安当局の見方に沿って報じただけだった）

◆甲山事件無罪確定

メディアがふれない報道責任

99年10月22日

「本日、大阪高裁は三たびの無罪判決を出しました。ボタンのかけ違いで始まった冤罪《えんざい》、世界に例のない長期裁判です。検察は上告を断念し、直ちに裁判を終結させるよう訴えます」。九月二九日午前一〇時過ぎ、「甲山《かぶとやま》25年※　みたび無罪」の垂れ幕が揺れる大阪高裁北側駐車場。甲山事件救援会の太田稔事務局長は、一言一言かみしめるように言った。

一九七四年三月、兵庫県西宮市の知的障害児施設「甲山学園」（廃園）で園児二人が浄化槽から水死体で発見された甲山事件。その「ボタンのかけ違い」は、遊び中の事故とも推定できた二児の死を、警察が最初から「連続殺人」「内部犯行」と決めつけ、犯人探しをしたことから始まった。

一人目の女児の死が事故とほぼわかっても、警察は引き返さなかった。同年四月七日、二人目の男児殺害の容疑で山田悦子さんを逮捕。メディアはそれを「二児殺しで保母逮捕」と誤報したばかりか、《捜査そらす演技？葬儀の日、泣いて合掌》（四月八日付『毎日新聞』）、《暗い青春時代の女／間違いでも主張通す》（四月二一日付『読売新聞』）などと報道した。

もとより証拠はなく、山田さんは四月末、処分保留で釈放、翌七五年九月、不起訴となった。この釈放・不起訴の各時点でメディアが捜査と報道の誤りを検証していれば、「甲山25年」はなかっただろう。だが、大量にばらまかれた山田さんに対する犯人視の情報は訂正されず、「かけ違えたボタン」は放置された。

強烈な犯人視報道によって山田さんを犯人と信じ込んだ男児の遺族は同年一〇月、検察審査会に不起訴処分不服を申し立てた。翌七六年一〇月、検察審査会は「不起訴不当」を議決。これまた、報道で形成された強い犯人イメージの産物だった。

これを受け、神戸地検は七八年二月、山田さんを男児殺害容疑で再逮捕、三月起訴。以後二一年余、山田さんを「被告席」に縛り続けた。

報道の影響は、これにとどまらない。第二次逮捕では「山田さんが男児を連れ出すのを見た」との園児供述が新証拠とされた。それを「捜査官の暗示・誘導の可能性が高い」と退けた今回の判決は、「園児供述は第一次逮捕時のテレビ報道などの影響があった」とも指摘した。

判決を前にした九月一二日、大阪市内で開かれた「無罪終結を求める集い」で、山田さんは訴えた。

「無罪判決が出ても、メディアは長過ぎる裁判批判など表面的なことに終始するかもしれません。障害のある子どもたちが司法の道具に使われた、そこに甲山事件の深刻さがあります。それを社会に伝えることができるのはメディアです。子どもたちをうその証言台に立たせた司法の不正義を、ぜひ伝えてください」

高裁判決は、過去二回の無罪よりさらに踏み込んだ完全無罪だった。第二次逮捕・起訴を強行した検事を名指しで批判もした。そこには、「女児死亡の責任をカムフラージュするため男児を殺害した」というストーリーを作り、園児に虚偽供述を強いた検察への憤りさえうかがえた。


だが、二九日夕刊からの判決報道は、山田さんが危惧《きぐ》した表面的な検察・裁判批判に終始した。逢坂貞夫・元神戸地検主任検事が「この判決を読むと、我々が捜査をでっち上げたようにも受け取れる」と反論した（『読売』二九日夕刊）ほどの判決だったのに、冤罪《えんざい》をつくり出した「検察の不正義」を追及する報道は見られなかった。また、冤罪の共犯者・メディアの不正義も自ら検証する必要があったが、判決当日の記事、翌三〇日の各紙社説でも、報道責任にふれたものは一つもなかった。

一〇月八日、大阪高検は上訴権を放棄、超長期裁判は無罪終結した。翌九日、私は祝福のつもりで「やっと終わったね」と電話したが、「いや、まだ……」と山田さんの声は弾《はず》まなかった。「メディアはまだ甲山事件の真実を書いていない」と。

判決当日の『産経新聞』に《遺族「有罪と信じている」》という記事が掲載された。冤罪の被害者と遺族を対立させる理不尽な報道だが、山田さんにとっては遺族が自分を犯人と思っている限り、「甲山」は終わらない。うそを証言させられた元園児たちの心の傷も癒《いや》されていない。

「事件当時、私を犯人扱いする記事を書いた記者の多くが今、デスクになっています。その人たち自身に自分の書いた記事と事件を検証してほしい」——この山田さんの言葉に応《こた》える責任が、メディアにはある。

◆メディア法規制

国家管理に動き出した自民党

99年11月5日

「報道への権力介入の動きが強まっている。自民党は活字メディアも含めた法的措置の検討、法的根拠のある第三者機関設置を言い出している。しかし、これに対するメディア、新聞社の危機感が感じられない」

一〇月一四日、前橋市で開かれた日本弁護士連合会（日弁連）の第四二回人権擁護大会「人権と報道」分科会シンポジウムで、パネリストの野村務弁護士は、権力による報道規制に最も敏感であるべきメディアの鈍感さを、もどかしげに指摘した。

野村弁護士が言及した自民党の動きとは、「報道と人権等のあり方に関する検討会」（谷川和穂《たにかわかずお》座長）が八月一一日に出した報告書を指す。そこには、報道規制への欲求がかつてなく露骨に盛り込まれていた。

この検討会は、テレビ朝日のダイオキシン報道、脳死移植報道※をきっかけとして九九年三月に発足した。報告書は、「米サ※ンディエゴ事件」などの報道被害を例に挙げ、放送界が自主的に設置した「放送と人権等権利に関する委員会機構」（ＢＲＯ）※が十分機能していないと批判。活字メディアに対しても「自主的なチェック機能強化」を求め、効果が上がらない場合は「法的根拠のある第三者機関の設置も検討すべき」とした。

自民党はこれまで、テレビ朝日「椿《つばき》発言」※問題（九三年）、ＴＢＳ※「オウムビデオ」問題（九六年）などで、電波メディアに対する法規制を執拗《しつよう》に主張してきた。それがここにきて、活字メディアも含めた全面的な法規制にトーンを高めている。

これは、先の一四五国会で盗聴法（通信傍受法）、「国民総背番号制」（住民基本台帳法「改正」）、日の丸・君が代法制化、外国人登録法・入管難民法改悪など、国家管理強化「懸案立法」を軒並み通したことと密接につながっている。

メディアを国家の管理・統制下に置くことは、戦前の歴史が教える通り国家管理社会の総仕上げを意味する。

自民党は、今をそのチャンスと見ている。「報道と人権」検討会は、神戸事件報道※（被害者報道や少年顔写真掲載）、渋谷・女性管理職殺人事件、松本サリン事件、米サンディエゴ事件などの報道被害を議論で取り上げた。その深刻さと批判の高まりを、報道規制が市民に受け入れられる絶好の機会と読んだのだろう。

日弁連はシンポジウム翌日の大会決議で、メディアの興味本位・営利目的に流された報道が深刻な被害をもたらしたとして、「その結果、行政機関や国会などからマスメディアに対し介入や干渉の理由とされるなど、報道の自由が脅かされるという事態を招いている」と指摘。そのうえで、新聞・雑誌などのプレスに対して「報道評議会」などの独立した機関を自主的に設置し、「報道の自由を守りつつ、報道被害の救済の実現に努めること」を要請した。

だが、肝心のメディア側に危機意識がない。自民党の検討会報告書も、ごく小さくしか報道されなかった。日弁連大会実行委員会は九月、全国紙と通信社に報道被害救済などをテーマとした懇談会を呼びかけたが、『読売』『産経』は返事なし、『毎日』は欠席。出席した他社の社会部長らも、報道評議会などメディア全体の機関は必要ない、という認識だった」（野村弁護士）という。

新聞労連も九七年一月の臨時大会で「新聞人の良心宣言」を採択し、メディアの自主的な報道評議会設置を提唱。以来、三度にわたって新聞協会に「報道評議会設立」を申し入れてきた。だが、反応は糠《ぬか》に釘。

そうした中で、いよいよ政府機関による報道規制の動きが具体化してきた。一つは法務省の「人権擁護推進審議会」での報道被害対策の検討、もう一つは「個人情報保護法」制定作業の中での報道規制論議だ。

権力は、国民総背番号制や盗聴法で市民のプライバシーを意のままに管理する一方、メディアに対してはプライバシー侵害や報道被害を口実に報道規制を図ろうとしている。

こんな危険な事態の進行に、日弁連大会は①報道への権力介入の実態調査と対策②各弁護士会での「報道被害一一〇番」設置③報道評議会設立に向けた新聞協会への働きかけ――などを決めた。当事者である新聞協会や新聞・通信社の幹部は、いつまで「我関せず」でいるのだろうか。

日弁連大会シンポジウムでは、事件報道における「実名・匿名」報道問題についても、実りある議論が展開された。その詳細と成果については、次回改めて報告したい。

◆「実名報道」被害

匿名原則を求める報道被害者

99年11月19日

前回に続いて、日弁連（日本弁護士連合会）第四二回人権擁護大会「人権と報道」分科会の論議から、事件報道における「実名・匿名」問題を中心に報告する。

大会実行委員会は分科会基調報告書で「原則匿名報道」を提言した。①一般市民の場合は、確定判決があるまで匿名で報道②政治家など社会的影響力の大きい公人の場合は、実名で積極的に伝える、というもので、理由として①実名による犯人視報道は、無※罪推定原則に反する②実名報道による苛酷《かこく》な被害、を挙げた。

　日弁連は一九七六年に出版した『人権と報道』（日本評論社）で、《無罪の推定を受けているはずの被疑者・被告人に対しては、原則として氏名を公表することなく報道すべきである》と匿名報道原則を提唱した。

　ところが、八七年に熊本で開かれた第三〇回人権擁護大会の基調報告書は、《原則匿名報道とする措置を現在一時に採用すれば、捜査機関はそれを理由に人名を全く公表しなくなり（中略）捜査の密室性が進むとともに、警察の情報管理の口実にされる恐れが強いことが懸念される》と「匿名報道危険」論を展開した。

　これは、マスメディア幹部が主張する「実名報道による権力チェック」論に同調したもので、参加者から強い批判が出され、大会宣言は「原則匿名報道の実現に向けて」の文言を盛り込む形で修正された。

　この熊本大会に比べ、今大会は明確に匿名原則を主張した。その背景には、松本サリン事件や和歌山毒カレー事件での逮捕前の実名犯人視報道、オウム事件の微罪・別件逮捕報道などで、「実名＝権力チェック」論の虚構がはっきりしたことがある。

　基調報告を受けたシンポジウムでは、報道評議会設立問題とともに、この問題が大きなテーマになった。

　メディア側から出席した毎日放送の池口和雄・報道局専任局長は「取材・報道のスタンスは実名が基本。名前は、知る権利に応《こた》える重要な要素と考えている」と述べた。

　平川宗信《ひらかわむねのぶ》・名古屋大学教授は「メディアは警察と一緒に犯人探しをしている。メディアの役割は警察の違法捜査や人権侵害を指摘し、事件の背景を掘り下げること。ハイジャック事件は当初、匿名報道だったが、匿名でも事件の中身はわかった」と指摘した。

　田島泰彦《たじまやすひこ》・上智大学教授は「現在の犯人視報道の中で名前を出せば問題が起きるが、被疑者の言い分を取材し、権力チェックの視点も入れて報道する中で名前を出すとすればどうか。犯罪、捜査手続きは公共の問題であり、その情報開示は基本。だれが、は重要な要素だ」と述べた。

　松本サリン事件報道被害者の河野義行さんは、「実名が出ると社会的に制裁される現実がある。家族にも取材が及び、私の実家の兄も取材された。実名は制裁報道と感じている。双方の言い分が載ればというが、警察情報が八、九割。みんなはどちらを信用するか」と疑問を呈した。

　この議論の中で、平川教授は匿名報道原則の根拠を、無罪推定原則だけでなく、プライバシーなど人格権の視点からもとらえ直すべきではないかとして、次のように述べた。

「表現の自由・知る権利がプライバシーなど他の人権より優越性を認められているのは、市民が民主的な自治を行う上で必要な情報を知ることは民主主義の基礎だからだ。犯罪報道では、公人の場合は名前自体が民主的自治に必要な情報であり、プライバシー権は制約を受ける。だが、一般市民の名前には公共性はなく、知る権利の優越性は言えない」

会場討論では、報道関係者から「報道は事実を伝えるのが使命。だれが逮捕されたのかを伝えるのは報道の基本」「匿名報道が増えるのは良いことではない」などの意見が続いた。

これに対して甲山《かぶとやま》事件の報道被害者・山田悦子さんは、「二五年間マスコミにさらされてきた。一度報道にさらされると、市民社会で生きていけなくなる。報道は権力をチェックする機関。今の報道を変えていく最低限の方法として匿名報道にしてほしい。このささやかなことが、なぜできないのですか」と訴えた。

日本新聞協会は一〇月、倫理特別委員会を設置、各社編集主幹などによる小委員会を設けて新聞倫理綱領の見直しも含む調査・検討に着手した。その作業では日弁連大会の成果を生かし、実名報道原則の見直しに取り組んでほしい。何よりもまず河野さん、山田さんなど報道被害者の声に耳を傾けることだ。当事者の話を聞くのは、報道の原点でもある。

◆神奈川県警不祥事

「警察の犯罪」監視はだれの役割か

99年12月3日

《警察が犯罪に走った》=『朝日新聞』、《警察腐敗／出直しには大手術が必要》=『毎日新聞』、《不祥事の根を絶つ組織改革を》=『読売新聞』、《警察は真の職務を考えよ》=『産経新聞』
神奈川県警元本部長ら元幹部九人が部下の覚醒剤《かくせいざい》使用をもみ消した容疑で書類送検された一一月一四日、各紙朝刊はこんな見出しの社説を一斉に掲載した。一六日には『東京新聞』『日本経済新聞』も同様の社説を載せた。
各社説は、警察官の不正を正す立場にある監察官まで隠蔽《いんぺい》工作に加わっていたことの深刻さや公安委員会の形骸化を指摘。《警察をチェックすべきシステムが機能不全に陥り、腐敗が信じ難いほど進んでいた》（毎日）などとして対策を提案した。《外からの監視が働くよう情報の公開とともに、独立した監察組織の新設が求められる》『毎日』《日常的に警察を監視し、チェックする新たな仕組みを導入することも検討したい》『東京』

《弁護士や市民代表を公安委直属の外部監察委員やオンブズマンに選び、市民からの警察への苦情処理や内部の不祥事の調査だけでなく、警察官の職務犯罪の捜査に当たらせてはどうか》『日経』

『読売新聞』の井上安正社会部長も、一三日付記事で《これほど自浄能力を欠いてしまった警察現場に、自己再生を願うのは無理だ。わずかに残されているのは、第三者の監視と判断力を借りる道である》と述べた。

ちょっと待ってほしい。「第三者の監視」というが、権力監視は本来、マスメディアの最大の役割だったはずだ。また、新聞などメディア幹部はこれまで、「警察への密着取材と実名報道による権力チェック」を主張してきたのではなかったか。

たとえば井上氏はかつて、『新聞研究』一九八四年一一月号の論文で、《夜討ち朝駆けの明け暮れに耐えているのは、スクープをものにしたいからだけではない。捜査の裏表を確認し、捜査そのものの〝監視〟につながるとの自負の念を持つことは思い上がりだろうか》と書いた。また、著書『警察記者』(九三年、JICC)でも、スクープを狙《ねら》った取材について《捜査当局の権力行使に誤りや行きすぎがないかどうかのチェックにもつながる》と述べていた。

しかし、警察に密着した犯人探し取材が捜査の監視やチェックにつながるなんて、現場の記者の多くは信じていない。一〇月上旬、東京で開かれた新聞労連ジャーナリスト・トレーニングセンター(JTC)※の研修会で、若い記者たちは「権力チェック」の実態をこう話した。

「警察官と仲良くするのがサツ回り記者の大前提と言われてきた。でも、ネタをもらう相手をどうチェックするのか、イメージがわかない」

「タレコミなどで警察の不祥事をつかんでも、実際はなかなか書けない。書けば取材に応じてもらえなくなる。警察から情報をもらっている以上、権力チェックなんて不可能」

九月以降、あきれるばかりに噴出した神奈川県警の不祥事報道。それは同時に、これほどの権力犯罪の山を記者たちが見過ごしてきたことの証左でもある。《警察をチェックすべきシステムが機能不全に陥り》(毎日)はメディアも同じだった。

だが、一連の不祥事報道は、記者たちが「その気」になって取材すれば、警察の犯罪・不祥事告発が可能であることも示した。一一月以降も神奈川県警だけでなく、警視庁、愛知県警、佐賀県警などの警察官犯罪や処分隠しが続々と報道されている。

これを可能にしたのは、一時的現象かもしれないが、警察の犯罪や不祥事を大ニュースとして報道するニュース価値観の変化だろう。捜査情報をもらうことより、警察の不祥事報道が優先されれば、記者たちは遠慮なく取材し、記事を書けるのだ。

それを恒常的なものにするためには、ニュース価値観の根本的な転換が必要になる。和歌山毒カレー事件の『朝日』報道のような、捜査を先読みした犯人探し記事がスクープとして新聞協会賞を受ける価値観から、神奈川県警のような組織犯罪、別件逮捕や調書・証拠の捏造《ねつぞう》、虚偽自白強要などの違法捜査・冤《えん》罪《ざい》の告発が「特ダネ」と評価される価値観へ。

警視庁や各都道府県警には、メディア各社合わせて少なくとも二〇〜三〇人の記者が、警察に張りついて取材している。それらの記者が権力チェックを主目的に、日常的に捜査を監視するとしたら——これほど強力な「第三者の監視」はないと思うのだが。

◆文京区「お受験殺人」報道

「歪んだ母性」報道を超えた叫び

99年12月17日

東京・文京区の女児不明事件で一一月二五日、幼い子ども二人を持つ女性が警察に自首し、女児が遺体で発見された。その痛ましいニュースを知った時、つい最近、著者の講演を聞いて読んだばかりの『子育てと出会うとき』(大日向《おおひなた》雅美《まさみ》著、NHKブックス、九九年)の文章が頭に浮かんだ。

《最近の子産み子育てに異変が生じているとしたら、それは子育ては母親がすべきだとした近代以降の母性観が、現代の女性や家族、さらには社会にとって齟齬《そご》が大きくなっていることを示す信号として、私たちは受け止めるべきなのです》

私はかつて、新聞の生活家庭欄の仕事で、若い母親の幼児虐待問題を取材したことがある。その時、虐待する母親たちの多くが専業主婦で、「理想的母親」への強い願望を持ち、そうなれない自分にいらだち、苦しんでいること、その葛藤《かっとう》が「企業戦士」の夫に理解されず、孤立感に追いつめられていることを知った。

だから、大日向さんの「母性観」に関する指摘はよくわかった。この「異変の信号」は、だれより報道に携わる者が正確に受け止める必要がある。だが、メディアのアンテナの多くは古い価値観にさびついている。

一二月一日付『朝日新聞』家庭欄で、大日向さんは今回の事件について《事件が「ゆがんだ母性」などと報道されるのは気になる(中略)。母親を批判するのは簡単でわかりやすい。しかし、母親たちをこれ以上追いつめないで欲しい》と述べた。

逮捕直後、《受験で心見失う?》(一一月二六日付『読売新聞』)など、メディアの大半が事件を「お受験殺人」と報道した。二七日付の『読売』「編集手帳」はこれを受け、《母性が壊れている、消えている、歪《ゆが》んでいる》と書いた。二八日付の『産経新聞』連載記事《『受験…女児殺害「心のぶつかりあい」』中》は、受験の確執が事件の背景にあるとし、《わが子かわいさゆえの『ゆがんだ母性』が生んだ犯罪ではないか》との犯罪社会学者のコメントを載せた。

週刊誌は、彼女に「お受験殺人主婦」(『FOCUS』)、「鬼母」(『FRIDAY』『女性セブン』)などと烙印《らくいん》を押した。テレビのワイドショーは彼女の顔写真を真っ先に放映。「凶悪事件以外、顔写真を掲載しない」はずの『朝日』も含め、新聞も次々と顔写真を掲載した。この事件の報道に、なぜ顔写真が必要なのか。彼女の生い立ち、学歴・職歴、日常生活も詳細に報道された。

彼女の「供述」情報が連日詳報され、母親批判の矛先は、やがて被害者の母親にも向かっていった。一二月四日朝刊各紙は、《我が子への態度に耐えられなかった》＝『朝日』など母親同士の確執に関する「具体的供述」を一斉に大きく報道した。

被害女児の顔写真も何度も掲載された。安否情報収集を目的に公開された女児のビデオ映像が、遺族の気持ちを思いやる配慮もなく繰り返し流された。遺族が報道で二次被害を受ける構造は、神戸事件と同じだ。

新聞各社は取材班を作り、一二月に入って緊急連載した。だが、記事の中心は《なじめぬ都会へ〝恨み〟／きまじめ……不器用……》(二日付『読売』《心の闇》上)、《不器用で一途／思い空転…緊張途切れ》(六日付『毎日新聞』《35歳　母》中)など、彼女の性格や経歴、暮らしぶりと事件の関連を探る内容。それに「供述」や捜査員の話を織り込んで事件像を描くパターン報道の域を出なかった。

そんなリポートより、よほど事件の意味を考えさせられたのは、『朝日』家庭欄に一二月一日から上下で掲載された《母たちの叫び／文京区女児殺害事件に思う》だ。意見募集後の二日間に八二四通ものファックスやEメールが寄せられたという。

詳しくは紹介できないが、《「良い母親」押し付けはやめて／ひとごとでない　6年前の私／夫は批判するだけ／子どもは母の成績表／息つまる子育ての迷路／狭い付き合い／姿ない父親》などの見出しが端的に示す「母たちの叫び」こそ、現代日本の子育ての「異変信号」だと思った。

テレビでも同様の試みがあった。一二月五日のTBS「サンデーモーニング」は、大日向さんの司会で若い母親たちが「事件と子育て」を語り合う中身の濃い座談会を放送した。

プライバシーや捜査情報に依存せず、被疑者・被害者遺族を傷つけることなく、事件の意味や背景を読者と一緒に考えていく。母親たちの声を直接伝えた記事や番組は、事件報道に新しい方法と可能性を拓いた。

2000

◆死刑執行報道

「死刑大国」を支える世論操作

00年1月14日

日本の裁判所には、「誤った裁判による殺人未遂」の前歴が四件ある。死刑が確定した冤罪《えんざい》被害者が再審で無罪を勝ち取り、死刑台から生還した〝事件〟だ。一九八三年・免田《めんだ》事件、八四年・財田川《さいたがわ》事件、松山事件、八九年・島田事件。最高裁が七五年に出した「再審請求審についても疑わしきは被告人の利益に」との「白鳥《しらとり》決定」が、狭かった再審の扉を広げ、「誤判殺人」を未遂にとどめた。

以前、この白鳥決定に加わった元最高裁判事・団藤重光《だんどうしげみつ》さんを取材した際、重く心に残った言葉がある。

「再審請求が通らず死刑を執行されてしまった人の中には、無実の人がいた可能性が強い。そのことを思うと胸が痛みます。裁判官も人間。間違いがないと言い切れません」

九九年一二月一七日、東京、福岡両拘置所で二人の死刑が執行された。一人は再審請求中で、各紙は「極めて異例」と報道した。再審請求中の執行を避ける慣行は、誤判殺人を防ぐ最後の歯止めだ。しかし、法務省は「全く同じ理由でたびたび請求が繰り返されている場合は、再審を開始すべき理由がないとして、執行もあり得る」（一八日付『朝日新聞』）とした。「再審を開始すべき理由」を判断するのは裁判所だ。今回の執行は、再審請求に対する裁判所の判断を「無用」と言ったに等しい。

だが、再審制度をないがしろにする法務省の暴挙を、メディアは批判しない。執行事実と法務省の見解を「客観報道」するだけで、死刑と誤判をめぐる苦い経験も伝えなかった。

今回の執行は、半ば「予期された計画的国家殺人」でもあった。

総理府は九九年一一月二七日、死刑制度に関する世論調査結果を発表した。《死刑制度容認79％／過去最高／廃止派初めて1割切る》（二八日付『読売新聞』）などの報道に接し、私は五年前の前回調査を思い出した。

九四年一一月二六日に調査結果が発表され、《死刑容認、最高の73％》（『読売』）などと報道された直後の一二月一日、二人の死刑が執行された。「世論のお墨付きを得た」と言わんばかりの執行だった。今度も同じことが……と危惧《きぐ》したが、法務省はまさにその通り計画、実行した。

世論調査の報道にも問題がある。各紙は《死刑を容認する国民は79・3％で、廃止を求める意見は8・8％》（『毎日新聞』）

などとして、数字のからくりにふれなかった。

数字操作の第一は、誘導尋問的な回答選択肢だ。前々回八九年の調査までは「死刑廃止に賛成」「死刑廃止に反対」と明確だった選択肢が、前回から「どんな場合でも死刑は廃止すべきだ」「場合によっては死刑もやむを得ない」に変えられ、「廃止すべき」とは答えにくくなった。

第二は、将来の廃止賛成意見も死刑容認に扱ったこと。「場合によっては死刑もやむを得ない」と答えた人の中には「状況が変われば廃止してもよい」は三七・八％もあり、「将来も廃止しない」は五六・五％。これを全体の比率に換算すると、①将来も存続すべき＝四四・八％②状況により廃止してもよい＝三〇・〇％③廃止すべき八・八％となる。

この将来の廃止賛成意見に関するデータは、調査結果全体の印象を変えるほど重要な意味を持つのに、それを伝えたのは、在京六紙の中では『東京新聞』だけだった。これでは、世論調査という名の世論操作だ。

また、各紙が《死刑容認派が増えたことについて、総理府では※「地下鉄サリン事件や和歌山の毒カレー事件といった凶悪事件の影響が出ているのではないか」と分析》（『読売』）などと書いた。これは、事件報道が「犯人を死刑に」との感情を煽《あお》ってきた結果とも言える。捜査段階の「犯人憎し」報道は、死刑容認世論を生み出す最大の基盤となっている。

八九年一一月から三年四カ月間、死刑執行が停止したが、九三年三月の再開以来、毎年四～六人の執行が続いている。政府は死刑存続の理由の一つとして「犯罪抑止効果」を挙げてきた。だが、サリン事件も毒カレー事件も毎年の大量執行の中で起きた。死刑が生むのは、犯罪抑止効果ではなく、生命軽視の風潮だ。

九九年一二月一一日、検察が死刑を求めて上告していた裁判で最高裁は二審無期懲役判決を破棄、差し戻した。同月二四日、一連のオウム裁判で、検察は八人目の死刑を求刑した。八九年一二月に国連総会が死刑廃止条約を採択してから一〇年。すでに世界の過半数が死刑を廃止した中で、日本は「死刑大国」の道を歩んでいる。

◆皇太子妃「懐妊の兆候」報道

祝意を強要したメディア

00年1月28日

《皇太子妃雅子さまが妊娠七週ごろに流産という事態に至ったことは、まことに残念であり、私たちはいま深い悲しみの気

持ちでいっぱいです》

一月一日付『朝日新聞』社会面に掲載された三浦昭彦・東京本社編集局長の署名記事の一部だ。二〇〇〇年最初の紙面にこんな言い訳記事を載せなければならなかったのは、前年一二月三一日付朝刊「流産報道」で、読者の抗議が殺到したからだろう。

同じ面の関連記事は、《読者からの抗議や意見》が三一日夕までに約三九〇件相次いだ、と伝えた。《「スクープした時点でとても腹が立った。せめて安定期までどうして待てなかったのか」など、正式な発表まで報道を慎むべきだったという意見が大半を占めた》という。

他紙は「懐妊の兆候」報道に関する自社見解や抗議の声などは報道しなかったが、女性週刊誌などは《哀しみの流産　皇太子ご夫妻からお言葉を消した先走り報道の罪》（『女性セブン』一月二〇日号）と、報道批判も含めた続報を掲載した。

読者や週刊誌の主な批判は、妊娠が確認される以前の先走り報道、診断データ公表などのプライバシー侵害に関してだった。しかし、問題はそれだけではない。その根本にある皇室報道の姿勢、すなわち『朝日』が「懐妊の兆候」を一面トップで報じたニュース価値観、これに追随して「ロイヤルベビー期待・祝福」騒ぎを繰り広げたメディア全体のありようが問われなければならない。

「皇太子妃懐妊は、国民のだれもが祝福すべきことだ」――それは、一九八九年の「昭和天皇死去」報道の際の「弔意の強要」と同様、報道による「祝意の強要」＝メディア・ファシズムそのものではないか。

一二月一〇日付『朝日』朝刊で始まった「懐妊の兆候」報道は、未明にテレビ各局が速報し、一気に広がった。民放がワイドショーで大騒ぎすれば、ＮＨＫはニュースで「出産予定日は八月六日」と〝特ダネ〟を流し、「兆候」報道を超えた。

新聞各社も夕刊で後を追い、一面トップ・社会面見開きと、『朝日』以上に大きく扱った。《「ご懐妊兆候」喜ぶ列島／街に弾《はず》む期待の声》＝『読売新聞』、《皇居包む喜びの輪／「おめでとう」伝えたい》＝『毎日新聞』など、各紙に「期待」「喜び」の大見出しが躍った。翌一一日、メディアの狂騒はさらに過熱。スポーツ紙は《皇太子さま待望のパパ》＝『日刊スポーツ』などの見出しで先走り競争し、日本テレビは同夜、緊急特集番組まで放送した。

こうした「祝意一色」の報道洪水に、私は「昭和天皇死去」報道を思い出した。八九年一月七、八日の二日間、日本は明治憲法下に戻った。メディアは天皇の死を「崩御」と報じて「現《あら》人神《ひとがみ》」に祭り上げ、同時に「終戦のご聖断」神話をばらまいた。アジア太平洋戦争の最高責任者を「平和主義者」に仕立てたうえ、「弔意」を強要し、「自粛」を煽《あお》った。

九三年の「皇太子結婚」報道も同じだ。六月九、一〇日の二日間、各紙は朝刊で八～九頁、夕刊も五頁以上を割いて祝賀報道。テレビ各局も延べ十数時間、「奉祝」一色の放送を続けた。一方、皇室宗教行事の「国の儀式」化、祝意強制に反対して各地で開かれた市民集会は、ほとんど報道されなかった。

今回の報道でも、「祝意の強要」が再現された。《暗い世相に沈む列島は祝賀ムードに包まれた》＝一二月一〇日夕刊『東京新聞』、《ご懐妊となれば、国民が皇室と一体となって喜びとしたいニュース》＝同一一日朝刊『産経新聞』……。

「祝意の強要」は、流産で「悲しみの強要」に転化した。自社の「懐妊の兆候」報道について「明るいニュースが提供できた（中略）スクープできたのは日ごろからの取材の成果」とコメントした『朝日』は、わずか二〇日後、「深い悲しみの気持ちでいっぱい」と編集局長に書かせた。それでもなお、《社会的関心事について事実を早く正確に把握し、伝えていくことは報道機関の基本的な使命です》と開き直っている。

皇太子妃の「懐妊の兆候」なるものを「社会的関心事」に仕立てたのは、『朝日』をはじめとするメディアだ。「弔意」「祝意」の強要で作られるメディア仕掛けの天皇制。

「日の丸・君が代」を法制化し、天皇制日本が犯した侵略と戦争の正当化と新たな戦争国家作りを進める「平成日本」。その流れの中に、今回の「懐妊の兆候」報道もある。

◆性差別広告規制

問われる週刊誌の使命

00年2月11日

「日本では、駅の売店やコンビニエンス・ストアでもポルノ雑誌を売ってるんですね」

ある会合で知り合った、来日して数年になる外国人女性ジャーナリストの言葉だ。

欧米にも、もちろんポルノ雑誌はある。しかし、それは特定の場所でしか売られず、見たくない人の目には触れないという。日本では、数十万部も発行される大手出版社の男性週刊誌が毎号、「ヘア・ヌード」を売り物にし、女性を「性的商品」扱いした記事を競って掲載している。

そんな週刊誌の「見たくない」記事・写真を無理やり見せるのが、新聞や電車の中吊り広告だ。職場に張られればセクシュアル・ハラスメントになる広告が、至る所にある。

この問題で『朝日新聞』は九九年一二月、《セクシュアル・ハラスメントの恐れのあるもの》《露骨、わいせつ、挑発的なものは掲載できない》との新しい広告掲載基準を決め、二八日付紙面で公表。『読売新聞』も一月四日付で、《家庭に配られる新聞に過激な性表現の広告を載せ続けるのは好ましくない》として、『週刊現代』『週刊アサヒ芸能』の広告掲載を当分見合わせると発表した。

一月一三日付『朝日』メディア欄によると、『産経新聞』は九九年一一月、性表現の審査を強化する方針を各出版社に通知。『毎日新聞』も一二月二〇日付で、品位を損なうような表現の自粛を各出版社に要請したという。

こうした新聞社の「週刊誌広告規制」の背景には、市民からの厳しい批判がある。読者からの投書、授業に新聞を使う「NIE（教育に新聞を）活動」の現場教師からの苦情。九九年一〇月の日本弁護士連合会人権擁護大会でも、「人権と報道」分科会基調報告が週刊誌の「性差別的性表現」問題を取り上げ、「ポルノ的表現に対して見たくない者、望まない者の保護が十分でなかった」として、新聞社や交通機関に「女性の人権やジェンダーの視点を入れた広告掲載基準の策定」を求めた。

『読売』の広告掲載見合わせに対して、『現代』一月二九日号は《話し合いに応じず、一方的通告のみの「暴挙」》などの見出しで四頁にわたる反論記事を掲載。広告掲載中止の背景には、『読売』と『現代』の以前からの確執があるのでは、との他紙報道を紹介しながら、《はじめから本誌に予断をもってあたり、理性的な交渉を放棄していた》と『読売』を批判した。

確かに、『現代』の主張にも一理はある。一月四日の『読売』発表を見たとき、私は「なぜ、この二紙だけなのか」と疑問を持った。『週刊ポスト』や『週刊宝石』、写真週刊誌はいいのか、と。広告内容を各号ごとに判断せず、一律に掲載を拒否する方法にも問題がある。意見の異なる雑誌広告は載せない、という方向にも発展しかねないからだ。

だが、『現代』の次のような主張には、首をかしげてしまう。《週刊誌の使命は、新聞、テレビが報じない政治家の欺瞞《ぎまん》や、官僚の動向、経済の実態をえぐることであり、性の実情についても、世相・社会風俗の一現象として、これを報じることが意味あることだと認識している》

問題になっているのは、そんなりっぱな主張に基づく記事ですか。たとえば、『読売』記事に指摘された《「絶対性感」SEX　痙攣《けいれん》する秘部を晒《さら》すオンナたち》という『現代』の記事や写真は。

男性週刊誌がこの数年、男性の性的関心にこびた写真や記事で部数を競っていることは、否定できない事実だ。そこで描かれる性は、対等な人間の関係ではなく、男性が女性の身体を一方的に「快楽の道具」にする性差別的価値観に満ちている。

そんなものが通勤電車内で広げられ、中吊り広告や新聞広告でも見せられるのは、まさに女性に対する嫌がらせであり、暴力だ。一方で、こんな誌面作りは、男性読者をも遠ざける。友人のある男子学生は、「読みたい記事があっても、あんなポルノ週刊誌を読んでいる、と思われそうで買いにくい」と話している。

目先の部数競争にとらわれ、「政治家の欺瞞や、官僚の動向、経済の実態をえぐる」本来の記事も読まれなくなるのでは、週刊誌の自殺行為ではないか。問題は、広告だけではない。ジャーナリズムとしての週刊誌のありようが問われている。

（新聞の週刊誌広告掲載には、人権侵害という視点からの議論も必要だが、それは稿を改めたい）

◆犯罪被害者報道

「犯人より怖い」無神経な取材

00年2月25日

『産経新聞』二月七日付のコラム「産経抄」を読んで、あきれた。※京都・日野小事件（小二殺害事件）で被疑者が自殺したのは、警察が《加害者の側の人権を過剰なまでにおもんぱかった》結果であり、《一部マスメディアにもその責任の一端がある》というのだ。

このコラムは、京都府警が逮捕に踏み切れなかったのは《一部のマスメディアにたたかれることを恐れたからかもしれない》とし、その根拠として、二月六日付の朝刊で被疑者を匿名にした『朝日新聞』『読売新聞』『毎日新聞』の《ハレモノに触るような報道の姿勢》を挙げた。

コラム筆者に聞きたい。日本のマスメディアが人権侵害を理由に警察を「たたいた」というのは、いったいどんな報道事例か。この五年間でもよい、別件逮捕や虚偽自白の強要など警察の不当な捜査をメディアがチェックし、批判的に報道したケースが一件でもあっただろうか。

実態はまるで正反対だ。一九九七年の神戸事件では、疑問だらけの警察発表をわずか五分間の会見で鵜呑《うの》みにし、「少年＝犯人」の大報道。九八年の和歌山毒カレー事件では、メディアぐるみの犯人捜しで逮捕を煽《あお》り立て、別件逮捕で実名・犯人視報道した。

「警察をたたく」どころか、特ダネほしさに警察情報をもらうことに汲汲《きゅうきゅう》としているのがメディアの現実だ。京都・日野小事件でも、最初から実名報道した『産経』『日本経済新聞』『東京新聞』に続き、他の三紙も数日後には実名報道に転じ、顔写真も載せた。どこが「ハレモノに触るような報道」か。

被疑者に逃げられ、死なせたのはもちろん警察の重大なミスだ。しかし、京都府警が逮捕状を取らず、任意同行にこだわったのは、逮捕状の請求を報道陣に知られて大騒ぎになる前に被疑者の身柄を確保し、「自白」させようとしたからではないか。私はこれまでの「逮捕劇取材」騒動から、そう思っている。その意味では、メディアにも責任がある。

新聞界でも最も露骨な『産経』※の人権敵視、実名報道による制裁・さらし刑主義。それは「新潟女性監禁事件」でも、『週刊文春』に続く入院中の男性の実名報道（二月五日）となって表れた。だが、他の新聞も男性逮捕を伝える一二日朝刊で実名・顔写真掲載に転じた。実名にする判断基準・時期が違うだけで、「実名による制裁＝さらし刑」という考え方では、他の新聞・テレビも基本的に週刊誌や『産経』と同質だ。

問題は被疑者への実名制裁報道だけではない。《加害者の人権ばかり守られて、被害者の人権がないがしろにされている》（『文春』二月一七日号）と言うメディアが、実は被害者・関係者に対しても無神経な取材・報道を繰り返している。

京都事件では、「もしマスコミに子どもの顔を写真に撮られたら……」と多くの親たちが不安を訴え、PTA会長は《50日間、犯人も怖かったけど、あなたたちマスコミの方がもっと怖かった》と取材記者に語ったという（『毎日』二月一一日付）。

新潟事件で、警察は被害者が受けた心の傷を「PTSD」（心的外傷後ストレス障害）として逮捕容疑に加えた。報道はこれを大きく取り上げ、《被害者今も「怖い」／心のケア態勢求める声》（『朝日』二月一二日付）、《心のケア周囲も一丸／県警も細心配慮》（『読売』同）などと被害女性への配慮を訴えた。だが、そう言うメディア自身、実はPTSDの二次的加害者だ。

前記『読売』記事が報じた「県警の配慮」では、メディア対策が大きな比重を占める。事件後、女性宅には報道陣が押し掛け、敷地内に侵入して家をのぞき込む者もいたため、家族の要請で警察官が二四時間、女性宅を「警備」しているという。

男性の逮捕後、新聞・テレビは捜査員がもらす「監禁の実態」供述を連日伝えた。週刊誌は、《新聞がとても書けない「少女」と「男」と「母親」の関係》（『文春』二月一七日号）、《少女監禁9年間〝密室〟の謎を追う！》（『女性自身』二月二二日号）などと読者の興味を煽《あお》り、この事件報道を〝目玉商品〟にした。しかも、ここに見出しを引用できないほど無神経な週刊誌広告が、新聞には堂々と載っている。

被害女性のケアや社会復帰を考えれば、こんなことは絶対にできない。

建前では「被害者の人権」や「心のケア」などと言いながら、本音と実態は、特ダネ競争や興味本位な報道による部数稼ぎ・視聴率競争でしかない。犯人より怖いメディア！

◆週刊誌広告規制

〈報道リンチ〉に加わる新聞

00年3月10日

『週刊現代』など二誌の広告掲載を停止している『読売新聞』は一月中旬、《週刊誌広告どう思う》の世論調査を行い、二五日付で結果を発表した。それによると、新聞社の広告規制強化を是認する意見は「当然だ」＝六二・七％、「やむを得ない」＝二七・五％を合わせ、九〇％を超えた。

この調査で興味深かったのは、「週刊誌の広告の表現で問題だと思うこと」への回答。①必要以上に大げさな表現＝五五・七％②人権やプライバシーに配慮していない表現＝四五・一％③確かな事実に基づかない憶測的な表現＝三八・五％④過激な性表現＝三三・七％。読者は、新聞各社が問題視している「過激な性表現」以上に、誇張・憶測表現や人権・プライバシー侵害を問題にしていた。

一九九七年三月に起きた渋谷・女性管理職殺人事件で、週刊誌は被害者の母親が「亡き娘にこれ以上の辱めをしないで」と訴えざるを得なかったほど興味本位な報道を行った。『読売』『朝日新聞』は、記事では被害者の顔写真を載せず、プライバシーに触れる記事も抑えた。ところが、記事下の週刊誌広告には被害者の写真、私生活に関する憶測と誇張をまじえた煽情《せんじょう》的な見出しが大きく載っていた。これでは、いくら記事で抑制しても何もならない。部数が多い分、影響も人権侵害の罪も重い。

同じ年の神戸事件でも、被害児の顔写真を載せた週刊誌広告が何度も無神経に掲載された。九八年の和歌山毒カレー事件では、別件逮捕段階で《毒婦〇〇の悪行／〇〇はなぜカレーにヒ素を入れたのか》（『週刊文春』、原文実名）などの広告が堂々と載った。

前記『読売』世論調査は、こうした広告掲載に読者が厳しい批判の目を向けていることを示している。

新聞協会の広告倫理綱領や新聞各社の広告掲載基準は、性表現だけでなく、名誉毀損やプライバシー侵害など人権侵害に関する広告の規制も定めている。その基準を性表現以上に厳格に適用すべきだと思う。

だが、人権侵害の問題は、広告掲載基準の適用だけでは解決しない。

新潟の女性監禁事件で、『文春』二月一〇日号は入院中の男性の実名・顔写真を掲載、同月三日付の新聞や電車の広告に同じ顔写真の掲載を求めた。新聞各紙は「人権上の配慮からそのままでは掲載できない」（『読売』三日付・夕刊）などとして、男性の目の部分に線を入れた。

また、『週刊新潮』も二月一七日号で男性の実名を掲載、その広告を載せた九日付の全国紙は『産経新聞』以外、男性の名前を削って掲載した。

各新聞社の措置は広告基準に従ったものだが、これに対して『文春』は、二月一七日号《なぜ「実名・顔写真」か》と題した記事で新聞の対応を批判。《あなた方が犯罪者を匿名で報じる基準は、いったい何なのか（中略）ただただ捜査当局の判断を待って報道するのをよしとするのか。だとすれば、それは自らの取材活動によって得た情報を、責任をもって報道する自由を、自ら制限することに他ならない》と論じた。

被疑者ですらない人をメディアが「犯罪者」と決めつけ、その実名・顔写真を〝目玉商品〟化して売るのが「報道する自由」か。実態は「報道リンチで儲《もう》ける自由」だろう。

だが、『文春』の主張が新聞側の矛盾をついているのも確かだ。『産経』を除く各社は『文春』『新潮』広告の際は目隠しや墨塗りしていた写真・名前を、二月一二日付・朝刊から「容疑者の男を逮捕したことから実名報道とします」といった「おことわり」を入れるなどして、大々的に掲載した。まさに『文春』の言う「捜査当局の判断」に従って。

その「捜査当局」が平気でウソをつく人たちであることは、神奈川県警に続いて新潟県警も立証した。重大な判断をウソツキ集団に委《ゆだ》ね、「報道リンチの輪」に加わる新聞！

逮捕・未逮捕にかかわらず、実名犯人視報道による制裁は、法に基づかない私刑に他ならない。実名が必要なのは、市民の「知る権利」の対象である公人に関する報道だけだ。

この「匿名報道原則」の立場に立てば、新聞は『文春』的「報道の自由」論を打ち破れる。まず、「逮捕＝実名報道」という警察任せの報道基準を改める必要がある。そのうえで、《少女監禁の9年　新聞がとても書けない……》（『文春』二月一七日号）といった被害者をも傷つける記事を掲載する週刊誌広告は、性差別広告の『現代』と同様、「掲載見合わせ」にすればよい。

◆桶川事件

悩み考える地元紙記者

00年3月24日

新聞記者は何をすべきか、何ができるのか、何をしてはいけないのか。

報道に携わる者にとって最も大切な問いだと思う。だが、多くの記者は日々の仕事に追われ、じっくり考えたり、職場の仲間と話し合ったりする機会をもてないでいる。

そんな現状を打ち破り、この問いに正面から向き合おうとする記者たちの活動がある。新聞労働組合の新研（新聞研究）活動だ。

『埼玉新聞』労組新研部が三月上旬、「人権と報道」をテーマに学習会を開いた。それに参加し、若い記者たちの真摯《しんし》な討論に新鮮な息吹を感じた。彼・彼女らは〈記者としての自分の今〉に決して満足してはいない。〈新聞の今〉を変えたいと悩み、考えている。

学習会の前半では、私が二七年間の記者生活で考え、取り組んだ「人権と報道／記者としてできること」を話させていただいた。後半の二時間は、一九九九年一〇月以来の「桶川《※おけがわ》女子大生刺殺事件」報道の検証。事件を担当した記者たちが自らの取材・報道経過を報告し、参加者約二〇人で報道のあるべき姿を話し合った。

報告によると、この事件の取材は「通り魔らしい」との一報で始まった。しかし、被害者宅周辺の取材で被害者を中傷するビラが大量に張られていたことがわかり、事件の様相は「ストーカー殺人」に変わる。名門女子大生・ストーカー・風俗産業・中傷ビラなど、事件の特異な道具立てから、一部週刊誌やワイドショーの興味本位な報道が始まった。

報告した記者は『埼玉新聞』が興味本位な報道をしたとは思わないが、中傷ビラで自分の中にもノゾキ趣味的な発想が出てきたことは否定できない」と率直に話した。

プライバシー侵害報道はエスカレートし、噂や憶測を交えた被害者の私生活に関する情報、写真がメディアに溢《あふ》れた。被害女性の「落ち度」を探しつつ、男性読者の性的関心を煽《あお》る「プライバシー商品化」報道。

討論では、こんな意見が出た。

「中傷ビラを張られるような女性だから……と、記者が無意識に事件のイメージを作って取材し、興味本位に報道してしまったのではないか。男性記者の女性観も問われる」

「私は取材にタッチしなかったが、なぜ被害者の名前や顔写真を何度も報道するのか、と思った。そういう議論をきちんとしないまま、同じパターンで報道してきたのでは」

指名手配された被疑者が二〇〇〇年一月末に遺体で発見された際、被害者の両親にコメントを求めた記者は「その時、ご両親に『もう娘の写真や名前を出さないでほしい』と言われたが、被害者も実名が社の方針だったので……」と悩んだ経験を話した。

事件報道経験の長い女性記者は「報道を見ていて、これは単なるストーカーではない、ドメスティック・バイオレンス（DV）の視点から考えるべきではないか、と思った。警察は、DVの被害届を『男と女の問題には介入しない』と無視することが多い。この事件もそうだったのではないか」と問題を投げかけた。

警察は事件発生後の記者会見で、中傷ビラ以外にも父親の勤務先に中傷文書が送られたこと、被害者が事件の三カ月前、上《あげ》尾《お》署に刑事告訴していたことを公表しなかったという。

この学習会の数日後、警察庁の林《はやし》則清《のりきよ》刑事局長は参院予算委員会で、上尾署の捜査員が被害者に告訴を取り下げるよう求めたような印象を与える発言があった、と認めた。しかし、被害者の遺族は、「はっきり告訴取り下げの要請があった」と反論している。

メディアはなぜ、そうした警察の対応を問題にしてこなかったのか。

警察担当記者は「県警記者クラブで取材していると、どうしても警察寄りの見方をしてしまう。取材のエネルギーも犯人を探す方向に向かう。警察の対応の悪さや捜査ミスなど、警察自体の問題を掘り下げていくための別の取材体制が必要では」と提案。別の記者は「警察のストーカー対策について、一市民として聞いた時と記者と名乗って調べた時の対応の違いに驚いた」と話した。

だからこそ警察を監視、チェックすべき記者の取材姿勢が問われる。

学習会には社会部デスクも参加し、「こういう議論を、たえずしていかないと。上尾の事件も改めて検証していく必要がある」と話した。労組の報道検証にデスクも参加し、記者たちが闊達に討論する。その風通しの良さに、従来の枠にとらわれない新しい新聞作りの可能性を感じた。

◆「少年実名報道容認」判決

メディアは社会的制裁機関か

00年4月7日

月刊誌『新潮45』四月号が《「少年実名報道」裁判で何が問われたか》と題し、大阪・堺市の通り魔※事件で少年の実名・顔写真を載せた同誌に対する大阪高裁の実名報道容認判決を特集している。判決自体の問題点は『週刊金曜日』三月一七日号「報道」で浅野健一氏が的確に指摘されているので、ここではノンフィクション作家・柳田邦男氏の主張を中心に、同特集の「判決支持の論理」を検討したい。

柳田氏の主張の第一は、少年法批判だ。《私は一審判決の前後から、少年法はいま少年を甘やかす制度となっている。凶悪犯罪の場合はしっかりと社会的な処罰、制裁を認識させる必要があり、少年というだけで形式的に刑事罰から守られるというのは社会教育上歪んでいる、と主張してきました》と述べている。

基本的な誤解がある。「少年というだけで刑事罰から守られて」などいない。現に堺事件の少年は一審で懲役一八年の判決を受けた。さらに問題なのは、「社会的な処罰、制裁を認識させる必要がある」と述べていること。この「社会的な処罰、制裁」とは、実名報道のことらしい。氏は、法に基づかない私刑を否定してきた歴史の流れを逆行させ、メディアの制裁権を認知させたいのだろう。「犯罪を犯すと少年でも報道リンチにあうぞ」という脅し！

論点の二つ目は、「加害者の人権ばかりが守られ、被害者は」という、最近はやりの「被害者」論だ。

《どんな凶悪犯罪であっても、被害者のことは放っておいて、加害者が少年であるゆえに国家的な保護を加え、そして人権侵害があったら、国選弁護人がついてくれる》

少年に人権侵害があったら国選弁護人がつく、というのはどこの国の話か。少年法は、成人事件の弁護人にあたる「付添人」選任を義務付けておらず、実際に付添人がつくのは少年審判の一％未満だ。一九八五年に起きた「草加事件」の民事訴訟で最高裁は二月七日、「有罪」と認めた少年審判の結論を覆す判決を出したが、この事件も当初は付添人がつかず、少年六人が全員、警察に犯行を認めるうその自白をさせられていた。

《拷問捜査が行われて冤罪《えんざい》事件が多かった戦前戦後の苦い経験を踏まえて、加害者の人権が重視されるようになったことは、大事なことだと思います。でも今取り組まなくてはいけないのは、犯罪被害者の問題》

加害者の人権が重視されている？　柳田氏の認識では、冤罪はすでに過去の話のようだが、虚偽自白の強要や調書の捏造《ねつぞう》など「腐敗する警察」による人権侵害は日常茶飯事だ。

最近も三月二三日、愛媛県の男性が窃盗容疑などで誤認逮捕・起訴され、一年以上も勾留されていたことが各紙に報道された。また二七日には千葉家裁で開かれた少年審判で、放火容疑で逮捕された中二少年の無実が明らかになった。被疑者（加害者ではない！）の人権が軽視されているのは、まさに現代の話だ。

これまで長い間、「被害者が放っておかれた」のは、「加害者」の責任ではない。あくまでも国、社会全体の問題だ。本来、被害者と被疑者の人権は、対立するものでも、対立させて論じるべきものでもない。

それよりも「今取り組まなければいけない」のは、ほかならぬ「新潮社」など、マスメディアによる被害者へのプライバシー侵害問題だ。それが被害者の苦しみに追い討ちをかけ、一方で「加害少年は匿名なのに」と、憎しみを増幅させてきた。

この特集でも、別の少年被告事件の被害者遺族が、《私や友人、同僚には取材が殺到し、実名や顔写真どころか会社名から履歴まで事細かに報じられました》と述べている。

それなのに、柳田氏は《実名報道はこれまでの社会的に積もり積もった被害者無視の歪み、これはおかしいという庶民の感覚が、あまりの憤懣《ふんまん》の高まりに耐えきれず、地下のマグマが地上に吹き出てくるような形で爆発した現象》などと言う。

国や社会に放置され、報道で傷つけられた被害者の苦しみを、報道リンチで「加害少年」に贖《あがな》わせようという、倒錯した報復の論理。少年に不幸な犯罪を犯させた、大人社会の責任を問う視点はどこにもない。

柳田氏は、《これは歴史の流れを大きく変える大変な判決だと思いました》と少年実名容認判決を絶賛した。私は、司法がマスメディアの私的制裁＝報道リンチを容認したという点で、「歴史の流れを大きく歪める大変な判決」だと思う。

◆少年事件と実名報道

「常識」超える深い思考を

00年4月21日

「少年の実名報道を容認した大阪高裁判決について、『世間の常識が通った』という評価がありますが、ほんとうにそうでしょうか。みなさんの意見を聞かせてください」

月刊誌『新潮45』の少年実名報道訴訟を検証した「人権と報道・連絡会」の四月定例会で、原告代理人の木村哲也弁護士はこう参加者に問いかけた。木村弁護士が言及した「常識」とは、たとえば三月一日付各紙に報道された次のような言葉だ。

『新潮45』早川清編集長《「至極当然な判決。少年であればこそ犯した罪の重さを自覚させ、被害者への償いをさせることが最も大切なのに弁護士らが名誉棄損を主張させるという極めてねじれた訴え。被害者の人権はどうなるのか。常識で考えてもおかしい」》(『東京新聞』)

実名記事の筆者・高山文彦氏《「当然の判決だ。名誉棄損で提訴したことに問題があった。3人を殺傷した男性に不当な大金が入るのは、世間の常識が納得しない」》(『毎日新聞』)

――いたいけな幼女の命を奪った少年が自分の人権やプライバシーを主張し、損害賠償を要求するなんてとんでもない！という「常識」。

判決を批判した各紙社説(三月二日付)も、この「常識」を打ち破れない。《実名を許す論拠として、判決が「被害者側の心情」を挙げるのも合理的ではない》(『朝日新聞』)《社会的関心事なら何をしても許されるわけではない》(『読売新聞』)など言っても、成人事件では新聞自身「社会的関心事」として実名・顔写真報道をしており、「少年だからいけない」だけでは説得力がない。「一九歳といえばもう大人」という「常識」の方がわかりやすいのだ。

「人権と報道・連絡会」の討論でも、「職場で話しても報道イメージが強く、『あんな奴が人権なんて』で話が終わってしまう。安心して叩《たた》けるものを叩く世相。それをおかしいと言っても通じない」という声が出た。

これに対して木村弁護士は「もし、この裁判が陪審制で行われていたら、高裁と違う結論になったのでは」と意表をつく仮定を投げかけた。陪審？　今の「悪い奴は叩け」式報道に影響された人たちが裁判をしたら、もっとひどいことになるのでは……。

木村弁護士の考えはこうだ。

――報道の影響はあっても、いろんな立場、考えの人が真剣に話し合い、陪審員として責任ある判断をするため深いところまで考えれば、何が問題かわかってくるはず。そこまで考えないから「悪い奴は制裁しろ」でとどまっているのではないか。

何が問題か。きちんと議論し、深く考えるべきことはいくつもある。

まず事件について。少年はなぜシンナー依存症になったのか。「大人社会」は、悲惨な事件を引き起こす前に、少年の薬物依存症を治療してやることはできなかったのか。

報道について。新聞・テレビの報道や「高山ルポ」は、そうした事件の背景や社会の課題を伝えたか。実名報道は、高山氏の言うように「少年を過保護に扱わず、犯した罪の重さを悟らせる」ことになるのか。

訴訟について。少年が報道被害を訴えることは、自らの罪を反省せず、被害者に償おうともせず、被害者の人権を侵害することか。提訴は「不当な大金」を得るためなのか。

どの問いにも、「常識」で割り切れるほど簡単に答えは出てこない。

ただ、少なくとも次のことは考慮に入れるべきだろう。原告が、訴訟による賠償金を被害者への謝罪に充てると意思表示していること、実名報道が、原告の母親や祖父母にも大きな苦痛をもたらしたこと、そして原告が刑事裁判の一審で、薬物による「心神耗弱《しんしんこうじゃく》」を認められながら、懲役一八年の判決を受けたことも。

木村弁護士は「この訴訟は欲得ではない。報道による人権侵害に対して、現状では民事訴訟での賠償請求という形しかとれない。もし報道評議会があれば、そこで議論するのがいちばんいい」と話した。報道評議会は一種の陪審とも考えられる。

「常識」を疑い、深いところで考えたい。少年の罪は刑事裁判で裁かれている。この報道訴訟で問われているのは、新潮社の少年法違反と原告・家族への加害行為だ。「ねじれ」は、それを「少年の凶悪性」で正当化する新潮社の態度にこそある。

私は三度も通読したが、この「高山ルポ」に実名・顔写真が必要な理由が、今なお見いだせない。少年の実名・顔写真掲載という衝撃で、〝不当な大金〟をもくろむ以外には。

◆「サツ回り」記者

新人教育も見直しが必要だ

00年5月12日

今年も新聞・テレビなどマスメディア各社に新人記者が入社し、新入社員研修を経て、それぞれの配属先で記者活動を始めた。全国紙の場合、新人は各地の支局に配属され、警察担当、いわゆる「サツ回り」で記者生活のスタートを切る。最初は交通事故や火事、窃盗などのベタ記事、慣れてくれば全国版に載る大事件・事故も取材し、記事にする。

「夜討ち朝駆け」も最初は先輩記者に連れられ、そのうち一人でやるようになる。警察幹部や捜査員の自宅を訪ね、「信頼関係」を築く。他社の記者には漏らさない情報を耳打ちしてもらえるようになるまで日参。自分だけの「ネタ元」ができ、殺人事件などで「きょう逮捕へ」と書けるようになると、ようやく一人前の事件記者として認められる……。

こんな「サツ回り」で新人を鍛えるという「新人記者教育」が、日本の新聞社では連綿と続いてきた。

だが、今年はどうだろうか。昨年までと同じでよいのだろうか。

一九九九年九月、神奈川県警の組織犯罪が相次いで明るみに出て以来、全国各地で警察の「ウミ」が続々と報道されるようになった。『読売新聞』データベースで「警察・不祥事」を検索すると、この四月までの八カ月間に関連記事は一〇〇〇件を超える。データベース採録開始（八六年九月）以来の総数が一二〇〇件余りであることを考えると、その激増ぶりがおわかりいただけると思う。

二〇〇〇年に入っても、新潟県警の虚偽発表と「マージャン監察」、埼玉県警の「桶川《おけがわ》事件」調書改竄《かいざん》を始め、「警察不祥事」報道は連日のように続いている。この三、四月の報道から、いくつか抜き出してみよう。

◇大阪府警―警部補がストーカー行為▽警部補が暴力団員から収賄

◇山梨県警―巡査長が強かん

◇京都府警―巡査部長が強かん致傷▽交通部参事官が交通違

反切符回収▽巡査部長が捜査照会書を偽造

◇新潟県警―交通機動隊長が交通違反もみ消し

◇愛知県警―巡査部長が「駐車禁止除外証」を偽造、家族が私的利用

◇静岡県警―巡査長が覚醒剤《かくせいざい》所持

◇神奈川県警―巡査長がひき逃げ

◇千葉県警―巡査長が取調室で交通事故被害女性に性的暴力▽巡査長が留置の女性に性的暴力

◇三重県警―警部補ら六人が勤務中に賭けマージャン

◇埼玉県警―浦和西署が少年を誤認逮捕、不当勾留▽越谷署で留置場暴動▽警部補が証拠の現金盗む

◇福岡県警―警部補が覚醒剤使用

◇青森県警―会計課員が拾得金横領

◇愛媛県警―窃盗事件で無実男性を誤認逮捕、長期勾留

◇兵庫県警―傷害事件の被害調書紛失、事件を長期間放置

◇沖縄県警―交通警察官が点数稼ぎで飲酒運転の検知管データ捏造《ねつぞう》

もう、きりがない。だが、「警察不祥事」は急に増えたのではない。これまで記者たちが見過ごしたり、情報をもらうための取引材料にしてきた警察の犯罪や不正が、正当に報道されるように変わったのだ。警察は「事件報道の取材源」だけでなく、「事件報道の対象」にもなった。それをきちんと報道しなければ、メディア自身、市民から見放される。

こんな状況下でも、新聞社は「捜査情報をもらう」ことを主眼とした従来通りの「サツ回り」で、大切な新人記者教育を続けるのだろうか。

「事件は社会を映す鏡」「警察取材は記者の取材力を鍛える基本」――それが、新人記者を「サツ回り」で教育する根拠とされてきた。

しかし、ジャーナリストの原点である「権力を疑う目」が、「サツ回り」には決定的に欠けていた。犯人探しの特ダネ競争に走り、捜査員に媚《こ》びて警察の思うがままに情報操作される。だから、冤罪《えんざい》も不当な捜査もチェックできず、メディア自身が人権侵害の共犯者になってきたのだ。

今、それを改める絶好のチャンスが訪れている。警察取材の姿勢とニュース価値観の根本的転換期。

どの都道府県警にも「不祥事」例はある。その取材・報道経験を新人記者に伝えながら、新たな取材の中で「新人を鍛える」。まだ手つかずになっている「公安警察の闇」や裏金作りにも取材の目を向けていく。

日本最大の〝組織暴力団〟とも言うべき警察。しかも、巨大な権力を持ち、取り締まる者がいない。それを監視し、権力犯罪や不正を摘発することこそ、記者の最大の使命であり、またやりがいともなるはずだ。

◆相次ぐ少年事件

厳罰論を煽る「凶悪化」報道

00年5月26日

過ちを犯した少年への「厳罰化」論が、また頭をもたげてきた。

五月一二日付『毎日新聞』は、《自民党は11日、刑事罰の対象年齢を現在の「16歳以上」から「14歳以上」に引き下げることなどを柱とした少年法改正案の素案をまとめた》と報じた。同日付各紙はまた、一一日から衆議院で始まった「少年法改正案」審議の中で、森喜朗首相、臼井日出男法相が「対象年齢引き下げ」に前向きな姿勢を示した、と伝えた。

きっかけは、五月連休中に相次いで起きた愛知県豊川市の女性刺殺事件、西鉄バス乗っ取り事件だ。いずれも被疑者が「一七歳少年」だったことから、新聞は大きく紙面展開、テレビも長時間を割いて、センセーショナルな報道を繰り広げた。

事件から数日後、新聞各紙は《17歳の闇》＝『毎日』、《17歳の凶行》＝『産経新聞』、《17歳の落差》＝『朝日新聞』など、いずれも「17歳」をキーワードに、二つの事件の背景や動機を探る緊急連載を掲載した。

「優等生の仮面」をかぶり続けるストレス、親の期待と焦り、孤独感・孤立感、いじめ、進学の挫折、とじこもり、不登校……。各紙の連載は、「不可解な動機」「不条理な犯行」を理解可能な文脈に位置づけようと、少年たちの生い立ちや性格、家庭・学校生活などに関する情報を事件と関連づけ、詳しく伝えた。

断片的とはいえ、それらの情報は、二つの事件がまさに「現代社会の不幸な産物」であり、これからも起き得るものであることを示している。事件は、私たち「大人」が作ってきた社会そのものの抱える問題だ。

だが、そんな「大人の責任」から目をそむけ、過ちを犯した少年たちの抹殺《まっさつ》を求める人たちがいる。事件を生み出した社会の病をそのままにしておいて、「厳罰化」の脅しで少年たちを封じ込めよ、と叫ぶ人たちが、この国の支配的な位置にいる。

報道は、そんな人たちを勢いづける役割を果たしている。一方で事件の背景を指摘しながら、もう一方では「事件の残虐さ」を表層的、情緒的に描き、「凶悪化する少年」を強く印象づけつつ、断罪している。

《愛知の主婦殺害／「夫も殺そうと思った」／高3　反省なし　整然と供述》（五月四日付『読売新聞』）

《「行き先は地獄だ」／バスジャック少年〝宣告〟／刺した女性撮影も》（五月六日付『毎日』）

《ひん死の〇〇さん足げに／逮捕の少年／「死んでるのか」

叫び》（五月六日付『産経』、原文は実名）
《主婦殺害／「この世に老人いらない」／少年供述　当初から高齢者狙《ねら》う》（五月七日付『東京新聞』）
《バス乗っ取り／「次はあなたを殺す」／容疑少年　順番宣告、抵抗防ぐ》（五月八日付『朝日』）

そして、メディア界の「少年厳罰化」急先鋒の『週刊新潮』『週刊文春』は、文字通り「少年抹殺」論を展開した。

《GWを切り裂いた惨劇／なぜ射殺しなかった「バスジャック」》（『新潮』五月一八日号）
《総力特集　恐るべき17歳／「狙撃」の決断なぜ下せない》（『文春』五月一八日号）

『FRIDAY』五月二六号は、《殺人で癒《いや》される17歳》のタイトルで、目隠し付きとはいえ二人の少年の顔写真、スナップ写真を、本人が特定できるレベルで掲載した。これはもう、「少年事件」を食い物に売り上げ増を狙うものでしかない。

事件を起こす子どもは、大人たちの助けが必要な子どもだ。現代の競争社会、いじめ社会で生きにくい繊細な心が「問題行動」の形で悲鳴を上げ、救出を求めている。まして人を殺してしまう少年は、最も社会の助けが必要なのに、それが与えられなかった子どもだと、私は思う。

今回の二つの事件は、もちろん重大な被害を起こした「加害行為」だ。しかし、そこに至る過程や背景に目を向けると、自分で自分をどうしようもできなくなった「心の病」による「自殺行為」に見えてくる。

そんな少年たちを、「射殺すべきだった」というメディアがある。子どもを受験競争に追い込み、学校を「いじめ社会」にしてしまった最大の当事者である文部省の責任を一切問わず、厳罰化を求め、「教育勅語」復活まで持ち出す首相がいる。

子どもは親を選べない、という。私は「子どもは社会を選べない」と言い換えたい。子どもに罪を犯させない社会を築くのは、どこまでも私たち大人の責任だ。メディアの役割は、その指針を示すことにある。

◆虚報「サリン研究」

公安に操作・〝活用〟される記者

00年6月9日

《オウム／サリン研究続ける／女性信者メモで判明》＝『産経新聞』
《サリン研究を継続／オウム／信者メモから判明》＝『毎日新聞』

《オウム、今もサリン研究か／女性信者、合成メモ』》＝『東京新聞』

五月二六日付朝刊各紙に、こんな大見出しが躍った。「団体規制法」の「観察処分」を受け、公安調査庁のひんぱんな立入検査を受けている教団が、監視の間隙を縫って今なお「サリン研究」を続けている？

『東京』には「か」がついているが、『産経』と『毎日』は完全な断定見出しだ。他紙はどうか。

《松本被告長女が閉じこもった車／信者のサリンメモ押収》＝『読売新聞』

《サリン化学式　信徒メモ／地下鉄事件後記す》＝『朝日新聞』

《サリン研究メモ押収／警視庁　信者から》＝『日本経済新聞』

この三紙は、「オウムが組織的にサリン研究」と印象づける見出しではない。だが、記事の内容は各紙ほぼ同じだった。一面で報道した『産経』のリードの一部を紹介しよう。

《今年四月、銃刀法違反容疑で逮捕されたオウム真理教の麻原彰晃被告の長女が乗っていた乗用車に、サリンの副生成物の化学構造式などが記載されたメモ帳があったことが二十五日、警視庁公安部の調べでわかった。メモは今年三月中旬まで長女と行動を共にしていた女性信者が書き残したもので、公安部では教団内に、現在もサリンに関する高度な研究を続けている信者がいることを示すものとみて、目的や背景などについて調べている》

『毎日』『東京』『読売』もリードを「公安の見方」で結んだ。

《教団の危険な体質を示すものとして注目している》＝『毎日』

《公安部は教団がサリン研究を続けている疑いがあるとみて、警戒を強めている》＝『東京』

《信者らがサリンなど無差別テロ兵器への関心を捨てていない証拠として警戒している》＝『読売』

だが、もし公安部が本気で教団の動きを「警戒」しているのなら、そんな重要な捜査情報がなぜ一斉にメディアに漏れたのだろう。女性信者と教団組織のつながりをつかむまで極秘で「内偵」を続けるのが公安捜査の常道なのに……と疑問に思ったら、実は「発表記事」だった。

他紙が「公安部の調べでわかった」と独自取材のように書いている中、『日経』は「警視庁公安部は二十五日、……と発表した」と書いた。つまり、公安部にとってはすでに「内偵」の必要のない「事案」だった。

では、教団（アレフに改称）側は、どう言っているのだろうか。『産経』以外の各紙には、教団広報部の談話が短いながら出ている。最も詳しい『スポーツ報知』を引用しよう。

《「女性信者は脱会状態。教団が問い合わせたところ、『弁護士の依頼を個人的に受け、別の信者の刑事裁判のためにしたこと。サリンを作る意図はなく、サリン工場で以前働いていた事実もない。教団とも無関係』との回答があった。誤解を招くような資料収集はやめるよう、全信者に徹底していきたい」》

警視庁公安部が発表した理由が、これでわかった。教団から離れかけている信者が、元の仲間の裁判のために個人的に資料を探し、メモしていただけのこと。だから、「事件」になるような発展性はなく、発表しても全く差し支えがなかったのだ。

差し支えどころか、公安はむしろ積極的に発表した。「オウムは依然として危険な団体だ」と、メディアを通して市民に印象づけることができる。記者たちは「公安の期待」に応えた。「オウムがサリン研究継続」と断定した『産経』『毎日』の報道は、期待以上だったかもしれない。

それにしても、この報道はひどすぎる。各紙は「松本被告の長女の銃刀法違反事件」などと書いたが、実態は車内に果物ナイフがあっただけ(『報知』のみ報道)。メディアはこの権力乱用を問わずに、不当逮捕で得たメモを「教団の危険な体質を示すもの」に祭り上げてしまった。

一九九九年秋以来の警察官の犯罪、捜査ミス、虚偽発表の続発で警察不信が高まっている。「平気でうそをつく警察」に巨大な権限を与えた「盗聴法」(通信傍受法)の廃止を求める声も出てきた。

盗聴法は、公安情報による「オウム・トラブル」報道なしには成立しなかった。今回の「サリン研究」発表も、オウムを口実に盗聴法の必要性を訴える情報操作だ。権力に甘い記者が公安警察に〝活用〟されている。

◆報道と精神科医

偏見煽る診察抜き「談話」

00年6月23日

《「精神障害者を差別」/テレビ朝日に抗議》という一段見出しの記事が、六月九日付『読売新聞』朝刊に掲載された。殺人事件の多発をテーマにした四月二四日のワイドショーで、出演した精神科医が被疑者を「ボーダーライン(境界性人格障害)」「根気がないから無職が多い」などと発言、これについて京都府の精神疾患患者や支援者でつくる「マスコミの精神障害者差別を考える会」が八日、抗議文を送ったという内容だ。

抗議文は「犯罪のたびに精神科医にコメントさせることは、犯罪と精神疾患を結びつけて考えることになり、慎重さが求められる」とも指摘した。その通り、問題はこのテレビ朝日の番組に限ったことではない。

犯行の動機・態様など、「常識」では理解しがたい事件が起きるたび、新聞やテレビ、週刊誌に登場する名前がある。小田《おだ》晋《すすむ》、町沢静夫、福島章……精神病理学や犯罪心理学の「専門家」「権威」とされる人たちだ。

ニュースの本記が「不可解な犯行」内容を詳細に伝えた後、これら専門家の「〜だったと思われる」といった診断的コメントが、それらしい「分析」として掲載・放送される。

五月連休中に相次いだ少年事件の報道でも、数多くの精神科医、心理学者らがコメントを発表した。たとえば愛知県豊川市の女性刺殺事件について、小田氏はこう述べた。

《「容疑者の少年が供述した動機から考えられるのは、思春期に起こる『心の病』の初期症状の状態だったと考えられる。『論理構造の変化』と『病的衝動の高進』が特徴で、歯止めがきかなくなったのではないか」》（五月三日付『産経新聞』）

西鉄バス乗っ取り事件では、少年の母親から相談を受けていた町沢氏が、母親の手紙や電話の内容を『週刊文春』で公開するなどし、「外泊を許可した病院の対応」を批判した。

町沢氏は、一九九九年七月の全日空機ハイジャック事件の際、『文春』八月五日号に《報道を見た限りでは、彼は精神分裂病だと思います。犯罪自体が非常に幼稚でしょう、幼児化したり、思考力が低下したりするのは分裂病の陰性症状だと考えられます》とコメントした。二〇〇〇年一月の新潟女性監禁事件でも、『文春』二月一七日号で、《現在入院している彼の症状は、分裂病性の緊張から来る興奮状態だと思われます》と述べている。

こんなコメントを読むたび、いつも疑問に思う。これら専門家は、本人を直接診察もしないで、なぜこんな「診断」を下せるのだろうか。

知人の精神科医によると、担当医が判断に迷うような場合、別の医師に患者の状態について詳しく説明し、診察なしの「見込み診断」で助言をもらうことはあるという。ただ、その場合も、患者のプライバシーは最大限に配慮して情報を交換する。

ところが、メディアにしばしば登場する精神科医の場合、コメントの判断材料はメディアの情報であり、その基は極めて不確かな警察情報だ。記者が警察官から聞いた被疑者の「供述」などの又聞き情報だけで、「専門家」はいとも簡単に診断を下してしまう。しかも、その「見込み診断」結果は、プライバシーなどおかまいなしに、しばしば患者の実名付きで活字になり、電波に乗る。

そんないい加減な「診断」でも、大学教授などの肩書があれば権威を持つ。そうして、事件の背景も不分明な段階で「犯罪と精神疾患」が容易に結びつけられてしまう。それは、精神疾患患者に対する偏見を助長する一方、事件を「個人の病気」の問題に閉じ込め、その社会的背景・真因の追及を妨げる役割も果たす。

こうした談話記事は実のところ、事件が「不可解」なままではニュースが落ち着かないし、読者・視聴者にも説明がつかないから、何らかの了解可能な解釈を――という報道側のつじつまあわせにすぎない。

診察抜きの診断など、どのようにも下せる。西鉄バス乗っ取り事件では、専門家により異なる見解がいくつも報じられた。精神科医の一人、香山リカ氏は六月九日付『読売』夕刊のコラムで、一連の少年事件に関するコメント依頼を、「何を言ってよいのかわからない」とほとんど断った経緯を述べ、こう書いている。

《少年の精神状態は、医学的に診てどうだったのか。だれもが異なる意見を唱えているということは、結局「わからない」と言っているのと同じではないか》

メディア御用達の「専門家」たちに、じっくり考えてほしい言葉だ。

◆新「新聞倫理綱領」

実践支える制度改革が必要だ

00年7月7日

日本新聞協会（新聞協会）は六月二一日、新しい「新聞倫理綱領」を制定した。

敗戦翌年の一九四六年七月、《新聞は高い倫理水準を保ち、職業の権威を高め、その機能を完全に発揮しなければならない》として制定して以来、五四年ぶりの全面改定だ。

新綱領は全文九〇〇字足らず、前文と「自由と責任」「正確と公正」「独立と寛容」「人権の尊重」「品格と節度」の五項目からなる。前文は旧綱領になかった「国民の知る権利」を新たに掲げ、それを保障する存在として、「高い倫理意識を備え、あらゆる権力から独立したメディア」たる新聞の役割の重要性を強調した。

最大の改定は、次のような「人権の尊重」の項目を新設したこと。

《新聞は人間の尊厳に最高の敬意を払い、個人の名誉を重んじプライバシーに配慮する。報道を誤ったときはすみやかに訂正し、正当な理由もなく相手の名誉を傷つけたと判断したときは、反論の機会を提供するなど、適切な措置を講じる》

新綱領制定を報じた二二日付各紙朝刊も《「人権尊重」の新綱領／誤報被害に反論の機会》＝『毎日新聞』、《「人権の尊重」を強調》＝『読売新聞』などとアピールした。

その背景には、松本サリン事件誤報に代表される報道被害への市民の批判の高まりがあるが、より直接的には、報道被害を口実とした自民党などの報道規制の動きに、新聞協会として何らかの対応を迫られていたことがある。

新綱領が掲げた「誤報のすみやかな訂正」などは、どれもごく当然のことだ。問題は、それを新聞界全体としてどう実践するか、にある。

綱領に掲げただけで倫理が守られるのなら、六月二三日付『朝日新聞』が《本社記者が記事盗用／解説の骨格部分／中国新聞社に謝罪》と報道したような問題は生じない。記者を記事盗用まで追い込む過酷な労働実態の改善なしに再発は避けられない。

また、「神の国」※発言で窮地に立った森喜朗首相に「質問をはぐらかせ」などと「記者会見指南」をするような政治記者は、なぜ存在するのか。政治家との癒着《ゆちゃく》を生む「政局情報」中心の政治報道の改革が不可欠だ。

誤報や報道被害も、犯人探しの特ダネ競争や実名犯人視を基本とする犯罪報道の構造を温存したまま、綱領で「人権」をうたうだけでは改善は望めない。「報道加害」の構造を根本的に変える報道改革、その具体的な指針を示す必要がある。

新聞労連は新綱領について同日、《今後、この綱領の精神、理念を制度的に担保していくためには、具体的な行動規範や運用指針を示す必要がある》との見解を発表した。

九七年二月、新聞労連は「新聞人の良心宣言」を採択、一〇項目の詳細な行動指針を定めた。今回の新綱領の理念を実現するうえで十分モデルになる極めて具体的な指針だ。

その「犯罪報道」の項では、《新聞人は被害者・被疑者の人権に配慮し、捜査当局の情報に過度に依拠しない》などと述べ、①横並び意識を排し、センセーショナリズムに陥らない報道をする②被疑者に関する報道は「推定無罪の原則」を踏まえ、慎重を期す。被疑者側の声にも耳を傾ける③被害者・被疑者の家族や周辺の人物には節度を持って取材する④被害者の顔写真、被疑者の連行写真・顔写真は原則として掲載しない——の四項目を掲げている。

外国でも、たとえば韓国新聞協会は、新聞倫理綱領とともに詳細な「新聞倫理実践綱領」を定めている。「メディア責任制度」※を持つスウェーデン、英国などの新聞界も、厳密で具体的な綱領を持ち、報道評議会の審理基準にもしている。

新聞労連見解はまた、《「人権の尊重」を実現するために、人権を侵害した場合の救済機能を持つ自律的な機関の検討が必要だ》とも述べた。

新綱領は「相手の名誉を傷つけたと判断したときは、反論の機会を提供する」としているが、それはだれが、どのように判断するのか、名誉回復はどのように実現するのか。その保障となるシステムがなければ、綱領はただの「目標」にすぎない。

新聞協会の新聞倫理綱領検討小委員会は九九年一〇月からの綱領改定作業で、メディア研究者ら五人から意見を聞いたが、新聞労連や報道被害者の声を聞く機会は設けなかった。

誤った報道で被害を受けるのは市民であり、記事を書くのは記者だ。新聞協会は、新綱領を実効性のあるものにするために、まずこれら当事者に意見を求め、さらに読者にも広く開かれた討論の場を作るべきだ。

◆「記者会見指南書」問題

内閣記者会は「共犯者」か

00年7月21日

一九九五年一〇月一一日、当時の江藤隆美・総務庁長官が閣議後の記者との「懇談」で、日本の植民地支配について次のように発言した。

《韓国の教育水準を一挙に引き上げ、鉄道を五〇〇〇キロ建設し、港湾整備や干拓水利し、山には木を植えた》《韓国人が日本の経済界や芸能界などすべての分野で活動できるようになったことは、日韓併合の効果といえるかもしれない》

奇妙なことに、この「江藤発言」は一カ月後の一一月八日、韓国『東亜日報』が報道し、それを各紙特派員電が日本に打ち返すまで、全く報道されなかった。発言は、内閣担当記者の前で行われたのに……。

各紙は、その理由を「オフレコの約束だった」と説明した。閣僚が公務中、こんな妄言《もうげん》を得々と語るのを記者たちは黙って聞き、しかも「聞かなかったこと」にしていた。

韓国紙報道後、「江藤発言」は当然、外交・政治問題化した。『毎日新聞』と『東京新聞』は九日付朝刊で発言要旨を掲載したが、奇妙なことに、他紙は「韓国報道の引用」に徹し、江藤発言の詳細を報道しなかった。

さらに奇妙なことに、内閣記者会は一〇日、『毎日』『東京』を「一カ月間の活動停止」処分にした。理由は「オフレコ破り」。江藤氏と記者会の約束違反というわけだ。その三日後、江藤氏は長官を辞任した。

五年も前のことを長々と書いたのは、森喜朗首相の「神の国」発言釈明会見に際し、内閣記者会に属する記者が「会見指南書」を書いた問題での記者会の対応を問うためだ。

「指南書」は、「神の国」発言に対する記者クラブ内各社の雰囲気を伝えたうえで、《マスコミも野党もこの問題をこれまでのような調子で追及することはできなくなる》言い方を懇切丁寧に例示。追及には《繰り返しで切り抜け、決して余計なことは言わずに質問はぐらかす言い方で切り抜け》、《所定の時間が来たら、役人に強引に打ち切らせるように》とアドバイスしていた。

権力が記者の間に放ったスパイそのものの内容だが、文書が見つかった状況や記載内容から、内閣記者会所属記者が書いたことは確実だ。

こんな権力内通記者に、今さらジャーナリストの倫理を説いても虚《むな》しいだけだが、問題はこの記者個人の行為や資質にとどまらない。

文書を入手した『西日本新聞』が六月二日付で記事にした後、五日に同志社大学教授・浅野健一氏が、また八日には『週刊金曜日』編集委員の佐高信氏ら七人が、内閣記者会に事実関係の調査・解明を求める質問状を出した。

記者会が申し入れた首相記者会見を前に、記者会の内情を相手に伝え、質問のはぐらかし方から会見時間の打ち切り方まで助言した記者がいた。こんな悪質な裏切り行為をしたのはどの社のだれか。それを解明し、釈明を求め、責任を問うのは、外部から指摘されるまでもなく、記者会として直ちに取り組むべき仕事だ。

ところが、内閣記者会は質問状に「記者会として対応しない」と回答した。つまり、問題にしない!

実際、文書が明るみに出て一カ月余、記者会は何もしていない。複数の週刊誌が「疑惑のNHK記者」と社名まで伝え(NHKは否定)、疑惑が広がっているにもかかわらず、である。

「江藤発言」問題を思い起こしてほしい。内閣記者会は、各社が報道した発言内容をより詳細に書いただけの『毎日』『東京』を、約束違反としてわずか一日後に処分した。

市民からすれば、二社の報道は「知る権利の代行者」としてごく当然のことだった。「江藤発言」は閣僚辞任(本来は解任)に値する内容だったのだから。それでも、他社は《報道倫理にもとるオフレコ破り》(『読売新聞』社説)などと批判し、制裁した。

今回の「指南書」は、報道倫理どころか、記者会見を茶番劇化し、市民の「知る権利」を愚弄するものだ。にもかかわらず、調査も処分も「何もしない」なら、記者会全体が「共犯者」と言われても仕方がない。

日本新聞協会にも責任がある。

《国民の「知る権利」は民主主義社会をささえる普遍の原理である。この権利は、言論・表現の自由のもと、高い倫理意識を備え、あらゆる権力から独立したメディアが存在して初めて保障される》

この制定したばかりの新聞倫理綱領に基づき、新聞協会は「指南書」問題を解明する必要がある。内閣記者会の姿勢を問い、文書の執筆者を明らかにすべきだ。そうしなければ、新綱領は虚しい「茶番文書」と化す。

◆サンディエゴ事件

現地紙引用にも報道責任

00年8月4日

「事件が起きたのは外国で、締め切りの関係から現地に取材に行く時間的余裕がなく、本誌記事はほとんど現地新聞に頼らざるを得なかった。もし引用した記事に誤りがあったとしても、それを真実と信じた相当の理由があり、我々に責任はない」

殺人事件の被害者遺族を犯人と印象づけるとんでもない誤報をまき散らしておきながら、発行部数五〇万部以上の『週刊新潮』は、こんな無責任な主張を法廷で堂々と繰り広げた。もしこんな身勝手な言い分が通るなら日本の裁判所もおしまいだと思っていたが、「それはいくら何でも通りませんよ」という判決が七月一三日、東京地裁であった。

一九九六年五月に米国サンディエゴ市で起きた大学教授父娘射殺事件で、メディアに「疑惑の妻」として報道されたSさんが、現地新聞の引用による誤報を掲載したり、葬儀会場での無断撮影写真を載せたりした『新潮』発行元・新潮社に損害賠償を求めた訴訟の判決だ。

問題の記事は、同誌九六年五月二三日号に《現地新聞に離婚寸前と報じられた加州『〇〇教授』の射殺疑惑》（原文は実名）の見出しで四頁にわたって掲載された。裁判で新潮社自ら「そのほとんどについて、本件は現地新聞を引用している」と認めた通り、記事の主要部分は『サンディエゴ・ユニオン・トリビューン』紙からの引用だった。だが、この現地紙が報じた「Sさん夫妻は別居中で離婚寸前だった」という報道は、全く事実に反していた。

『新潮』記事は、この誤報を基にして、事件が強盗目的でも教授の研究上のトラブルによるものでもないとする一方、Sさんには動機があり、事件に関与した可能性があると強く示唆、誤報に〝上塗り〟した。

新潮社は裁判で、①本誌の引用は正確②現地紙は一般的に信用性があると評価されている③事件は社会の関心を集め、報道には迅速性が要求されていた④締め切りの関係で、現地に取材にいくのは困難だった――などとして、「仮に現地新聞の記事に誤りがあったとしても、被告らがこれを真実であると信じたことには相当の理由がある」と主張した。

しかし、誤報を「正確に引用」したことが何か言い訳になるのか。取材もせず「現地紙が信用されていた」となぜ言えるのか。「報道に迅速性が要求されていた」のは販売上の都合に過ぎない。しかも、『新潮』編集部は外国新聞の記事を引用するに当たり、記事を書いた現地紙記者への確認取材すらしていなかった。

判決は当然、「被告らとしては、自らの取材によって、本件現地新聞の前記記事の内容の裏付けを取る必要があった」「独自の裏付け調査をしないまま、本件現地新聞の記事の内容が真実であると信じたことが相当であるということにはならない」と新潮社の名誉毀損を認定した。

裏付け取材のない他メディアの引用による誤報は、引用したメディア自身に責任がある。安易な引用報道にクギを刺した判決だが、重大な影響を及ぼすマスメディアが守るべき、ごく初歩的なモラルだろう。

判決は、同誌六月一三日号が《○○教授の告別式に姿を見せた夫人》（原文実名）の見出しで掲載した一頁大の写真についても、原告の肖像権侵害であり、違法と認めた。

これは、同じくSさんの葬儀会場の姿を無断撮影し、大きく掲載した『週刊文春』発行元・文藝春秋に対して東京地裁が九八年九月、「葬儀の無断撮影・掲載は肖像権侵害」と認定した新判断を引き継ぐものだ。

判決は、名誉毀損と肖像権侵害を認定し、被告新潮社に三六〇万円の支払いを命じた。一五〇〇万円の請求や、新潮社が稼いだ利益に比べるとごく少ないが、それでも報道被害訴訟としてはかなり高額と言える。それほど同誌の「引用商法」は悪質だと、裁判所も認めたのだろう。

だが、『新潮』編集部は「判決は予想外で到底納得できない」との談話を発表した。同誌は誤報の引用も容認されると予想していたらしい。判決は次のように述べた。

《遺族であれば誰しも静かに故人を追慕することを望む時期であったにもかかわらず、射殺事件からわずか一週間あまりしか経過していない時点に、事もあろうに亡き夫と離婚寸前であり、射殺事件に関与していると受け取られかねない不穏当な報道により原告が被った精神的苦痛は多大であったと推認できる》

この報道被害者の苦しみを『新潮』は、なぜ想像できないのか。

◆個人情報保護法

権力の法規制防ぐ報道改革を

00年8月25日

政府の「個人情報保護基本法制に関する大綱案」について、新聞協会、民間放送連盟、NHKの計三二四社は八月四日、「報道は法適用の対象外に」との共同声明を発表した。

この「大綱案」は、個人情報の取り扱いについて「利用目的による制限」など五原則を示したうえで「適正な方法による取得」「開示、訂正」など一一項目の規律を掲げている。

これに対して「共同声明」は、《各規律が報道分野に適用されると、取材報道、番組制作の過程への不当な干渉を許す懸念が生じる》と主張。《情報提供者と取材側の信頼関係を十分に確保することが困難になり、取材源の秘匿という報道の根幹を崩してしまう恐れ》や《政府に調査権を与え、報道機関が報道のために収集した個人情報をその調査対象にする可能性》などを指摘した。

そのうえで、声明は《「表現の自由」への配慮を欠く法制化の結果、正確な情報に基づく報道が実現されないことになった場合には、国民の「知る権利」は十分に満たされないことになる》とし、《報道に関する個人情報を基本法の提供の対象外にすることを強く主張する》と結んだ。

五日付各紙朝刊は、共同声明発表を大きく報道。中でも『毎日新聞』は一面で取り上げ、《ひとつの法案作成を巡ってメディア界が共同声明という形で同一歩調をとったのは初めて》と、共同声明の意義を強調した。

メディア界の「同一歩調」は初めてではない。新聞協会は一九五二年四月、破壊活動防止法（破防法）の国会上程に《言論活動に対し、広汎あいまいな制限を加えかつその規制を行政機関に委《ゆだ》ねるごときは、国民の正しい言論を萎縮《いしゅく》させ国政を危うくするおそれあり》と、反対声明を出した。

しかし最近は、九五年の破防法適用手続き、九九年の盗聴法（通信傍受法）、団体規制法制定など、報道の自由にかかわる重大な危機があっても、メディア界が「同一歩調」をとって反対することはなくなっている。その意味では、今回の声明は画期的と言える。

では、破防法適用にも盗聴法にも反対しないメディア界が、個人情報保護基本法には、なぜこれほど神経を尖《とが》らせるのか。

政府の法制化の狙いが「個人情報保護」を口実とした報道規制にあることは、自民党の「報道と人権等検討会」報告書など、一連の「報道監視機関」作りの動きを見ても明らかだ。

これに対し、五日付『朝日新聞』社説は、《権力の不正事件を追及しようとしても、取材内容の開示を当事者本人から求められれば、情報収集はほとんど不可能になる》と指摘した。

また、『毎日』は八月一日付メディア欄で《基本法大綱案、実現なら》として、政治腐敗追及の取材・報道をシミュレーション。《情報源特定の恐れ／紙面化中止圧力かかる／苦情に基づき〝検閲〟も》と、「権力監視報道ピンチ」を強調した。

いずれの指摘も、その通りだと思う。しかし、同じ危険性を持つ盗聴法制定には反対しなかったメディア界が、この法制化に一丸となって反対する真の理由は、「権力監視報道」とは別のところにあると思われる。

五日付『朝日』の共同声明に関する解説記事は、《基本法で保護すべき「個人情報」にあたらないとするのが妥当》として、公人・著名人の公共の利害にかかわる情報、議会内での言論などの情報とともに、「犯罪や社会的不正など、公共の秩序や利益に直結する情報」を挙げた。

——法制化が実現すれば、氏名、職業、年齢はおろか、私生活や経歴などあらゆる「個人情報」を競って暴き、「目玉商品」

化する犯罪報道はできなくなるのではないか、というメディア界全体の危惧《きぐ》。

しかし、政府が法制化を進める社会的基盤もそこにある。報道による人権・プライバシー侵害の防止＝個人情報保護を理由にすれば、法に基づく報道規制も多くの市民に受け入れられるだろう、という読み。「知る権利」が、プライバシーのぞき見の口実に堕《だ》している現状がある。

メディア側は「権力監視報道」を理由に「犯罪報道」の維持を図り、権力側は「人権侵害防止」を理由に「権力監視報道」の規制を狙《ねら》う。

個人情報保護基本法をめぐる綱引きの背後には、こんなねじれた構図がある。「報道は法適用の対象外に」との主張が市民の支持を得るには、権力側に「人権侵害」を口実とさせない自主的な報道改革が必要だ。

「個人情報」を報道商品にせず、権力監視に徹するメディアへ。

◆国立二小・日の丸報道

処分煽った『産経』怪文書

00年9月8日

東京都教育委員会は八月一〇日、国立市立国立第二小学校と第五小学校の教員計一七人に対し、二〇〇〇年三月の卒業式で日の丸掲揚に対して行った抗議行動を地方公務員法違反と認定、戒告などとする処分を決めた。

一一日付各紙によると、二小では、教員が日の丸掲揚に反対する青いリボンをつけて式に出席したことや、式後に卒業生たちが校長に抗議した際、子どもの前で校長に謝罪を求めた行為などが、また五小では、日の丸掲揚への抗議ビラを保護者に配ったことが処分の対象とされた。

これについて『毎日新聞』は、《今回は、国旗国歌の押し付けに反対するリボンを着用したことも処分理由に盛り込むなど、都教委が従来よりも厳しい処分に踏み切った》と報じた。ビラ配付や口頭での抗議ばかりか、リボン（何も書いていない）による無言の抗議でさえ処分する。教員には言論・表現の自由もない!?

処分に関する各紙報道は『毎日』が社会面四段、『朝日新聞』三段、『読売新聞』一段に対し、『産経新聞』は一面・社会面トップの大扱いだった。

アジア侵略の象徴・日の丸を学校に強制し、基本的人権も「内心の自由」も蹂躙《じゅうりん》する不当処分は、大きく報道されるべきニュースだと思う。だが、『産経』の大報道は、そんな判断からではない。二小の抗議行動を「土下座要求問題」とキャンページしてきた自社報道の〝成果〟と考えたのだろう。実際、この処分は『産経』報道抜きには考えられない。

『産経』は四月五日付・都内版で《児童30人、国旗降ろさせる／校長に土下座要求》とセンセーショナルに報じて以来、同一三日付「主張」《土下座要求／子どものやることではない》など、関連記事すべてに「土下座要求」の見出しを付けてきた。五月二六日付《国立の教育》と題した一面トップの連載記事には、《職員会議内容知る児童／校長に降ろさせ土下座要求／教師が漏らし、煽《あお》る?》と、教員が「土下座要求」を煽動《せんどう》したかのような見出しまで掲げた。

『産経』は「土下座要求」を、だれもが認める客観的事実として扱ってきた。だが、四月の初報を読むと、それがいかに恣《し》意《い》的かがわかる。記事は《児童は興奮し、涙ながらに「謝れ」「土下座しろ」などと校長に謝罪を求めた》と、まるで記者がその光景を見ていたかのように生々しい。だが、本文冒頭に《関係者によると》とある通り、記事はすべて伝聞。では「関係者」とはだれか。校長か、教員か。何も書いていない。

『週刊金曜日』321号で河野環さんが報告している通り、この記事の元は校長が市教委に出した「報告書」だ。それは『産経』が五月二六日付社会面に《卒業式当日のやりとり》として、これまた「客観的事実」のように載せた記事が、実は校長報告書の丸写しであることからも明白だ。しかし、この記事も出所は明示していない。

『産経』報道は校長報告書を「客観的事実」として扱い、しかも情報源が報告書であるとは明示せず、「関係者」とぼかした。これは二重の意味で報道の原則に反している。

第一に、校長報告書は、録音もメモもとらず、「記憶」に頼って作成したものだ。対立する問題のやりとりについて、その一方の当事者が書いたそんな文章が「客観的事実」であるわけがない。相手側には当然、異なった見解がある。『産経』は、いつもこんな一方的情報だけで「客観報道」をしているのだろうか。

第二には、記事の出所がそうした一方的情報であるのに、そのことを隠し、「関係者」などとごまかして読者を欺いたこと。もし情報源が校長の記憶だけによる報告書であることが記事に明示されていれば、読者はその情報の主観性や不確かさを踏まえて判断できる。その判断材料を隠すのは、ジャーナリズム精神に真っ向から反する不公正な書き方だ。

出所を明かさない一方的情報の『産経』記事は報道の名に値しない怪文書というほかない。だが、怪文書の怖さはそれを信じる人がいることだ。『産経』報道を見て右翼が二小に押しかけ、市議会、都議会、国会では「土下座要求」を前提に、教員処分を求める質疑応答が相次いだ。

『産経』は八月一一日の報道でも、一面に《国立二小教職員13人処分／国旗めぐる土下座要求問題》の大見出しを掲げ、処分が「土下座要求」に対するもののように書いた。同じ日の『朝日』は、都教委も「土下座要求」に関しては《「確認していない」》と報じているのだが……。

◆京都・日野小事件

地域を壊す〈取材被害〉

00年9月22日

「お棺《かん》の中を撮影したい」。通夜を取材に来たある記者が、子どもを殺され、悲しみに沈む遺族に申し込んだ。柩《ひつぎ》に収められているクリスマスプレゼントを写したいと。それを聞いた人たちは激怒した。なんという非常識な。その非人間性に気づかないほど取材競争は過熱していた。

一九九九年一二月二一日、京都市伏見区の日野小学校で起きた小二児童殺害事件。発生から一カ月余り、日野地区は「犯人探し」に奔走するマスメディア取材の大波にさらされた。

報道被害が起きるのは、報道後だけではない。取材の過程で地域全体が被害にあう。日野小事件で地元の社会福祉協議会長として報道対策に奔走した上野修さんは「ある意味で、犯人よりマスコミの方が怖かった」と振り返る。

「人権と報道・連絡会」は九月定例会で、「地域の取材被害」について上野さんにお話をうかがった。以下、その要旨を紹介したい。

《事件の約二時間後、校長の電話で事件を知った。対策を話しあうために夜、地域各団体役員が集まることになった。上空を報道各社のヘリコプターが飛び交い、連絡を取り合う電話が聞き取れないほどだった。

夜七時。学校の周囲は報道陣の車で埋まり、校門前はカメラのライトで不夜城の如《ごと》き状態。記者たちをかき分けて校内に入る私たち役員に、遠慮なしにカメラが向けられた。

子どもの安全をどう確保するか。記者たちが目撃者や「問題児」の情報を求めて地域を歩き、子どもにも無差別に取材をしている。マスコミの犯人探しに踊らされ、「あそこの子は」というような話が流れると、地域が壊れてしまう。「取材には口をチャックせなあかん」と申し合わせ、翌日は休校することを決めた。

二日目。「犯人は小学校五～六年生か中学生」との報道が流れた。小学校の卒業アルバムや小・中学校の生徒名簿を求めて歩く記者たち。子どもの顔を撮影しながら、「犯人の心当たり」を探り、嫌がる子どもにもしつこくつきまとう。物を与え、食堂に誘って情報を取ろうとする。

ＰＴＡや地元各団体が取材の自粛を求め、共同記者会見を開いた。「子どもへの取材をやめてほしい」と涙声で母親たちは話した。路上駐車の騒音・通行妨害も訴えた。だが、カメラは途中から回らなくなった。

三日目の通夜。祭壇を撮影しようと式場前に報道陣が殺到。参列した子どもや父母が無差別に撮影され、マイクが突きつけられた。

告別式が行われた四日目。マスコミ対策として各団体役員が集団登下校に付き添ったが、その様子も映された。葬儀に参列する子どもたちはカメラを避けるため、遠回りして裏山から式場に入った。

冬休みに入っても戸別訪問による取材が続いた。警察が聞き込みに来ると、その後すぐ記者たちが訪ねてきて「何をしゃべったか」と聞かれる。取材を恐れ、地域から子どもの姿が消えた。マスコミはそれを「犯人に脅える子どもたち」と報道した。

一二月二九日、子どもも立ち会って実況検分。クレーンを持ち込み、シートで覆われた内部を撮影する報道陣に抗議、トラブルになった。

新学期に入っても集団登下校に対する撮影が続いた。何人かの中学生を「容疑者」と特定し、「小学校時代はどうだったか」などと子どもたちに直接聞く犯人探し取材が激化した。それに抗議する先生には、「取材妨害」の言葉が返ってきた。

一月二一日、地元ＫＢＳが、校門前で取材被害を訴える私たちの声を初めて大きく放送。二月五日、容疑者が転落死。以後、取材、報道は急速に鎮静化していった。事件の本質に迫り、市民に問題意識を持たせるのが本来の役割なのに、マスコミがやったのは犯人探しだけだった》

上野さんは何人かの記者に、「これほど口の固い地域は初めて」と言われたそうだ。日頃、さまざまな地域活動が行われ、住民の結束が強かったからこそ、日野地区は集中豪雨のような取材攻勢に耐え、辛うじて子どもたちを守ることができた。

地域の人間関係を容赦なく破壊する犯人探し。事件が起きた地域はどこも〈取材被害〉に直面する。九七年・神戸、九八年・和歌山もそうだった。報道陣の撤退後、地域には荒らされた人間関係の回復という課題が残される。日野地区では事件後、住民のふれあいを強めようと音楽会を開くなどの活動が続けられている。

事件に群がるマスメディアは、住民の敵でしかなくなっている。

◆国立二小・日の丸報道

『産経』が触れない事実

00年10月6日

「知りたい、伝えたい、ほんとうのこと　国立二小卒業式後の出来事」と題したシンポジウムが九月二五日夜、東京・国立市の一橋大学で開かれた。「国立の教育を守る市民連絡会」など一三団体が共催し、約四〇〇人が参加、私もパネリストとして『産経新聞』報道の問題点を話した。

国立二小の出来事を「土下座要求問題」と報じた『産経』キャンペーンについて、私は『週刊金曜日』330号（九月八日、本書六〇頁）で「一方的情報を出所を明かさずにばらまいた怪文書」と批判した。『産経』には、報道機関として最低限しなければならなかったことがある。記事の元になった校長報告書で一方的に描かれた子どもたちや教員、保護者たちからの取材だ。

その『産経』のやらなかったこと――もう一方の当事者からの聞き取り調査の結果が、シンポジウムで報告された。「青年法律家協会弁護士学者合同部会東京支部」の弁護士一一人が、子ども一四人、教員一四人、保護者四人の計三二人から聞き取った陳述（校長と教頭は聞き取りを拒絶）を報告書にまとめたものだ。

陳述録取書は約二〇万字に及ぶ。それを整理・要約した報告書も詳細な長文で、ここではとても紹介しきれない。四月五日付『産経』記事との違いを中心に要点を記したい。

まず第一に、『産経』が書かなかった国立二小の卒業式の様子。同小では卒業式の内容は毎年、子どもたちが教職員と相談して決めており、二〇〇〇年の卒業生も二学期から実行委員会を作って準備してきた。舞台に飾る卒業記念の絵、卒業文集、式で歌う歌、一人一人が六年間の思い出を語る「呼びかけ」の言葉。

そうした式の準備過程で、「日の丸」掲揚についての議論はなかった。それまで二小の卒業式では日の丸は揚げられなかったからだ。実はそれが、式後の子どもたちの質問につながる。

第二は、『産経』記事で、子どもたちが式の後いきなり「旗を降ろせ」と校長に詰め寄ったとされた点。報告書は違う。子どもたちは最初、「どうして日の丸を揚げたんですか」「なぜ卒業式の主役である私たちに相談してくれなかったのですか」と質問。そのやりとりが一定時間続いた後、「式は終わったんだから日の丸を降ろしてください」と子どもが求め、校長が承諾した、という。

子どもたちは、日の丸掲揚自体に反対したのではなく、事前に知らされなかったことについて説明を求めたのだ。その重要なポイントが、『産経』記事では隠されている。

第三に、『産経』が《児童は興奮し、涙ながらに「謝れ」「土下座しろ」などと校長に謝罪を求めた》と、集団で土下座を要求したかのように報じた点。それが事実なら、居合わせた全員が「土下座」発言を聞いたはずだ。だが、聞き取りでは大半の人が「土下座」の言葉を聞いていない。ごく少数の「聞いた」と言う人の答えも、一人が「土下座をしてもいいくらいだよ」とつぶやくように言った、などというものだった。

質問に「法律で決まったこと」と繰り返す校長。それにいらだった一人の子どもの言葉だけで、なぜ「土下座要求問題」になってしまうのか。

第四に、子どもたちの言葉づかい。記事は「旗を降ろせ」「謝れ」などと乱暴な言葉で詰め寄ったように書いた。報告書は、子どもたちが終始敬語で話し、対話のルールを守って一人ずつ発言していたとして、こんな教員の言葉も書き留めている。

「子どもたちが落ちついて自分の考えをまとめて校長に質問や意見を言い、自分が納得できなければきちんと繰り返し発言を続けていく姿を見て、『ほんとうにこの子たちは成長したんだな』と感動を覚えました」

この教員の感動の対極に『産経』五月五日付社説の子ども観がある。

《教員は校長の指示に従い、児童生徒は先生の言うことを聞くというのが当然の常識だ。これが、昔から伝わる「長幼の序」の教えである》

シンポジウムでは、二小の教員や保護者たちが次々と発言した。

「子どもたちは、いつもの討論のように、自分が思ったこと、聞きたかったことを校長に話したんです」

「今度の報道や処分で、子どもたちがもう何も言わない、何も聞かないというようになってはいけない」

日の丸・君が代強制で文部省や『産経』が狙《ねら》うのは、侵略の歴史の正当化や「内心の自由」の侵害だけではない。自分の頭でものを考え、疑問や意見をきちんと言える子どもを押しつぶすこと。まさに「国立の教育」そのものが標的にされている。

◆警察の不祥事報道

転換迫られる取材・報道姿勢

00年10月20日

神奈川県警の組織的犯罪が発覚してから一年余り、全国各地で続々と噴出した「警察の犯罪・不祥事」は、一方でマスメディアの警察取材の欠陥を露呈させた。警察のこれほどの腐敗・不正を、新聞・テレビなど大手メディアはなぜ取材してこなかったのか、報道できなかったのか。

こんな問題意識から「警察をどう取材するか」をテーマにした討論会が一〇月七日、都内で開かれた。新聞労連ジャーナリスト・トレーニングセンター（JTC）が第一二回記者研修会の一コマとして企画したもので、警察の腐敗を追及してきたノンフィクション作家の小林道雄さん、フリージャーナリストの寺澤有さんと、『神奈川新聞』『埼玉新聞』『新潟日報』のデスクや記者がパネリストとなり、私も司会役で参加した。

警察の隠蔽《いんぺい》体質、不正経理、キャリア支配、それに手を触れない「警察改革」、不祥事の構造に迫らない報道……。討論会ではこれらについて小林さんが基調講演、研修に参加した若手記者約六〇人も交えて話し合う中で、警察取材について、いくつもの重要な問題提起がなされた。

その第一は、警察官を情報源に捜査情報を追う取材手法では、桶川《おけがわ》ストーカー事件や栃木のリンチ殺人事件のような被害者の訴えを無視した「手抜き捜査」やその隠蔽など、捜査自体の問題点はつかめないという指摘。新潟の監禁事件でも「記者は捜査情報のヌキアイという目先のことにとらわれ、捜査の不手際や本部長の雪見酒などには目が向かなかった」という反省の声が出された。

新聞社幹部らはこれまで「実名報道のスクープを目的とした密着取材は、捜査の監視にもつながる」と主張してきたが、捜査員と仲良くして情報をもらうような取材姿勢からは「監視」の視点は生まれてこない。

第二に、事件報道に読者は何を求めているのかというニーズの問題。『下野《しもつけ》新聞』記者によると、栃木のリンチ殺人事件で県警が捜査の不手際を認めると、各テレビは洪水のような県警批判報道を始めた。その多くは『下野』で報道ずみの内容だったのに、読者からは『「下野』はなぜ書かないのか」「県警と癒着《ゆちゃく》しているのではないか」などの不満や抗議の電話が殺到、インターネットにも『下野』批判の書き込みが相次いだという。

日頃の警察の横暴や不正で鬱積《うっせき》していた市民の怒りや不満が、「もっと警察批判を」の声に表れたのだろう。メディアは、犯人探し競争や事件関係者のプライバシーに触れた報道を「読者のニーズ」と正当化する一方、「権力チェック」という読者ニーズには応《こた》えてこなかった。

寺澤さんは、交通取り締まりやパチンコ利権、冤罪《えんざい》など警察の不正・犯罪を取材し、雑誌などに書いてきた。「どれも一般紙に載らなかった問題で、大きな反響があった。今、警察問題は芸能ネタよりも売れる。書くべきことはもっとある。新聞はなぜ書かないのか」と寺澤さんは言った。読者ニーズを甘く見た官報的新聞は、市民から見捨てられる。

第三に、一連の警察犯罪・不祥事報道もまた一過性の事件報道にとどまっている、という指摘。小林さんは「警察不祥事も事件報道と同じスタンスで、逮捕・処分で終わっている。なぜこんなに不祥事が多いのか、その構造、背景を問わず起きた事件だけ追いかけている」と批判した。

その欠陥は、「警察刷新会議」の提言とそれに基づく警察法改正案を批判できない報道にも表れている。不祥事の根底にあるキャリア制度や不正経理に手を触れず、外部監察も導入しない。その一方で、桶川事件などでの市民の批判を逆手にとり、「生活安全警察」の強化を名目に警察官の増員を図る「失敗太り戦略」(小林さん)を指摘しないメディア。

第四に、心ある警察官の「内部告発」がなぜ新聞社に届かないのか、という問題。最近の警視庁個人情報漏洩《ろうえい》問題も、各社の警視庁担当記者ではなく、フリーの寺澤さんのもとに送られてきた資料で明らかになった。「新聞に資料を送っても握りつぶされる、と思ったのでは」と寺澤さんは言う。警察幹部と癒着した新聞記者など信頼されるはずがない。

こうして、研修に参加した記者一人一人に重い問いが突きつけられた。

——警察の捜査情報を情報源とした犯人探し、特ダネ競争のための密着取材を続けるのか、警察自身を報道対象とし、権力チェックを主目的にした取材・報道に転換するのか。

(その答えを探る記者たちの討論については次回、改めて紹介したい)

◆警察取材と若手記者

悩みのなかに報道改革の灯

00年11月3日

警察情報に依存した犯人探し競争を続けるのか、権力監視を主目的にした取材・報道に転換するのか。

こんな問いが、新聞労連ジャーナリスト・トレーニングセンター(JTC)の記者研修会で記者たちに突きつけられた、と『週刊金曜日』(10月20日号)でお伝えした。その答えを探る全国各地の若い記者たちの討論を紹介したい。研修の二日目、警察報道分科会の五時間に及ぶ討論は、助言者を務めた私に報道改革への期待を抱かせてくれるものだった。

——まず、警察取材の現状から。「ヌイタヌカレタで一喜一憂したくない。事件に関わった人たちからどれぐらい深く取材するかが大事だと思う。しかし、社内には警察情報を基準にしたヌキヌカレにピリピリする状況がある」(二年目・女性)

「夜討ち朝駆けで自分たちの報道のいい悪いを考える暇もない。ある少年事件で被疑者が不処分になったとき、証拠がないだけでやってるに違いない、と言った先輩記者の見方には疑問

を感じた」（一年目・男性）

「連行写真を撮って来いと言われて、それがどんな意味を持つか考える余裕もない思考停止状態。ヌキヌカレは瑣末《さまつ》なことと思うけど、考えると悩みが深くなる」（五年目・男性）

「私の社では初めての女性の警察担当。女はやっぱりダメだと言われたくない。でも特ダネって何でしょうね。私が書かなければ表に出ないことを書きたい」（二年目・女性）

――地元記者には、地元紙ならではのプレッシャーもあるそうだが。

「記者が常駐しているのはウチとＮＨＫだけ。そういう体制で抜かれるわけにはいかない。サツネタとドブ板情報を書くことが存在理由だと言われてきたから」（六年目・男性）

「地元紙は事件で百戦百勝して当たり前と言われる」（五年目・男性）

入社一年目のある記者から「皆さんだったら、どうしますか」と、次のような報道事例が紹介された。

――二〇〇〇年七月、児童相談所臨時職員の学生二人が、保護少女にわいせつ行為をしたとして青少年保護条例違反容疑で逮捕された。しかし学生二人は無実を訴え、処分保留で釈放された。二人は、実名報道されたため、希望の福祉関係の職に就けるかどうかと不安を訴えている……。

「やっぱり、警察発表通り実名で書くでしょうね。今の報道のルールでは発表通り書くしかない」というのが、大方の記者たちの反応だった。

「自分も報道被害を生む可能性を否定できない」。

討論の雰囲気が重苦しくなった。五年目の男性記者が「何とか名前を書かないで報道する方法を考えないと。警察は無謬《むびゅう》ではないのだから」と自問するように話した。彼は、上司から「人権侵害の重みは侵してみなきゃわからない」と言われ、アゼンとした経験も語った。

討論を聞きながら、私は「警察が逮捕すれば実名報道」という実名報道原則が、書かれる側はもちろん、書く側の記者にも苦痛を与えていること、それを知りながら「実名報道で権力チェックする」と、空虚なお題目を唱え続けるメディアの幹部たちに腹が立って仕方がなかった。

しかし、六年目の男性記者から、こんな報道経験も紹介された。

――駅の満員のエレベーターに小学生が乗り込んでブザーが鳴り、動かなくなった。それでも降りない小学生に注意した会社員が、襟首をつかんだため暴行容疑で逮捕された。他紙は実名で書いたが、ウチは匿名で逮捕事実を書いた。翌日、読者から「本当にあれで逮捕されるのか」と電話があり、街の声を集めて大きな記事にした。地裁は勾留請求を認めず、会社員は釈放された……。

匿名報道で読者に問題提起し、権力チェックすることは可能だ。

では、どんな報道をしたいか、そのために報道をどう変えていくか。

「自分の納得のいかない記事は書きたくない。夜討ちで取った情報は、どこまで信じていいのか。どこから出たか明かせない情報だ。事件当初の瞬間的情報より、裁判をより詳しく報道し、真実が明らかになる過程を伝えていきたい」（一年目・男性）

「地元が好きで、地元に役立つことをしたいと思って記者になった。それなのに、こんな報道をしている。葬儀の取材や連行写真の撮影など、傷口に塩を塗るような取材だ。何とかして報道被害者を取材し、紙面化していきたい」（五年目・男性）

「マスコミはもう救いようがない」という声を最近よく聞く。だが、私は希望を持っている。ＪＴＣで出会った若い記者たちの悩みと志に。

◆アレフ信徒の不当逮捕

違法捜査を助長する報道

00年11月17日

一人暮らしをしている女子学生が「就職で不利になる」と聞いて実家に住民票だけ移したところ、「公務員に虚偽の住民票を作成させた」として逮捕され、自宅や実家、友人宅などが家宅捜索されたうえ、新聞・テレビに実名で報道された……。

こんな話を聞くと、「だれかが被害を受けるわけでもないのに、なぜこんな形式的違反で逮捕するのか」「自分も現住所に住民票を移していないが、逮捕されるのか」「実名報道されたら就職できないのでは」といった批判・疑問が噴出するだろう。

だが、これはまるっきり架空の話ではない。東京都台東区に住む宗教団体アレフ（旧オウム真理教）の男性信徒が一〇月二四日、電磁的公正証書原本不実記録などの疑いで警視庁公安部に逮捕された。

一九九九年一二月、足立区の教団施設から転居する際、いったん文京区に虚偽の住民登録をしてから台東区に転入届を出した、というのが容疑内容だ。警視庁は逮捕と同時に教団幹部宅など一二カ所を家宅捜索、翌日は信徒の勤務先の東京大学大学院研究室も捜索した。

同日の各紙夕刊は、この逮捕と捜索を次のような見出しで伝えた。

《オウムソフト事業解明へ／不実記録容疑／中心信徒を逮捕／警視庁》＝『朝日新聞』

《上祐幹部宅など捜索／オウムの12か所一斉に／警視庁》＝『毎日新聞』

《オウムのソフト開発「主役」逮捕／都内の12施設捜索》＝『読売新聞』

いずれも男性を実名で報じ、《教団上層部に命じられてソフト部門の新たな開発拠点や集団居住施設を探していたが、信徒であることを隠すために、文京区に転居したように装ったとみられるという》＝『朝日』など、公安情報をそのまま書いた。

住民票の捜査になぜ公安が乗り出すのか。転入届に関する容疑とソフト開発にどんな関係があるのか。なぜ教団幹部宅まで捜索する必要があるのか。これは違法な別件逮捕であり、不当な家宅捜索ではないか。

しかし、どの社の報道にも「別件逮捕」に触れた記述はなかった。

翌日の東大の捜索も、《警視庁逮捕のオウム信者／科技庁関連の契約職員／研究委託の東大捜索》＝『毎日』などと各紙夕刊が大々的に取り上げた。パソコンソフトを開発したり、その技術を生かして大学で働くことが、何か犯罪に相当するのか。

いやそれ以前に、なぜ「信徒であることを隠すために」文京区に転入届を出さねばならなかったのか、を考えてみる必要があるだろう。

転入前の住所の記載から「オウム」とわかれば、不動産業者が契約を渋る心配からだ。その元は、九九年の栃木県大田原《おおたわら》市以来、各地の自治体が「オウム信徒の転入届不受理」を宣言、メディアと一体で煽《あお》ってきた「オウム排斥運動」にいきつく。

だが、住民基本台帳法には、そもそも「転入届不受理」などという対応は想定されていない。届出が受理されなければ、国民健康保険、国民年金、就学、児童手当支給などさまざまな住民サービスが受けられなくなる。転入届不受理は、実際に重大な被害を生む明白な違法行為だ。

率先して法を遵守《じゅんしゅ》すべき自治体が公然と法を無視しても、警察は何もしない。ところが、自治体の違法行為に起因する被害実体のない「不実記録」容疑で、逮捕・家宅捜索という強権を発動する。こんな不法・非道がまかり通る「法治国家」！

九五年三月、地下鉄サリン事件後の「一斉摘発」以来、オウム教団に対して微罪・別件逮捕など、ありとあらゆる違法捜査が行われてきた。これに対し、テレビのコメンテーターや新聞記者は、「オウムに対しては多少の人権侵害もやむを得ない。今回は例外だ」と口をそろえた。

そんな「例外」が、もう五年以上も続いている。警察は「オウムには何をしてもよい」とばかりの捜査を続け、メディアは、それをチェックするどころか、公安情報を垂れ流して住民の不安を煽ることしかしない。

『朝日』は一〇月中旬、報道被害をテーマに「書かれる人々」

を連載した。担当記者が一一月二日付コラム「私の見方」で書いている。

《大切なのは、記者一人ひとりが特権意識を捨てることだ。相手の痛みを理解しようとすれば、取材の意味をわかってもらえる時がくるはずだ。……公権力に対抗する力を失ったマスコミなど、単なる走狗《そうく》にすぎない》

その通りだと思う。だが、こうした「報道被害者」の中に、旧オウム信徒は含まれないのだろうか。

人権に「例外」はない。

◆『毎日』の紙面検討委員会

問われる報道被害への認識

00年12月1日

『毎日新聞』が一〇月、「『開かれた新聞』委員会」を設置した。その第一回検討結果について、浅野健一氏が『週刊金曜日』（一一月二四日）で具体例をもとに問題点を指摘している。私は同委員会の仕組みを中心に問題提起したい。

『毎日』は一九八九年一一月、他社に先駆けて「被疑者の呼び捨て廃止」を実施、九六年四月から記者の署名記事化を進めるなど、日本では最も報道改革に積極的に取り組んできた新聞社だ。その背景には、市民とともに「ジャーナリズムを語る会」を定期的に開くなど、開かれた新聞作りに取り組んできた『毎日』労組の地道な紙面検証活動がある。

今回の試みも、報道された側の苦情とそれに対する新聞社の対応を社外の委員に公開し、その批判や意見をさらに読者に公開していく点で、『朝日新聞』が八九年に設置した識者による「紙面審議会」にはない情報公開性を持つものと言える。

しかし、同委員会の設置を公表した一〇月一四日付記事と「開かれた新聞委員会から」と題した一一月七日付記事を読んで、私は以下のような疑問を感じ、この制度を《毎日新聞独自のオンブズマン》（一〇月一四日付）と呼ぶのは、読者に誤解を与えるものではないかと思った。

まず第一に、報道による人権侵害の苦情と「本社の対応」の当否を、委員会は何を基準に判断するのか、という問題。この点について記事はふれていないが、朝比奈豊・同社編集局次長は、月刊誌『創』一二月号で《実際の判断の基準になるのは、編集綱領です》と述べている。

現在の『毎日』の報道基準に準拠するとすれば、「逮捕＝実名報道」が、委員会の判断基準になるのだろうか。であれば、実名報道による被害は、最初から門前払いされる。

しかし、報道被害の大半は、逮捕や家宅捜索など警察の動きにリンクした実名・犯人視報道とそれに伴うプライバシー侵害に起因している。九九年、二五年ぶりに無罪が確定した「甲《かぶと》山《やま》事件」や「松本サリン事件」もそうだった。冤罪《えんざい》ではなくとも、実名報道による制裁は本人・家族に回復不可能な打撃を与えてきた。

そうした実名報道の被害者が苦情を訴えても、担当した部署が「逮捕されたのだから当然」と答え、その対応を委員会が是認するとすれば、大半の苦情は門前払いも同然だ。

第二には、委員五人の選出方法への疑問。これについても、朝比奈氏が『創』で《主筆、各本社の編集局長、次長らが集まる場》で《報道の実際にある程度認識のある方を選びました》と述べている。「開かれた新聞」委員会なら、なぜ委員も「読者に開かれた」形で、たとえば報道被害者の声なども聞きながら選ばなかったのか。委員に必要なのは、まず「報道被害の実際」への認識だ。

そんな選出法の結果だろう、委員の二人まで少年実名報道にも「理解」を示す人が選ばれた。柳田邦男氏は、「堺通り魔事件」で少年の実名・顔写真を載せた『新潮45』に対する大阪高裁の少年実名容認逆転判決（二〇〇〇年二月）を絶賛。一一月七日付記事でも《少年事件でも実名とするべきケースもあれば……》と述べている。

田島泰彦氏も同じ訴訟の一審『新潮45』敗訴判決を「報道の自由」の立場から批判した「匿名報道は危険」論者。一〇月一四日付記事では《メディアが権力の不正など社会の真実に迫ろうとすれば、誰かの人権や名誉、プライバシーに踏み込まなければならない》と書いた。報道被害が、「権力の不正に迫ろうとして」ではなく、権力の広報化しているからこそ起きている実態に無知な主張だ。

疑問の第三は、こうした「メディアの代理人」的人物を含む「第三者」の機関を、なぜ「オンブズマン」※と呼ぶのか。スウェーデンで始まったプレス・オンブズマンは明確に「市民の代理人」と定義されている。

しかも同委員会の検討対象には、「訴訟が見込まれるものは法務室が対応」するとして、訴訟になりそうな重大な報道被害が、あらかじめ排除されている。であれば、市民の代理人や報道被害者の代弁者にはなりえず、「主筆のための外部紙面審査機関」の域を出るものではない。

委員会には、ぜひ報道被害者の名誉回復にまで取り組んでほしい。それには、報道基準や委員選出方法の見直しなど大幅な改革が不可欠だ。

一〇月の報道に関しては、当事者からの訴えは一件もなかったという。それが、報道に問題がなかったからではなく、当事者が訴えても仕方がないと思った結果だとしたら……。

◆人権審「人権救済機関」提言

権力と報道の一体化を問え

00年12月15日

法務省の人権擁護推進審議会（塩野宏会長）は一一月二八日、「人権救済制度の在り方に関する中間とりまとめ」を発表、その中で「政府から独立した強制調査権限を持つ人権救済機関の新設」を提言した。

提言は、この救済機関を「簡単・迅速で利用しやすく柔軟な救済を可能とする裁判外紛争処理の手法」と位置づけ、①相談やあっせん・指導による簡易な救済②一定の強制力を持つ調停・仲裁・勧告・公表など積極的救済——の二段階の救済を行うと説明。人権侵害の類型として、①差別②虐待③公権力④メディア⑤その他に分類し、いずれも強制力を伴う「積極的救済」の対象とした。

翌二九～三〇日、各紙はこの提言を、一面、社会面、社説、特集で大きく取り上げ、報道・論評した。

《権力の監視できる？　擁護団体、評価と懸念／市民の自由まで侵害？マスコミ研究者ら》＝『朝日新聞』

《「人権救済機関」に懸念も／公権力侵害に甘さ》＝『毎日新聞』

提言を批判する見出しは、①公権力による人権侵害への甘さ②メディアも対象としたことへの懸念——の二点を指摘するものが多かった。

しかし、記事の重点は、メディアを対象としたことへの批判に置かれていた。「公権力への甘さ」の批判は「甘く」、メディア自身の反省も中途半端な自己弁護に終始した。

私は、提言の最大の問題は、公権力による人権侵害を他の人権侵害と同列に置き、公権力による侵害こそ最も重大かつ被害回復が困難な実態を隠蔽《いんぺい》したうえ、それを事実上、救済の対象外としたことだ、と思う。

提言は、公権力による人権侵害について、こう述べている。

《差別、虐待に該当するものについては積極的救済を図るべきであるが、冤罪《えんざい》や公害、薬害などにまで幅広く対応することには、不服申し立てや付審判請求などの関係諸制度との役割分担からも適当でなく、公権力による人権侵害すべてを積極的救済の対象とするのは相当ではない》

これはいったい何だ。誤認逮捕、虚偽自白強要や証拠捏造《ねつぞう》、自白偏重裁判による冤罪・誤審。水俣病や薬害エイズなど、あまたの企業犯罪に行政が加担し、その原因を隠蔽して被害を拡大してきた公害や薬害。これらこそ、最も迅速な救済、強制力を伴う調査や勧告、公表を必要とする重大な人権侵害だ。それを提言は「積極的救済の対象外」と言う。

しかも、誤認逮捕や冤罪による長期裁判、不当な身柄拘束や弁護士の接見妨害、獄中者への非人間的処遇など「公権力による人権侵害」に対し、被害者が不服申し立てや国家賠償訴訟など「関係諸制度」に訴えても、裁判所などは「身内」をかばう。被害者が勝つケースはごくまれだ。

新たな救済機関には、何より「関係諸制度」が放置してきたこうした人権侵害の救済が求められている。

いや、そうした冤罪などの「人権侵害機関」の代表は当の法務省なのだ。しかも提言は「救済機関の事務局は法務局の既存組織を改組して」と言う。これでは人権侵害をした自らを救う〝救済機関〟ではないか。

国連の規約人権委員会が一九九八年、日本政府に勧告したのは、警察や出入国管理施設での不当な処遇を調査、救済できる独立機関の設置だった。提言の「救済機関」は国連勧告の趣旨をねじ曲げ、すり替えた。

この欺瞞《ぎまん》性こそ、徹底的に批判されるべきだった。ところが、大半の報道は提言の問題点を明確に指摘せず、メディアが対象に含まれたことへの「懸念」ばかり取り上げた。

私も、メディアの人権侵害を公権力と同列に扱い、公的機関が報道規制することには反対だ。しかし、実際に報道被害を受けた人たちから見ると、メディアは公権力に等しい現実がある。警察・検察と一体になった実名犯人視報道は、被疑者にリンチを加え、冤罪に加担してきた。

権力による人権侵害を監視すべき報道機関が、その役割を放棄し、警察などの権力情報を鵜呑《うの》みにした報道で人権侵害を増幅している。

まさに「公権力と同列」なのだ。

それなのに、メディアは実名・犯人視報道を改めず、自らを律する「報道評議会」も作ろうとしない。

『読売新聞』社説（二九日付）は提言がメディアを対象に含めたことを問題としたうえで、こう述べた。

《ただ最近、報道による人権侵害への社会的批判が高まっている。（中略）一部の無責任な報道が、社会の批判と不信を招いているのは事実だ》

無責任な報道は「一部」ではない。

2001

◆少年事件と法「改正」

立ち直りを支える報道を

01年1月12日

「いじめ自殺」の報道に接するたび、私は思ってきた。この子は最も助けを必要としている時に、だれにも助けを求めることができなかったんだ——。最近は、同じことを少年の事件が報じられるたびに思う。逃げ場を失い、自分で自分をどうすることもできなかった子ども。私には少年たちの「犯罪」が、他者を巻き込んだ自爆行為としか思えない。

しかし、私たちの社会はそんな子どもたちを「排除・隔離」する道を選んだ。刑事罰適用年齢の引き下げや重罰化を中心とした「改正」少年法が二〇〇〇年一一月末、成立した。少年厳罰化に賛成する大人たちの圧倒的な「世論」に支えられて。

だが、厳罰化で少年犯罪は抑止できるのか。当の子どもたちは、少年事件や法「改正」をどう思っているのか。メディアの少年事件報道は、問題の深層を伝えているのか。

こんな課題をすえた「人権と報道・連絡会」主催のシンポジウム〈少年事件　報道と法「改正」を考える〉が同年一二月一八日、都内で開かれ、四人のパネリストを中心に討論した。

「子どもの人権連」代表委員・平野裕二さんは、厳罰化の論拠とされた「少年事件の激増・凶悪化・低年齢化」論には統計的な根拠がないことをデータを基に指摘。「科学的な検証なしに厳罰化や検察官立ち会いを認めた法『改正』で、少年を保護し、立ち直りを促すという少年法の精神はかなり揺らいだ」と批判した。

「子どものことは子どもに聞け」と一〇代の現場を取材してきたルポライター・北村年子さんは、雑誌の少年事件特集で一〇代の三一七人に聞いたアンケート結果を報告した。

岡山のバット殺人には、「ぼくだってやったかもしれない」「つらかったんだろう」と感じた子どもが多かった。「法改正で事件はなくなる」と思うのは、わずか一二%。「罪が重いから、で歯止めが効くくらいなら事件なんて起こさない」と、厳罰化への子どもの視線は冷ややかだ。

「殺したいと思ったことがあるか」に、四五%が「ある」と答えた。「自分がいやになった時、世界を破壊したくなる」「いじめられた時、殺したくなる」。実際にそうしなかったのは「友達が悩みを聞いてくれた」「親の悲しむ顔が浮かんだ」から。

北村さんは「自分を大事に思えない。自分に価値があると思えない。それがいらだちの根源にある。自殺と他殺は出方が違うだけで根元は同じ、悲しみも怒りも同じ」と話した。

「堺・通り魔事件」で実名・顔写真を掲載した『新潮45』を訴えた少年の代理人弁護士・木村哲也さんは、報道による制裁の論理を批判した。

この訴訟で二〇〇〇年二月、新潮社側勝訴の二審逆転判決が出たが、少年は最近その上告を取り下げた。新潮社の行為を間違いと思う考えは変わらないが、少年は拘置生活で「自分は被害を与えた存在、許されるのを待っている存在」と自覚、「新潮社を許せないと憤ってばかりではいけない」と考えるようになったという。

同志社大学教授・浅野健一さんは、事件の背景に迫らず「また一七歳の犯行!」といった表面的な凶悪化報道を繰り返すメディアが厳罰化を煽《あお》ったと指摘。『新潮45』が「被害者への鎮魂」と称して少年を実名報道したような流れが強まり、学界にも少年法六一条見直し論があることを紹介して「バスジャック事件のように、被害者の中にも被疑者少年を自分の子どもと重ねて考える人がいる。メディアはなぜ制裁を求める被害者とだけ一体化するのか」と批判した。

大人の作った「いじめ社会」で苦しみ、もがき、助けを求めることもできず自爆する少年たち。実名による制裁報道は、そんな少年から立ち直りの機会を奪う。問題の根源にある社会の歪みに目を向けず、「被害」を強調し、少年への制裁強化で「大人社会」を防衛しようとするメディア、それに煽られた法「改正」。

『新潮45』記事は少年の実名を挙げ、《〇〇は早晩、この町に帰ってくる》と書いた。実名を知らせ、町に帰れないようにしたかったのか。

私たちに求められているのは、不幸にして罪を犯した少年を迎え入れることのできる町を築くことだ。そうした温かい人のつながりがあれば、助けを求める子どもの声を聞き取り、手を差し伸べられるようにもなる。それは、事件で傷ついた被害者を守り支える地域社会でもあるだろう。

そんな社会を築くために何をすべきか、何ができるのか。それを探り、提案していくことこそが報道の役割だと、討論を聞きながら痛感した。

◆「大荒れ成人式」報道

逮捕＝実名は大人の仕事？

01年1月26日

「ほかの人の迷惑になるから、そういうことはやめなさい」と、なぜ言わないのだろう、この市長は――。

一月八日に行われた高松市の成人式で大騒ぎする若者たちの映像を見て、そう思った。祝辞中にクラッカーを鳴らされ、その殻を投げつけられながら、増田昌夫市長はその場で若者たちに一言も注意しなかった。

翌九日の『朝日新聞』朝刊に、《増田市長は「目立ちたがってやっていることなので、挑発に乗ればかえって面白がると思い、無視した」と話した》という談話が載っていた。

なるほどね、太っ腹なんだ、この市長は。でも、やっぱり、その場できちんと批判した方がいいんじゃないかな、高知県の橋本大二郎知事みたいに。「静かにしろ」「出てけ」なんて、高圧的な言い方は別にしても……などとその時は思っていたが、「市長太っ腹」説は勘違いだった。

市長は一〇日、クラッカーを連発した五人を「被疑者不詳」のまま威力業務妨害罪で高松北署に告訴した。

一一日付『読売新聞』朝刊は《市長は告訴した理由について「クラッカーは目に向けられ、身の危険を感じた。絶対に許されない」と説明》、来年からは市主催の式典も行わない考えも表明した、と報じた。

実は怖かったんだ、クラッカーの音や殻が、いや若者たちが。それで、その場では何も言えず、後で警察に訴えた。で、市のホームページには「成人として法的に責任をとってもらうことにしました」と――。

被疑者として特定されてはいなかったが、告訴された五人は一一日、自主的に警察に出頭した。各紙によると、五人は「面白半分で騒いだが、大きく報道され、大変なことをしたと反省している」という。普通はこれで一件落着だろう。告訴があるから一応は調書をとり、あとは書類送検しても起訴猶予か、といった程度の事件とも言えない「事件」だ。

ところが、高松北署は五人を威力業務妨害容疑で逮捕した。自ら名乗り出た若者たちを、なぜ逮捕する必要があるのか。逃亡や証拠隠滅《いんめつ》の恐れなど考えられない。たかがクラッカー騒ぎを調べるのに、どうして身柄を拘束しなければならないのか。

告訴した市長も、逮捕を決めた警察幹部も、まるで「大人げない。いや、「大人げない」ではすまない。多くのメディアが逮捕を大々的に取り上げ、二〇歳に達していた四人を「〇〇容疑者」と実名報道、四人の名は全国に知らされてしまった。

九日の初報では各紙とも、《散々成人式》＝『朝日』、《新世紀成人式模様》＝『読売』、《大騒ぎ成人式》＝『毎日新聞』などと全国の成人式騒動を特集した中で、その一例として高松の騒ぎを扱っていた。

それが一二日には《新成人5人逮捕／クラッカーで式妨害容疑》＝『朝日』、《成人式妨害5人逮捕》＝『読売』など、りっぱな犯罪報道に〝昇格〟した。扱いも、『朝日』『読売』『毎日』が社会面四段、『東京新聞』は社会面トップ、『産経新聞』は一面・社会面トップという大事件なみの大きさ。『毎日』は五人とも実名を伏せたが、他の四紙は「もう成人になったのだから」といわんばかりに四人を実名報道した。

四人の若者の名前を全国に知らせる必要性がどこにあるのか。各紙は警察が逮捕しなかった場合でも「出頭」報道で実名を出しただろうか。

警察はメディアの「逮捕＝実名報道」原則をよく知っている。高松北署が騒ぎを反省して出頭してきた若者たちを必要もなく逮捕したのは、仮に起訴までいかなくても「報道による見せしめ」にはなる、それで告訴した市長のメンツも立てられると判断した結果ではなかったか。

逮捕について増田市長は「騒ぎを起こした青年たちには、自分たちの言動がどれくらい多くの人に気持ちを傷つけたか、想像してほしい」などの談話を発表した。そう思うのなら、彼らが騒いだ時、その場で言えばよい。そうして反省を促すのが、「大人」の役割というものだろう。

メディアの多くは若者たちの傍若無人を非難するばかりで、告訴や逮捕に対して批判的な視点はほとんど見られなかった。市長の告訴を「勇気ある決断」などと持ち上げる声すら報道された。そうだろうか。

高松市が来年から市主催の成人式をやめるのには、私も大賛成だ。問題を自分で解決せず、警察任せにするような市長の語る「成人の自覚」など聞かせたくない。同じように、自分で考えず、警察の判断で実名を出すような新聞も読ませたくない。

◆「人権救済機関」問題

説得力欠く新聞協会意見書

01年2月9日

新聞界としては「報道評議会」のような自主的なメディア責任制度を作る気はない、ということか——。

「人権救済機関」構想に関して日本新聞協会が一月一一日に発表した意見書を読んで、がっかりした。

この意見書は、法務省の人権擁護推進審議会が二〇〇〇年一一月、「強制調査権を持つ人権救済機関の新設」を提言し、メディアによる人権侵害も対象としたことに反論したものだ。

意見書は、結論として《報道にかかわる問題は表現の自由を守る見地から、あくまでもメディア自身の手による解決を基本とすべきだ》と主張している。報道による人権侵害問題の解決はメディア自身の手で、というのは、私もその通りだと思う。問題は、どう解決するかという具体策だ。意見書はこう述べている。

《新聞・通信各社は「報道による人権侵害」を防ぐため、これまでさまざまな自主的努力を積み重ねてきた。各社はさらに、紙面の在り方に対する読者代表の参加や苦情対応の仕組みの工夫など、一層の自主努力を進めている》――要するに、各社ごとの自主的努力で、という従来の主張を繰り返したにすぎない。

なんという説得力のない甘ったれた言い分だろう。「各社ごとの自主的努力」ではいっこうに報道被害がなくならないから、「人権救済機関」の対象にメディアを含める「公的規制」論が強まり、「報道の自由」が危機にさらされているというのに。

※「ロス疑惑」報道、連続幼女誘拐殺人事件、松本サリン事件、オウム報道、神戸児童殺傷事件、和歌山毒カレー事件。メディアはこの十数年、「大事件」のたびに激しい取材・報道合戦を繰り広げ、誤報やプライバシー侵害を引き起こしてきた。

報道合戦が一段落した後では、それなりに「反省」し、「自主努力」を誓うが、新たな事件が起きると、反省はいとも簡単に吹き飛び、また報道被害を繰り返す。被害者に対するプライバシー侵害や犯人探し競争による地域の報道被害も深刻化し、市民のメディア不信は募る一方だ。

新聞協会意見書は、こうした報道被害の深刻な実態をまるでわかっていない。それどころか、意見書は、こんなことを書いている。

《新聞協会加盟社は、人権尊重の理念に従って差別や虐待などのさまざまな実態を明らかにしてその是正を求めるとともに、公権力に対しても、えん罪、代用監獄や出入国管理での収容の問題点など、人権侵害行為を追及してきた。人権擁護に関連して社会的な啓発活動の一翼を担い、人権意識の定着・高揚などの面で重要な役割を果たしてきた新聞・通信各社の役割とその成果は、正当に評価されるべきである》

どの国の話だ？　これは。確かに、マスメディアが本来果たすべき役割はこういうものだ。しかし、実際に日本のメディアがやってきたのは、これとは正反対の人権侵害だ。

警察情報に依存した犯人視報道で冤罪《えんざい》に加担し、代用監獄で強要された虚偽「自白」を疑いもせずに書き立て、入管当局の発表を鵜呑《うの》みにした「不法滞在」キャンペーンで外国人への差別意識を煽《あお》ってきたのは、いったいだれだったのか。

こんな厚顔無恥な主張をしているから、一九八七年の人権擁護大会で報道評議会の設置を提唱した日弁連（日本弁護士連合会）までもが、「メディアによる自主的解決」に絶望し、二〇〇〇年の人権擁護大会で報道も対象に含めた公的人権機関の設置を提言するに至ったのだ。

『毎日新聞』が二〇〇〇年一〇月、「『開かれた新聞』委員会」を設けたのに続き、二〇〇一年一月、『朝日新聞』が「報道と人権委員会」を、『東京新聞』が「新聞報道のあり方委員会」を発足させた。いずれも社外の識者に報道をチェックしてもらおうという組織だ。これらが「意見書」の言う「一層の自主努力」

なのだろう。

　こうした各社ごとの組織も、「報道評議会を作らない」口実にされている。「報道と人権委員会」発足を報じた一月三日付『朝日』は、《各新聞社が独自で人権の保護のために最善の努力を尽くすのが本来の姿》《そうした努力をした上でも、なおメディア全体の横断的組織が必要だ、という機運が芽生える可能性もあるのかもしれません》と書いた。

　一〇年前ならまだしも、今ごろ何を言っているのかと思う。新聞協会の意見書と同じ悠長な現状認識。

　報道被害はメディア全体の問題だ。オピニオンリーダーを自認する全国紙と新聞協会には、メディア全体の報道被害を解決する責任がある。

◆新聞の実名報道

ホームページが報道被害増幅

01年2月23日

　アサヒ・コム、ヨミウリ・オンライン、毎日インタラクティブ……いずれも新聞社のホームページ名だ。インターネット全盛の現代、新聞界も活字だけで競う時代ではなくなり、全国紙はもちろん、地方紙、スポーツ紙の多くも独自のホームページを開設し、紙面に載った主なニュースの全文または一部を掲載している。

　それらのニュースは、当該のホームページだけでなく、他の団体・個人が開いているホームページに転載・引用され、さらにｙａｈｏｏ、ｇｏｏなどの「検索エンジン」を使えば、わずか数秒間で検索できる。

　情報を探す側にとっては極めて簡単で便利なインターネット。だが、もしそれらの情報や報道に誤りがあったとしたら、しかもそれが、名指しで個人の名誉やプライバシーを侵害するものだとしたら――。

　二〇〇〇年一〇月二四日、警視庁公安部は都内に住む宗教団体アレフ（旧オウム真理教）の男性信徒Ａさんを電磁的公正証書原本不実記載などの容疑で逮捕し、教団幹部宅やＡさんが勤務していた東京大学大学院研究室を家宅捜索した。新聞各紙は、《オウムソフト事業解明へ／中心信徒逮捕》＝『朝日新聞』、《オウムのソフト開発「主役」逮捕》＝『読売新聞』などの見出しでＡさんを実名報道し、東大の捜索も大々的に報じた。

　この逮捕・捜索が、形式的違反を口実にした違法な別件逮捕であり、その報道が、公安情報を鵜呑《うの》みにして反オウム感情を煽《あお》る人権侵害報道であることは、『週刊金曜日』二〇〇〇年一一月一七日号（本書六九頁）で指摘した。

先日、私はAさんに会って話を聞いた。「オウムのソフト開発の主役」などの報道は全くの誤報だった。Aさんは教団のソフト開発に何もかかわっていない。「警察は何か勘違いしていたみたいです」と言う。取り調べの刑事も「ガサで何も出なかったね」と意外そうに言ったそうだ。

住民票に関する逮捕容疑も立件されず、Aさんは一一月上旬、処分保留で釈放された。しかし、逮捕と実名報道でAさんは職を失った。釈放直後、勤務先から辞職を求められて、「教団への悪印象を与えては……」と不本意ながら応じた。

年が明けて、Aさんは職探しを始めた。その時、心配になったのが、逮捕記事のホームページでの扱い。

「新聞の方は記事を探すのに手間がかかるので影響は少ないしょうが、インターネットでは逮捕記事が残っていたら簡単に探せますから」

Aさんは約一〇社の検索エンジンに自分の名前を入力した。心配したとおり実名の逮捕・捜索記事が約一五件、そのまま残っていた。しかも、釈放を伝える記事は、どのホームページにも掲載されていなかった。

Aさんは図書館で新聞の綴じ込みを調べてみた。釈放翌日の紙面でそれを伝えていたのは『日本経済新聞』だけだった。逮捕は報じても、釈放や不起訴を伝えない新聞。その報道被害は、記事を検索しやすいインターネットでさらに増幅される。

Aさんは、ホームページに記事が残っていた新聞社と検索エンジンに、記事を削除するか、または最低限匿名化するよう求めるメールを送った。新聞社には電話もかけた。回答があった社もなかった社も、数日後には記事が削除ないし匿名化された。

しかし、新聞社が自社のホームページから記事を削除しても、すでに転載された他のホームページや検索エンジンの記事は消えない。

検索エンジンの中には、何度メールを送っても記事を削除も匿名化もせず、回答もしないところもある。しかも、電話連絡先も載せていないから、交渉のしようがない。ある検索エンジンには、二月中旬の時点でもなお五件の実名逮捕記事が残っている。企業の人事担当の目にとまれば、誤った情報だけで判断される。

「いったいどうすればいいのか。電話もできないから、相手の対応を待つしかない。新聞社には検索エンジンの自社記事をチェックする意思はないのでしょうか。こんな例は私だけではないと思うのですが」

逮捕や家宅捜索は大々的に取り上げ、ホームページにも載せるが、釈放は記事にもせず、ホームページの逮捕記事もほったらかし。しかも、「逮捕＝実名報道は原則」と言って変えようとしない。そんな新聞社の無責任さが生み出した報道被害が、インターネットと検索エンジンによって歯止めなく拡大している。

新聞社には、Aさんの報道被害を直ちにくい止めるとともに、同じような被害の再発を防ぐ義務がある。

◆日弁連の人権機関構想

決断を迫られるメディア

01年3月9日

政府の個人情報保護法案、自民党の青少年有害環境対策基本法案、法務省人権擁護推進審議会の「人権救済機関」……権力による報道規制が、一気に現実化しようとしている。

法規制への流れは、新聞社ごとの社外委員による報道チェックといった応急措置では、もはや押しとどめられないだろう。新聞がいくら「報道の自由の危機」を叫んでも、「報道の自由」を自分たちの権利とは思えない市民（そうさせてきたのはメディアだ）の胸には、響かない。

こうした市民の心情を一つの「かたち」にしたのが、二〇〇〇年の日本弁護士連合会（日弁連）人権擁護岐阜大会で提案された「政府から独立した調査権限のある人権機関」設置構想だと思う。

日弁連は一九七六年、被疑者・被告人の匿名報道原則を提唱、八七年の人権擁護大会ではメディアの自主的な報道評議会設置を提言した。その日弁連が、メディアも調査対象に含む人権機関の設置を求める宣言を採択した。日弁連は変わったのか。変わったとすればなぜ、どのように。

「人権と報道・連絡会」は二月定例会で、岐阜大会の宣言案作成にかかわった武村二三夫弁護士に、「宣言」に至る経過をうかがった。

武村さんは、実名・犯人視報道された冤罪《えんざい》被害者の弁護体験などから匿名報道の必要性を痛感、八七年日弁連大会では、「報道の自由」を理由に実名報道を容認した当初の大会宣言案を批判した。報道被害者に寄り添ってメディアのあり方を考える武村さんの姿勢は、とても真摯《しんし》だ。

「日弁連は一三年前から報道評議会の設置を求めてきたが、メディアは何もしない。繰り返される報道被害をこれ以上見過ごすことはできません」

武村さんは、法務省審議会の「中間とりまとめ」に対する日弁連の「意見」を紹介する形で、日弁連の人権機関構想を具体的に説明した。

「中間とりまとめ」が報道被害の積極的救済対象から被疑者・

被告人をはずしていることに対し、日弁連意見は「対象を限定せず広く積極的救済の対象とすべきである」と批判した。武村さんは「被疑者に対する過剰な取材、別件逮捕や実名報道を取り上げないのはおかしい」と述べた。

日弁連意見はまた、「過剰な取材、名誉プライバシー侵害の判断は、取材活動や報道内容などの外形からなされるべきである」とする。誤報など取材内容の信用性の評価が問題となる場合、人権機関が報道内容の真偽や取材内容の調査、その当否の判断を行うべきでない、という考えだ。

さらに、「取材源及び未公開の取材内容についての提出命令」などは認めるべきでないとし、「調査協力義務違反に対しては公表以外の制裁が科されるべきではない」とした。

武村さんは「報道規制という発想はなく、強制力は排除している」と説明した。これに対し、例会参加者からは次のような疑問が出された。

①「外形からの判断」というが、その判断基準は何か。それが明確でなければ、判断できないのではないか。

②報道被害の多くは、事実に反した誤報とそれに伴う名誉毀損、プライバシー侵害に起因している。その真実性や信用性を調査も判断もしないで、被害者の汚名を晴らせるのか。

③「公表で制裁」というが、メディア側が無視すれば実効性はない。

④「政府から独立した機関」といっても、「準司法権限」を持つ限り、「報道の自由」の脅威となる。

人権と報道・連絡会が提唱してきたメディア責任制度は、こうした日弁連構想の難点をクリアーしている。

メディア界全体で報道評議会を設置し、自ら作った報道倫理綱領を基準に報道内容を調査したうえで、綱領に違反しているかどうかをメディア外の市民も交えた評議会のメンバーが判断する。法律に反していなくても、メディア倫理に反して報道された側の名誉・プライバシーを侵害したと裁定されれば、当該メディアは、それを自らの紙面に掲載しなくてはならない。そうして、日弁連構想で最も懸念される「権力からの独立性」は、当然保障される。

日弁連が八七年に提唱した報道評議会も、そういうものだった。

武村さんは「メディアの自主的機関が設置され、それが機能していれば人権機関はその先議を優先する。この構想はメディアの自主的機関設置の促進にもつながる」と述べた。

報道被害をなくしたいという武村さんの気持ちは、痛いほどわかる。日弁連構想は、新聞協会やメディアに「早く報道評議会を作れ、さもないと――」という「最後通牒」だ。

◆「日の丸・君が代」強制

「知る権利」に応える報道を

01年3月23日

「思想及び良心の自由は、これを侵してはならない」（憲法第一九条）

「教育は、不当な支配に服することなく、国民全体に対し直接に責任を負つて行われるべきものである」（教育基本法第一〇条　教育行政）

この国の文部官僚の記憶から、これらの規定は、もう完全に消えてしまったのだろう。三月五日付『朝日新聞』に掲載された《心残りの「国歌静聴／アイヌ出身校長、最後の卒業式》の記事を読んでそう思った。

胸のふさがれる記事だった。アイヌ民族出身として初めて道立の学校長になり、定年を間近に控えた北海道のある高等養護学校長が、道教委の強い「指導」を受けて卒業式に「君が代」を流さざるを得なくなり、それでも歌は歌わず、「静聴」した――という内容だ。校長は語る。

《さざれ石が巌《いわお》となるような力はかつて、アイヌ民族への侵略に使われた。人間性という意味も持つ『アイヌ』という言葉を人を差別する言葉に変えてしまった力でもある》

《アイヌの子どもたちから、自分に素直でなかった先生と評価されるんでしょうね》

一八六九年、自分たちの大地を突然「北海道」とされ、二年後に戸籍法で「日本人」とされたアイヌ。その暴力的同化のシンボルが「日の丸・君が代」だった。民族教育に心血を注いだ教育者として、その強制をはねのけることができなかった無念。

国旗・国歌法制定から二度目の春を迎え、全国各地で人の心を引き裂く「教育行事」が繰り広げられている。北海道、沖縄、広島……。「日の丸・君が代」が侵略・戦争の記憶と分かちがたい各地で、平和教育に取り組む教員に「踏み絵」が差し出されている。そうして、子どもたちに「日本人としての自覚を高め、国家・社会への帰属意識を涵養《かんよう》する」（一九八七年・教育課程審議会のまとめ）〝教育的指導〟が徹底されている。

だが、私たちはその実態をマスメディアを通しては、ほとんど知ることができない。冒頭のような記事は、例外的にしか紙面に登場しない。

たとえば、二〇〇〇年、『産経新聞』の怪文書ともいうべき捏造《ねつぞう》報道で教員一七人が処分された東京・国立では次のようなことが進行してきた。

◆二〇〇〇年一一月、国立市公立小中学校校長会は、市教委に「平成一二年度卒業式と平成一三年度入学式の国旗・国歌の取り扱い」は通達で示してほしい、との要望書を提出（例年の「通知」では校長の判断が問われるが、「通達」なら仕方がない！）

◆同一二月、都教委は国立市教委に指導主事・教員六人を加配（年度途中としてはきわめて異例の人事だ）

◆同月、国立市教委は校長会の要望書通り「通達」（従わなければ処分するぞ、という脅迫状）

◆二〇〇一年一月、同校長会が作成した学校の管理運営規程モデルを教職員に提示、「職員会議は校長の補助機関」「職員会議に指導主事の出席を求めることができる」と明文化（そのための「指導主事加配」だった）

◆二月、市内の一部小中学校で「今年の卒業式・入学式では、日の丸を式場（前年は屋上）に掲揚し、式の中で君が代斉唱」と保護者に伝達

私はこれらの情報を、新聞などのマスメディアでなく、「日の丸・君が代強制」に反対するさまざまなネットワークの通信で知った。

こうした動きは読者に伝えるべきニュースではないのだろうか。メディアは、事件の被疑者の実名報道を「知る権利に応《こた》えるため」と主張している。だが、日の丸・君が代問題、天皇制にかかわる出来事に対してはきわめて及び腰で、タブーに近い状態だ。「知る権利」は、メディア自身によって踏みにじられてきた。

三月に入り、『朝日』が関連記事を報道し始めた。七日付では、《日の丸・君が代／完全実施へ「職務命令」／卒業式巡り神奈川など／事実上の強制に》の見出しで、一面に「日の丸・君が代強制」の実態を伝えたが、これにも「なぜもっと早くから……」と思わずにいられない。

先日、都内で「日の丸・君が代」強制に反対する人たちが、さまざまな立場から意思表示する集会が、右翼の妨害の中で開かれた。二〇〇〇年の都立国立高校卒業生が、あるテレビの取材を受けた体験も含めて発言した。

「限界はあったけど、私たちの思いを伝えようとしてくれたことはよくわかった。少数でも頑張ってくれているジャーナリストや先生がいることを、心の拠り所にしています」

彼女の言葉を、多くの記者たちに知ってほしい、と痛切に思った。

◆データベースの報道被害

誤報訂正はだれの仕事か

01年4月6日

新聞の実名・犯人視報道による被害が、新聞社のホームページと「検索エンジン」で増幅されていることについて、私は『週刊金曜日』二月二三日付（本書八〇頁）で、その実態を紹介し、早急な対策の必要性を指摘した。

「人権と報道・連絡会」は三月定例会で、こうしたデジタルメディアによる報道被害をテーマに取り上げた。定例会では二〇〇〇年、警視庁公安部に不当逮捕され、「オウムのソフト開発の主役」と誤報された被害者が就職活動で直面した不安やメディアとの交渉経過を報告、討論した。

その中で多くの問題点が指摘された。発信源の新聞社に対しては、①警察情報を鵜呑《うの》みにした実名・犯人視報道②新聞・ホームページとも釈放や不起訴を報じない「書きっ放し」体質③報道被害者の申し入れがあるまでホームページに誤報を放置する無責任さ――が挙げられた。

検索エンジンの問題としては、①記事の転載・引用には独自の責任が生じるという情報媒体としての認識の欠如②電話連絡先など苦情窓口や責任者の所在が不明で、被害者の申し入れに対応するシステムを設けていないこと――などが指摘された。

誤報がデータとして残るという点では、新聞社のデータベースにも大きな問題がある、との指摘もあった。

こちらはホームページとは違ってデータ検索は有料だが、企業の人事担当者や民間調査機関が「その気」になれば、求職者の身元調査はいとも簡単にできる。情報量もホームページとはケタ違いに多く、各新聞社のデータベース創設当初にまで遡って記事を検索することが可能だ。

もし、その記事が誤報でプライバシーにも触れた実名・犯人視報道だったら、そして釈放・不起訴などの続報や訂正もなかったとしたら……。

私は討論に参加しながら、かつて三億円事件の報道被害者家族が取り組んだ対メディア交渉を思い出した。

一九六八年、東京・府中で現金輸送車が襲撃され、三億円が強奪された。一年後、一人の青年が別件逮捕され、実名・犯人視報道された。青年はアリバイが証明され、釈放されたが、その後も十数年にわたって「三億円事件その後」などと何度も報道され、メディアに追われ続けた。

誤認逮捕から一八年後、被害者家族は、新聞社・通信社・放送局に対して、事件当時の写真・映像の使用や貸与禁止など

「封印」を求め、各社に要求を認めさせた。さらに、各新聞社の縮刷版に掲載された逮捕記事の閲覧制限などを要求した。

各社は、①記事・写真を再使用・貸与しない②公共図書館などに記事の閲覧を制限するよう働きかける③図書館などで縮刷版から該当記事をコピーし、無断転載された場合は著作権法に基づいて法的手段も含めた措置を講じる——などと回答した。

当時、私は被害者家族から相談を受け、メディアへの申し入れ書作りなどに協力する中で、報道被害がどんなに苛酷《かこく》なものかを知った。また、被害再発を防ぐために報道被害者がどれほどの努力を強いられてきたか、報道側が自分たちの加害性にいかに無知・無責任であるかを痛感した。

それから十数年、データベースの普及・拡大により、報道被害の規模は縮刷版によって生じる水準を遙《はる》かに超えた。しかし、警察の逮捕に連動した実名・犯人視報道は改められず、松本サリン事件のような報道被害は、今も繰り返し起きている。

「人報連」の例会では、ある事件でデータベースの実名誤報記事に「おわび・訂正」を付記させた事例が紹介されたが、それも報道被害者が訴訟を起こした末のことだった。被害者が要求しなければ、刑事裁判で無罪判決が確定でもしない限り、そうした訂正記事は新聞には載らず、データベースにも反映されない。

例会で報告した報道被害者は「今回、ホームページや検索エンジンに記事の削除・匿名化を求めるだけでもたいへんな時間とエネルギーを要し、データベースにまではとても手が回らなかった。新聞社はデータベースに入れた逮捕記事が、その後どうなったのか、自分たちの責任で取材報道し、誤報とわかれば直ちに訂正や修正をしてほしい」と話した。

誤報の訂正は、報道被害者の責任でも課題でもない。誤報で営利を得たメディアの仕事であり、最低限の義務だ。それを怠り回避する新聞社に、欠陥商品の回収や周知に消極的なメーカーを非難する資格などない。

データベースは縮刷版より簡単に記事を修正できる。各社は今すぐ誤報訂正のシステム化に着手すべきだ。

01年4月20日

◆映画『日本の黒い夏 冤罪』

見えてこない誤報の構造

映画『日本の黒い夏 冤罪』を見た。『帝銀事件・死刑囚』『謀殺・下山事件』の熊井啓監督が松本サリン事件を描く、それも冤罪《えんざい》に加担した報道に焦点を当ててと聞き、日本で初めて「報道被害」を取り上げた映画が作られる、と期待していた。

映画の舞台は、架空のローカルテレビ局。事件から約一年後、高校の放送部員二人が事件を取材した三人の記者と報道部長にインタビューする形で報道検証を進めていく。

見始めてすぐ、違和感を抱いた。「第一通報者が庭で薬品を混ぜ、有毒ガスが発生」との通信社配信を受け、報道部長が警察担当記者に「裏を取れ」と指示する。記者は捜査幹部宅を「夜討ち」し、幹部の「黒の感触」を伝える。部長は「それじゃ裏取りにならんじゃないか。いいか、彼が庭で薬品を混ぜていたというんなら、その目撃者の証言を取ってこなければ」と記者を怒鳴りつける。

アレッと思った。本来の取材・報道原則は部長の言う通りだ。だが、そんなまっとうなことを言う「報道部長」は、日本には多分いない。「裏取り」と言えば、せいぜい複数の捜査員から情報をとること。それが日本のメディアの常識だからだ。

こんなシーンもある。捜査本部の見方と異なった報道をすれば警察は情報を流してくれなくなり、他社に抜かれっ放しになると心配する記者を、「よそに抜かれることが気がかりなのか」と、部長がたしなめる。日本の現実は記者の心配の通り。だが、こんなことを言う部長はいない。

そうか、これはフィクションなんだ、と見方を変えた。熊井監督はこの映画で、中井貴一扮する報道部長を通じて「あるべき報道人」の姿を描こうとしたのだ、と。警察発表を疑い、自分の足と目で事件の真相を探り、他社との「横並び報道」を求める局の上層部と「クビ」を賭けて闘う。報道幹部がこんな人たちなら誤報や報道被害は起きない、と。

ところが、そんな私の見方は覆される。報道部長が捜査幹部と話すシーンだ。部長は現場記者時代、この幹部からもらった情報で特ダネを連発し、視聴率を挙げたと回顧した後、もし第一通報者が白だったらどうするか、人権をどう考えるかと迫る。捜査幹部は、自分の流した不確かな情報を部長が報道し、殺人容疑者扱いされた少年が自殺を図ったが、自分がもみ消したため表沙汰《おもてざた》にならなかったと告げて、「お互い持ちつ持たれつやってきた」と言い返す。

ここで、「あるべき報道人」は、「よくいる報道人」に変貌《へんぼう》する。彼は、警察情報に依存した特ダネ報道で昇進した「有能なサツ回り記者」だった。しかし、それでは報道の中立・公正を貫き、東京の局を辞めてローカル局に来た、という設定が宙に浮く。映画前半の立派な言動も空々しい。あえて解釈すれば、誤報を反省し、部長になった後「あるべき報道」を目指すようになった?

だが、反省も疑わしい。映画の終盤、「カルト教団幹部が松本サリン事件の犯行を供述」との通信社配信を受け、部長は事件を教団の犯行と断定して大々的な報道を部下に指示する。結局、警察情報鵜呑《うの》みの報道だ。

映画のもう一人の主役、河野義行さんをモデルとした冤罪・報道被害者の苦しみは、非常に深く描かれている。寺尾聰演じる冤罪・報道被害者は、警察・メディアという巨大な敵を相手に一市民が強いられる苦闘苦難の理不尽さをリアルに伝えている。そんな場面では、この映画を多くの人に見てほしいと思った。

それだけに、報道加害側を描くのに架空のローカル局を舞台に選び、「良心的報道人の苦悩」に焦点を当てた構成が的外れに思え、残念だ。

加害の中心である全国紙やNHKが、極めて不確かな警察庁情報で一社の例外もなく河野さんを犯人視報道したのはなぜか。その「裏取り」はどのように行われたのか。河野さんが提訴を意思表示するまで、謝罪訂正が行われなかったのはなぜか。各社の報道幹部や誤報を流した記者は、自らの報道をどう反省したのか。

そうした誤報の構造、報道被害を生み出すメディアの加害の構造が、この映画からは見えてこない。

映画館で、ある冤罪・報道被害者と偶然会った。彼は「誤報を流した加害メディアへの怒りが湧《わ》いてこない映画ですね」と語った。良心的とはいえ加害側の報道部長が、なぜさわやかに描かれるのかと。だが、こんな報道部長さえ探すのは難しい。それが、「黒い夏」を季節構わずに繰り返す日本のメディアの不幸な現実だ。

◆「恵庭OL殺人」事件

崩れてきた初期報道の構図

01年5月18日

《恵庭《えにわ》のOL殺害容疑／元同僚の女逮捕／容疑否認／男性巡りトラブルも》（二〇〇〇年五月二三日付『読売新聞』夕刊・北海道版一面）

こんな記事を皮切りに二〇〇〇年五月、「恵庭OL殺人」として大きく報道された事件があった。週刊誌やワイドショーは「交際相手を奪われた嫉妬《しっと》と憎悪から同僚女性を殺害、遺体を焼き捨てた」とショッキングに事件を取り上げ、逮捕された女性を犯人視報道し、私生活を暴き立てた。

それから一年、事件はマスコミ報道の表舞台から消えた。だが、裁判では捜査段階で報道された事件の構図、警察・検察の主張が次第に崩れ、被告女性を「冤罪《えんざい》被害者」として支援する人々の輪が広がっている。

二〇〇〇年三月一七日朝、北海道恵庭市の農道で、全身黒焦げの遺体が見つかった。被害者は千歳《ちとせ》市内の運送会社に勤める二四歳の女性。死因は窒息で、首を絞めるなどして殺害された後、焼かれたことがわかった。

翌一八日付『北海道新聞』など各紙は、発見前日の一六日午後一一時一五分ごろ、現場付近で何かが燃えていたのを見た、との複数の目撃情報を警察がつかんでいると報じた。

四月一四日、千歳署は被害者の同僚Oさんを任意同行、計六日間にわたって取り調べた。その間、メディアはOさんを四六時中追い回した。Oさんは、過度のストレスによる心因反応で約一カ月間入院。退院後の五月二二日、北海道を相手取り「自白強要による身体的・精神的被害」の賠償を求める訴訟を起こした。

翌二三日、千歳署はOさんを殺人と死体損壊などの容疑で逮捕、六月一三日に起訴した。メディアは、警察がOさんを犯人と断定した理由として、①自分が交際していた男性と被害者が交際し始めた②殺害時のアリバイがない③事件直前まで被害者の携帯電話に二〇〇回以上のいやがらせ電話をかけた——と報じた。

検察は起訴段階で、遺体焼損時刻を逮捕・拘留段階の「一一時一五分」から「一一時ごろ」に変更した。

一〇月二七日、初公判。検察は冒頭陳述で、犯行動機を「交際男性が別れ話を持ち出したのは、被害者が男性と交際を始めたためと思い、被害者に憎悪の念を抱いた」とし、それを裏付けるものとして「二三〇回に及ぶいやがらせ電話」を挙げた。

また、被告が「犯人と判明した経緯」として、①被害者の携帯電話が殺害後も使用され、会社の女子更衣室ロッカーから発見されており、従業員による犯行と認められる②従業員全員のアリバイを調べたが、被告以外に容疑のある人物はいなかった③被告が被害者と最後に別れた④被告の車から被害者のロッカーのカギが発見され、車のマットからは灯油が検出された——と指摘した。

しかし、犯行の具体的経過に関しては、殺害時刻、殺害場所、殺害方法など、いずれも特定しなかった。

これに対して弁護側は異例の冒頭陳述を行い、無罪を主張。「検察は具体的な殺害方法を示さず、被告と犯行を結びつける直接証拠も全くない」と批判した。また、被害者への電話も大半は着信前に切られており、それをもって殺害の動機と断定するのは短絡・飛躍と反論、検察が主張する「二三〇回」の着信記録開示を求めた。

弁護側はさらに、①被告には一一時半ごろガソリンを入れた記録があり、炎が目撃された一一時一五分に現場を出て一一時半にガソリンスタンドに着くのは不可能②被害者は被告より体格がよく（身長一三センチ、体重一三キロの差）、被告には殺害や遺体運搬は困難③被告の衣服や身体には殺害に伴う抵抗の跡も、遺体焼損に伴う灯油や異臭付着などの痕跡《こんせき》もない④現場には積雪があり、犯人の車のタイヤ痕や靴跡が残っていたはず。検察はなぜ、その鑑識結果を証拠請求しないのか——などと「無実の証拠」を多数列挙した。

以後、公判は月二回のペースで開かれ、二〇〇一年四月一日で一二回を数えた。法廷には依然、携帯電話の着信記録も、タイヤ痕・靴跡の鑑識記録も提出されていない。「被告の車から検出した」とされる灯油と現場の燃焼剤（灯油かどうかも未確定）が一致するという証拠もない。ロッカーのカギに関しては、押収記録の作為が弁護側から指摘されている。

また、「従業員全員から確認した」はずのアリバイが実は未確認だったことが、二〇〇一年に入って従業員の法廷証言で明らかになった。検察の冒頭陳述「アリバイがないのは被告だけ」は虚偽だった。（次回、より詳細にこの事件と報道の検証を続けたい）

◆続「恵庭OL殺人」事件

見込み捜査を見直す報道を

01年6月1日

「人はだれも、いいところ、悪いところがある。それなのに、マスコミは警察情報だけで、彼女をこんなにひどい奴と報道しました。人に迷惑をかけることを極端に恐れ、自分の方で退いていく。そんな彼女の人柄は全然報道されなかったのです」

「恵庭《えにわ》OL殺人」事件報道をテーマに開かれた人権と報道・連絡会の五月例会。この事件で同僚女性を殺害したとして逮捕・起訴されたOさんの小学生時代以来の友人、稲垣琴恵さんは、メディアの一方的犯人視報道に怒りをこめて、こう語った。

事件を「三角関係のもつれ」としたメディアに「渦中の男性」と描かれたIさんも、北海道から駆けつけ、警察の事情聴取の実態を話した。

「彼女の性格からして、こんな事件を起こすはずがない。いくらそう訴えても、刑事はとりあってくれず、私が言ったことを調書に書いてくれませんでした。ところが、少しでも彼女に不利そうなことを言うと、そうかそうか、と書き出す。事件から一週間で、警察はもう彼女のことしか調べていなかったんです」

露骨な見込み捜査。刑事自身、法廷でそれを裏付ける証言を行った。二〇〇〇年一一月二四日の第三回公判のことだ。被害者の遺体発見当日にOさんから事情聴取した刑事は、「被害者の携帯電話を見せて『被害者に電話したのか』と聞いたところ、被告の手が震え、動揺していた。その時、直観的に犯人だと思った」と述べた。

犯罪捜査は本来、現場に残された物証や目撃証言、被害者の交友関係などから始まる。この事件では、遺体発見現場のタイヤ痕や靴跡、遺体の損傷状態が示す犯行の特徴などが最も重要な手掛かりとなるはずだ。

ところが、検察側の冒頭陳述、公判での証拠調べには、そうした基本捜査の跡はほとんど見られない。警察はOさんを事件に結びつけるための捜査しかしてこなかった、としか思えないのだ。そして、そんな警察情報を鵜呑《うの》みにした犯人視報道が、興味本位な「若い女性の嫉妬《しっと》殺人」という見方から繰り広げられた。

予断を排し、物証から事件を見ると、何よりも現場の雪道に残されたタイヤ痕と靴跡がOさんのものと一致しないことが、彼女の無実を教える。被害者の車や携帯電話、バッグなどの遺留品からOさんの指紋が検出されず、彼女の車から被害者の毛髪、衣類の繊維などが検出されないことも、Oさんの無実を物語る。

であれば、一見、事件と彼女を結びつけるかに見える〝状況〟を、別の視点から検討し直すべきなのだ。

被害者の死亡後、被害者の携帯電話が使われ、その電話先がOさんの知人や勤務先関係だったことは何を意味するのか。この携帯電話が、Oさんの勤務先の更衣室で見つかったことを、どう受け止めるべきか。

もし、Oさんが犯人なら、なぜわざわざ事件と自分を結びつけ、警察の目を向けさせるようなことをしたのか。まったく道理に合わない。

Oさんの任意取り調べが始まった翌日の四月一五日、彼女の自宅近くの町有林で、被害者の車のキーや電卓などの遺留品が、それとわかる中途半端な焼き方で見つかった。そこは、彼女が参加する自然観察グループがよく歩く場所でもある。これまた、(彼女が犯人なら)わざわざ警察の目を自分に向けてほしいと言わんばかりの不可解な行動だ。

これを「身辺に捜査の手が及んであわてて証拠を焼き捨てた」と解釈するのは、あまりにも単純・浅薄だ。当時、Oさんには二四時間、警察の監視・尾行がついていたのだ。

携帯電話の不自然な使われ方や見つかり方、遺留品の不自然な発見状況。それらからくみ取るべきは、捜査の目をOさんに向けようとする犯人の工作の痕跡《こんせき》ではないか。

予断・思い込みは、捜査をおざなりにする。Oさん以外の従業員のアリバイ捜査が形式的でずさんなものだったことは、二〇〇一年一月の第六回公判で、検察側証人として出廷した上司の口から明らかになった。被害者の交友関係はどこまで調べたのか。

二〇〇〇年九月、Oさんを「支援する会」が友人、知人たちによって結成された。Oさんを子どものころから知っており、我が娘のように思ってきたという代表の多田律子さんは、支援通信の四月号でこう書いている。

「もう一度、Oさんから目を離して、捜査をやり直すことはないのでしょうか。必ず犯人はいるのですから」

警察情報のままに犯人視報道したメディアもまた、自らの報道を検証し、取材をやり直す必要がある。

◆人権擁護推進審議会答申

どう防ぐ　報道への権力介入

01年6月15日

法務省の人権擁護推進審議会（塩野宏会長）は五月二五日、政府機関から独立し、強制調査権限を持つ人権救済機関（仮称・人権委員会）の設置などを求める答申をまとめた。

同審議会は二〇〇〇年一一月、「中間とりまとめ」を公表したが、日本弁護士連合会やマスメディアから、公権力による人権侵害の扱い、メディアを対象とした点を中心に批判が相次いだ。このため答申は「公権力による人権侵害が、極めて重要であることは言うまでもない」との文言を入れ、メディアを強制調査の対象からはずすなど一定の手直しを行った。

しかし、それらは部分的手直しに過ぎない。私が『週刊金曜日』二〇〇〇年一二月一五日号（本書七三頁）で指摘した「公権力による人権侵害を他の人権侵害と同列に置き、公権力による人権侵害こそ最も重大かつ被害回復が困難な実態を隠蔽《いんぺい》したうえ、それを事実上、救済の対象外としたこと」は変わっていない。

救済対象とした四つの人権侵害のうち、差別、虐待、メディアによる人権侵害については詳細かつ具体的に問題点や救済方法を指摘しているのに対し、公権力による人権侵害に関しては、公務員による差別や虐待にごく簡単に触れただけ。誤認逮捕や虚偽自白の強要、接見妨害、獄中者や入管施設収容者への非人間的処遇、自白偏重裁判による冤罪《えんざい》・誤審などの問題点とその救済方法には、今回も全く言及しなかった。

「政府から独立性を有し、中立公正さが制度的に担保された組織」と言いながら、委員会事務局は法務省の人権擁護部門を改組して、という点も「人権委員会」の体質を予測させる。法務省の出先機関こそ、公権力による人権侵害の最大の加害者なのに、その身内に実務を任せる？

メディアに関しては、最も批判の強かった強制調査を任意の調査に改めたが、メディアによる人権侵害を救済対象とする点は譲らなかった。

各紙は答申翌日の社説で、《取材活動が窮屈になり、国民の知る権利を狭めることになりはしないか》＝『朝日新聞』、《汚職政治家ら権力の不正を暴こうとする取材を制約し、ひいては報道そのものを規制しかねない》＝『毎日新聞』と批判、《基本はメディアの自主規制、自主努力にゆだねるべきだ》＝『読売新聞』などと声をそろえて主張した。

しかし、その「自主努力」はかけ声倒れで実質を伴っていない。「犯罪被害者の会」代表幹事の岡村勲弁護士は、答申について「犯罪被害者に対する最大の人権侵害者はメディアであり、救済機関には強制調査権を与えるべきだ」と述べた（『東京新聞』）。大方の市民のメディアに対する見方を代表したものだと思う。

二〇〇〇年の中間取りまとめ発表後、新聞各社は「第三者によるオンブズマン制度」（『毎日』）などと称して社外の有識者などによる委員会を相次いで発足させた。だが、それら個別組織は、報道被害者の人権回復に役立っていないばかりか、新たな被害発生の歯止めにもなっていない。

たとえば、二〇〇〇年一月の「北陵クリニック事件※（仙台・筋弛緩剤《きんしかんざい》事件）」では、メディアは逮捕された准看護士に「悪魔の点滴男」などの烙印《らくいん》を押し、大々的な犯人視報道を繰り広げる一方、「被害者」割り出しを目的とした病院、患者に対する無神経な押しかけ取材を行った。

しかし、各社の「委員会」は、こうした進行中の報道を批判的に取り上げず、被害を防げなかった。

報道被害の多くは、実名報道による名誉・プライバシー侵害によって生じている。メディアがいくら批判を浴びても犯人視報道や被害者への無神経取材を繰り返すのは、取材記者たちが実名報道を前提とした特ダネ競争を強いられているからだ。

だが、各社の委員会審査は、「被疑者・被害者の報道は実名が原則」という各社報道基準が前提。社外委員にできるのは、「行き過ぎ取材」「過剰報道」といった表面的な現象の事後批判に限られている。今回の答申が報道被害を救済対象に含めたのも、各社個別の自主規制機関の限界を見越したうえでの判断だろう。

松本サリン事件の報道被害者・河野義行さんは、答申について「報道がひどいという世間の風を利用した印象だ。外堀が埋められていくのに、メディアは危機感が足りない。（中略）各社個別でなく、業界共通で報道被害に絡む基準や組織を作るべきだ」と語った（五月二六日付『東京』）。

権力介入を防ぐには、被害者の声に耳を傾け、報道被害をなくす根治療を自らに施すしかない。答申の法制化まで、時間はもうあまりない。

◆大阪・児童殺傷事件(池田小事件)

冷静な議論封じ込める報道

01年6月29日

この事件の報道で、メディアは何を伝えようとしているのだろうか。そして報道された結果は、どんな状況を生み出しているのだろうか。

大阪府池田市の児童殺傷事件。連日メディアから流されるおびただしい「事件情報」に接しながら、報道の意味と役割を考え続けている。

『週刊金曜日』六月二二日号で浅野健一さんが指摘した通り、今回の一連の報道は「精神障害治療歴を強調したうえで、実名報道する最悪の事態」になった。

一九九九年七月の全日空機ハイジャック事件では、『産経新聞』が『週刊新潮』『週刊文春』などに追随し、精神科治療歴に触れつつ実名で被疑者をたたく路線に転じたが、他の新聞、テレビは慎重な姿勢を守った。

それが今回は、初報で精神科治療歴を報じた各メディアが、事件当夜のＮＨＫ報道に「横並び」、早々と実名報道に転換した。その理由として、各紙は九日朝刊に《事件に至った経緯や逮捕後の容疑者の供述内容などを踏まえ》＝『朝日新聞』、《刑事責任を問えない可能性もありますが、……事件の重大性を考慮し》＝『読売新聞』、《動機の供述など、捜査の推移から刑事責任を問える可能性が出てきたため》＝『毎日新聞』などの「おことわり」を掲載した。

そう書きながら、同じ日付の別の紙面には、《入退院繰り返す》《精神障害者の犯罪どう予防する》＝『読売』などと事件を「精神障害」に結びつける記事を掲載。その後も各紙に、《自民／精神医療軸に防止策》＝一二日付『毎日』、《精神障害者の犯罪対策／措置入院の見直し軸に／政府・与党検討入り》＝一四日付『読売』などの報道が続いた。

こうした報道が、「精神障害」に対する偏見の強い日本社会にどんな現象を引き起こすか。一五日付『読売』夕刊は、《精神障害者／広がる偏見　不安訴え／「外出できぬ」「バイト不採用に」》の見出しで、《児童殺傷事件の余波に、精神障害を抱える人たちや家族が不安を抱えている》と報じた。これを書いた記者の意図はわかる。だが、こんな事態を引き起こしたのはメディアであり、正しくは「報道の余波」なのだ。

また、一二日付『朝日』社説は《再発防止へ冷静な議論を》と題し、《再犯の恐れが強い精神障害者を広範に隔離する保安処分などに進むことは、望ましくない。論議には冷静さが求められる》と書いた。その三日後の一五日付には、《○○容疑者／99年逮捕時　措置入院見送り／責任軽減狙い？自ら入院》（○○は原文実名、以下同じ）という見出しの記事を載せた。冷静な議論を阻《はば》んでいるのは、いったいだれか。

事件と「精神障害」を関連づける報道の一方で、「刑事責任は問える」とする警察サイドの情報が「供述」を中心に連日詳報された。『読売』から主な見出しを拾ってみよう。

《○○容疑者／分裂病の診断に疑問／99年の薬物混入時／複数の医師から意見》一二日付夕刊

《「精神障害重く装った」／○○容疑者供述／安定剤「飲まなかった」》一三日付朝刊

《「20人殺すつもりだった」／「死刑願望もウソ」供述》一四日付夕刊

《「精神障害の免責調べた」／○○容疑者供述》一五日付朝刊

《民事訴訟でも精神障害装う？／「うまくいかず犯行」》一五日付夕刊

他紙も「供述」報道を取材競争の〝目玉〟にし、《逮捕当初、同容疑者が重い精神障害を装い、刑事責任を免れようとした疑いもあるとみている》（一九日付『朝日』）などと警察の「見方」を逐一報じている。

だが、それらはどれも、事件を起訴に持ち込もうとする警察見解の域を出ない。一二日付『読売』が《○○容疑者鑑定留置へ／責任能力判定に数か月／大阪地検》と伝えたように、「刑事責任能力」を問えるかどうかは、鑑定人による綿密な検討の結果を待たねばならないはずだ。

しかし、鑑定など知ったことではない、というメディアがある。『新潮』二一日号は《野放しだった「狂暴男」を「人権のカベ」で無罪放免するのか》と保安処分キャンペーン。今や週刊誌とその広告を掲載した新聞には、「野放し」という非人間的な言葉が〝野放し〟状態だ。

全国精神障害者家族連合会は一八日、「事件の背景や病気との関係が明らかでないのに入退院歴や病名を伝える報道で、精神障害者は危険だという社会の偏見が強くなった」との趣旨の声明を出した。メディアの心ない報道に、身のすくむほどつらい思いをしている人たちがいる。

◆「公民教科書」と離婚報道

「女は家庭」で一致する価値観

01年7月13日

「いま『新しい歴史教科書』が問題になっていますが、『新しい公民教科書』も女性観や家族観など疑問点が多くあります。もっと問題にしていくべきではないでしょうか」

メディアによる性差別をテーマにした、ある講演会で、参加者からこんな指摘を受けた。私は扶桑社から市販された「新しい公民教科書」を早速手に入れ、通読してみた。

天皇制、「国旗・国歌」、日米安保条約、憲法第九条、死刑制度など、「こんな一方的な見解を中学生に刷り込んでほしくない」と思う記述がいくつもあった。たとえば《わが国の歴史には、天皇を精神的な中心として国民が一致団結して、国家的な危機を乗りこえた時期が何度もあった》という記述があるが、「天皇を精神的な中心として」進めた侵略戦争のことは何も書いていない。

女性観・家族観はどうか。「男女平等」の項の一部を紹介しよう。

《人類の歴史は男女の性別の違いにより、さまざまな文化的・社会的な役割分担を生んできた。（中略）今日では（中略）男女の性別に基づく役割分担をこえて、能力に応じて自己をいかす傾向が見られる。しかし、同時に男女の生理的・肉体的な差異などに基づく役割の違いにも配慮しなければならない》

これが男女平等？　典型的な性別役割分業肯定論だ。「家族と社会」の項目では「家族の絆《きずな》」が希薄化した理由として単身赴任、父親の残業、子どもの習い事と並んで「共働きの夫婦が増えたこと」を挙げ、女性が働くことをマイナス要因に数えた。

「家族の役割」では、《育児・家事に専念する専業主婦という形も、家族の協力の一つのあり方である》と強調。「家族の維持」では、《夫婦同姓の制度も、家族の一体性を保つ働きをしてきた》と述べている。

「住友女性差別裁判」で明らかにされた昇格・賃金差別、氷河期が続く就職差別。その一方で企業は、男性を「過労死」「過労自殺」に追い込んできた。年金・税制も「専業主婦」優遇。その根底に、性別役割分業を「自然」とする性差別がある。

こんな性差別システムを、この教科書は肯定する。その一方、ドメスティック・バイオレンスや性暴力、子ども虐待には全くふれない。

「歴史教科書」とセットで、天皇を頂点とした家制度・家父長制の復権を図る「新しい皇民教科書」！

しかし、この教科書を貫く女性観は、別に新しいものではない。私たちが毎日接するマスコミ報道もまた、基本的に「男は仕事、女は家事・育児」の価値観に支配されている。

たとえば最近、ワイドショーや女性週刊誌が大きく取り上げた岡田美里《おかだみり》さん・堺正章さんの離婚報道。岡田さんは記者会見でこう語った。

《私は堺に「もうちょっと家にいて」とずっと言ってきた。あれだけ忙しく、お友達も多くて、趣味もたくさんあったから、家にいる時間が本当に少なかった。私と子どもたちがずっと家にいて、どこに出かけていても、お父さんがいないという生活をずっとしてきて……。家族や夫婦として生きていくことを私はとても大切にしたかったのに》

彼女は、仕事を辞め、家事・子育て、父親の介護に追われてきた。そのストレスや、父親の家庭内暴力に怯えた少女時代のPTSD（心的外傷後ストレス障害）にもふれた。

ワイドショーで会見を聞いて、彼女の気持ちがよくわかった。子育て後の生きがい喪失にもがく「専業主婦」、孤独な子育てに苦しむ若い母親。取材で出会った多くの女性たちの悩みと彼女の話が重なった。

ところが、ワイドショーのコメンテーターは「いま一つ彼女の言い分が理解できません」「夫が仕事で忙しいのは覚悟のうえじゃなかったんでしょうか」などと、離婚を彼女の「わがまま」のようにコメントした。

女性週刊誌も《納得できるようで納得できない、なんとも不可解な会見》（『女性セブン』七月一二日号）といったトーン。同誌は《嫁・岡田美里よ　本当は家事も料理もしないあなたに孫は渡さない》と「同居の姑の猛反撃」を大見出しにした。

ワイドショーや女性週刊誌は、有名人の私生活を「商売ネタ」にし、あれこれプライバシーを暴く。その一方で、報道対象を保守的な「家族道徳」で裁く。「離婚」にせよ「不倫騒動」にせよ、結局は法律婚や性別役割分業を基準にし、それにはずれた人を断罪するパターン報道。

「新しい公民教科書」は、すでにメディアに先取りされている。

◆沖縄・米兵性暴力事件

「新聞が書かないこと」とは？

01年7月27日

一九九五年九月、沖縄で少女が米兵三人に襲われる事件が起きた時、地元メディアは被害者が特定されないよう事件の場所も基地名も書かなかった。だが、「本土」から押し寄せたメディアは少女の自宅や近所に取材攻勢をかけ、少女の通う小学校の前で子どもたちにマイクを向けた。

『週刊文春』は《レイプ米兵三人「獣のような仕業」》の見出しで、事件を生々しく「再現」し、犯行現場の写真を掲載した。『週刊新潮』は《沖縄「衝撃の事件」の夜》として、「米兵と喜んで遊ぶ女たちもいる」とばかりに、米兵と笑顔で話す若い女性たちのグラビアを載せた。

それから六年、再び米兵による性暴力事件が起きた。新聞・テレビの報道は六年前より被害者への配慮を感じさせたが、『新潮』『文春』各七月一九日号は、それを逆手にとったような記事を掲載した。

《新聞は絶対に書けない「沖縄」婦女暴行「現場」詳報》＝『新潮』

《レイプ目撃証言入手！沖縄女性暴行事件　地元紙が書かない「告発の行方」的全真相》＝『文春』

『新潮』は被害者の年齢や職業も書いたうえで、《6年前の女子小学生暴行事件とは、あまりに状況が違う》とし、被害者を《地元では〝アメ女〟と蔑称《べっしょう》される米兵目当ての女の子たち》の一人として描き、《あまりにも無防備だったのだろうか》と被害者の「落ち度」を強調した。

『文春』も同様に被害者を「アメジョ」とし、《今、なににもまして急がれるのは、その真相を究明することだ》として、「目撃者」の生々しい「証言」なるものを掲載した。

こうした記事のいったい何が「急がれる」のか。両誌の「徹底取材」や「現場詳報」は、メディアのセカンド・レイプそのものだ。「急がれ」たのは、そんな記事を読みたがる男性読者の関心に応《こた》えようという営業上の要請からだったのではないか。

「新聞は書けない」というが、『産経新聞』も被害者の「落ち度」を書いた。七月四日付「産経抄」は、《午前二時という犯行時刻といい、犯行の場所や状況といい、特殊なものがある》《ひょっとして被害者の側にも何か誤解されるようなことがなかったかどうか》などと書き、六日付でも《性犯罪は加害者が絶対に悪いことはいうまでもないが、こちらも相手にすきを見せないことである》と、「落ち度」論を繰り返した。

こうした報道姿勢は、この三誌紙がこれまで、南京大虐殺＝南京強かんや軍専用の性奴隷＝「慰安婦」制度など日本軍兵士による性暴力の告発に対して、終始否定的な立場から報道してきたこととつながっている。

今回の事件で「新聞が書かなかった」大きな問題は、ほかにある。それは、取り調べをめぐる法務省・警察庁の対応が、被疑者引き渡しを遅らせる壁になったという事実だ。

米国側は今回、身柄引き渡しの条件として、被疑者に米国側通訳をつけることや、取り調べへの弁護士の立ち会い、取り調べ時間の制限など「人道的な取り扱い」を求めた。

しかし警察庁は、通訳と弁護士の立ち会いを拒否。これについて『朝日新聞』七月六日付《相手側通訳／警察庁、拒否を堅持》の記事は、《通訳を警察が依頼した人や警察職員に限っているのは、捜査の秘密を守るためで、相手側の通訳を付けた場合、取り調べの全容が外部に漏れる可能性がある。さらに急増する外国人犯罪の容疑者側から、同様の要求が出てくる懸念がある》と書いた。

取り調べの全容が外部に漏れる？　「北陵クリニック事件（仙台・筋弛緩《きんしかん》剤事件）」でも、大阪・児童殺傷事件でも、取り調べ内容は連日、メディアに漏れっ放しだったではないか。ただし、警察に都合のいい「自白」に限って、だが。

日本では、外国人被疑者の取り調べの際、警察側の通訳しかつかず、調書も日本語調書を口頭で通訳して署名を求めている。そのために、被疑者に不利な調書が取られ、裁判で争われるケースが少なくない。

また、弁護人の立ち会いどころか、接見も制限されることが多く、自白強要の長時間の取り調べと相まって外国人の冤罪《えんざい》事件は後を絶たない。

こうした問題を正面から指摘した記事は、《容疑者の人権について配慮し、米側が公正とする捜査をなし遂げなければならない。それは日米地位協定の見直し論議にも資するだろう》と述べた『東京新聞』七月七日付社説だけだった。

警察情報に依存する日本のメディアが、もっとも「書けない」のは、捜査のあり方を批判する記事だ。

◆「恵庭ＯＬ殺人」事件

露呈した検察の性差別意識

01年8月10日

法廷がセクシュアル・ハラスメントの場と化すことがある。レイプや痴漢など性犯罪の裁判で、被害女性に「犯行の詳細」に関する具体的な証言を求めたり、「被害者に落ち度はなかったか」と問題にしたりして、被害女性をもう一度苦しめる。いわゆる〈セカンド・レイプ〉だ。

それが、被害者だけでなく、被告にも起きることを知った。七月一八日、札幌地裁で開かれた「恵庭《えにわ》ＯＬ殺人事件」第一九回公判でのことだ。

二〇〇〇年三月、北海道恵庭市で起きたこの事件について、私は『週刊金曜日』363号（五月一八日、本書八九頁）、365号（六月一日、本書九一頁）で捜査と報道の問題点を指摘した。裁判は検察側の証拠調べを終え、弁護側による四回の本人尋問の後、この日から検察側の本人尋問に入った。

検察の尋問は、冒頭陳述で描いた次のような「事件の構図」に被告Ｏさんをはめ込むべく構成されていた。

《被告は交際中の男性から別れ話を切り出され、その原因が被害者が男性とつきあい始めたことにあると思って被害者に憎悪の念を抱いた。被告は被害者に二三〇回に及ぶいやがらせ電話をかけたが、憎悪の念はさらに募り、被害者を殺害して遺体を焼損しようと決意、実行した》

逮捕当時、マスメディアも断定的に報じた「三角関係のもつれによる恨み殺人」説。検察側はそれを裏付けるために、「被告は男性との結婚を強く望んでおり、別れ話に大きなショックを受けて相手女性に殺意を抱いた」と立証する必要があった。

小林俊彦検事の尋問は、冒頭から「被告人は、Iさんと結婚したいと思っていたのではないのですか」というワイドショー的質問で始まった。

検事は、捜査段階の被告と交際男性の調書からさまざまな場面を切り取り、「結婚願望」を証明しようとした。たとえば、次のようなシーンだ。

「平成一二年一月ごろ、被告人はIさんに、もし生理がこなかったらどうする？　と聞きましたね。それはIさんが結婚すると答えるのを期待してのことではなかったのですか」

これに対して、被告Oさんは、当時の心境を次のように証言した。

「それは違います。そのころ、私は彼を、一生を共にできる相手ではないと思うようになっていました。でも、そんな気持ちと、スキーなど一緒に遊びに行くと楽しいという気持ちが共存していました。それで自分の中でけじめをつけたくて、そんなことを聞いたのだと思います」

法廷セクシュアル・ハラスメントは、そんなやりとりの中で起きた。

Oさんの調書に、事件数日前、Iさんとの間で「肉体的接触」があったとの記述がある。それが「別れ話による恨み殺人」というストーリーと矛盾するからだろう、検事は「本当は接触はなかったのではないか」と「接触の様子」を話すよう求めた。

Oさんは「男女間の普通のことです」と答えた。しかし検事は「どういう経緯で接触を求められたのか」「具体的に、どこをどのように触ったのか。被告はそれを受け入れたのか」などと執拗に証言を迫った。

これは酷《ひど》い、と私は思った。女性には話しにくいとわかっていることを公開の法廷で言わせようとする。それも、事件と直接関係のないことを。弁護人が当然、異議を申し立てたが、裁判長は却下、検事は質問を続けた。裁判長が女性だったら……と思わないではいられなかった。

この日の検事の質問は、ひたすら「結婚願望」と「別れ話のショック」を、何とか本人の口から引き出そうとすることに費やされた。だが、仮に別れ話に動揺したとしても、それで「殺意」を立証したことになるのか。せいぜい、被害者に無言電話をかけた心の動揺を説明する程度だ。

検察は、無言電話を「いやがらせ電話」とし、殺意の証拠にしようとしてきた。しかし、Oさんは「二人が会っているか確かめたい気持ち」からの電話で、「いやがらせという気持ちは一切ありません」と説明した。

電話の大半は、ベルも鳴らない瞬間的な発信だった。無言電話ですらない。相手も気づかない電話がいやがらせになるだろうか。「何度もかけたという記憶がない」という彼女の言葉通り、無意識に携帯電話のメモリーダイヤルを押したり止めたりした、と見る方がよほど自然だ。

別れ話から相手女性を恨み、殺害――という検察の事件像自体、「女性は結婚したがるもの」という女性観に根ざしている。そんな検察の性差別的セクハラ尋問に、Oさんは我慢強く答え続けた。その証言は一貫し、説得力がある、と私は思った。

◆『FOCUS』廃刊

いじめ・のぞき写真の敗北

01年8月31日

写真週刊誌『FOCUS』が廃刊（発表では休刊）した。一九八一年創刊、一時は二〇〇万部を超え、若い女性が小脇に抱えるのがファッションにもなった。しかし、この数年は三〇万部にまで落ち込んでいた。

『FOCUS』はなぜ部数が激減し、廃刊に追い込まれたのか。休刊を発表した七月三日の記者会見で、新潮社の松田宏取締役は、八六年に起きたビートたけしによる『FRIDAY』襲撃事件を第一の要因に挙げて、次のように述べた。

「それまでの『FOCUS』は女性も手に取れる非常に品の良い写真報道のあり方に挑戦していたんですが、この事件をもって写真誌のイメージが一変し、読者の支持が得られなくなったということがありました」

女性も手に取れる非常に品の良い写真報道？　この人は、本気でそう思っているのだろうか。

休刊会見から三週間後の七月二四日、長崎地裁で『FOCUS』が被告となった民事訴訟の判決があった。同誌九九年九月一五日号が掲載した《「長崎保険金殺人」元愛人が撮ったヘアヌード》と題する写真について、判決は名誉権・肖像権などの侵害とする原告の訴えを認め、『FOCUS』と新潮社、写真を提供した男性らに慰謝料の支払いを命じた。

問題の写真は、二ページ見開きの特大版。人前で広げることさえはばかられる写真だ。裁判中の被告女性をさらし者にする残酷なリンチ、卑しいのぞき以外の何ものでもない。

こんな写真を載せておいて、「女性も手に取れる非常に品の良い写真報道」とは……。新潮社幹部の考える「品」とは、どんなものなのか。

『ＦＯＣＵＳ』最終号（八月一五日・二二日号）は《フォーカス20年の闘争》と題し、《20年を駆け抜けた本誌の歴史的スクープショットを一挙掲載》した。では、『ＦＯＣＵＳ』はいったい何と闘ってきたのか。

冒頭の「田中角栄法廷写真」と最後の「桶川《おけがわ》ストーカー事件」は、裁判所や警察も含めて〈権力〉が相手と言える。だが、それ以外は芸能人やスポーツ選手の私生活、「密会」の盗撮、殺人事件や大事故の現場、遺体写真など「のぞき趣味」にこびたものが大半だ。その一方、皇室に対しては、《泣きじゃくるＯＬを抱きしめられた美智子皇后　阪神大震災お見舞い「秘話」》《雅子さまの外交官デビュー　完全無欠のスーパーウーマン》など、賛美一辺倒。

これらのどこが「歴史的スクープショット」か。一〇〇一号も出してきた総決算がこの程度で、よく《20年の闘争》などと言えたものだ。

最終号ではさすがに「自慢」しなかったが、『ＦＯＣＵＳ』が有名人の「のぞき写真」と並んで売り物にしたのが、「いじめ写真」だ。「犯罪者にはどんな制裁を加えてもよい」といわんばかりの報道リンチ。

先の長崎保険金殺人事件のほか、「ロス疑惑」公判の護送写真、神戸事件での少年の顔写真掲載、和歌山毒カレー事件の法廷写真など、人権侵害で訴えられたり、警告されたりした例は数知れない。事件以外でも、エイズで亡くなった女性の遺影盗み撮りなど、遺族の悲しみを逆なでする残酷な取材・報道を重ねてきた。無罪推定や死者の尊厳など知ったことではないというプライバシー商品化路線。

休刊発表会見で松田氏は、「『ＦＯＣＵＳ』的報道は今や各媒体が行っており、既に世の中に定着したと考えています。むしろその分、『ＦＯＣＵＳ』が一つの雑誌としての価値を失っていったとも言えるのではないでしょうか」とも述べた。

確かに『ＦＯＣＵＳ』以降、日本のメディアには、のぞき・いじめが蔓延《まんえん》した。しかし、それで「本家」が価値を失ったという認識は見当違いだ。『ＦＯＣＵＳ』は依然、のぞき・いじめのチャンピオンだった。

《どの雑誌にも固有の力があり、その力を間違った方法で行使してはならない。弱い者いじめではなく、強い者と闘うことが必要です。それしか自分たちの居場所（存在理由）はないと思う》――桶川事件報道で警察の不祥事隠しを暴いた『ＦＯＣＵＳ』清水潔記者が、『毎日新聞』八月二日夕刊特集で語った言葉だ。

そう話す清水記者も、神戸事件の少年顔写真掲載を肯定している。

『FOCUS』は、まさに弱い者いじめに走った。若い女性が持ち歩かなくなったのは当然だ。のぞきやいじめの好きな人間と思われてしまう。そのうえ、もし事件に巻き込まれでもしたら、いつ自分もフォーカスされるかもしれないのだから。

◆北陵クリニック事件(仙台・筋弛緩剤事件)

捜査監視報道の芽を摘むな

01年9月14日

『僕はやってない！　仙台筋弛緩剤点滴混入事件　守大助勾留日記』(明石書店、二〇〇一年)を読んだ。この事件で逮捕・起訴された被告・守さんと弁護団団長の阿部泰雄さんの共著だ。

この事件について、私は「人権と報道・連絡会」の定例会で阿部弁護士の報告を聞き、捜査と報道の問題点を知っているつもりだった。しかし、今回『勾留日記』を一読し、自白強要のすさまじさに体が震えた。

日記は、逮捕の一月六日から約一〇〇日分収録されている。容疑を認めた六日の日記に「本当にそれでいいのか、やったのか」とある。八日には「亡くなった方に申し訳ない」との謝罪と、「本当に私なのか。本当は何もしていないのに、何で言ったのか」という自問が混在する。

否認に転じた九日以降は、刑事・検事から浴び続けた「罵倒《ばとう》の記録」となっている。たとえば一月二三日。

「お前は人間じゃない。やったのはお前しかいないんだ。反省しろ。何人もマスキュラックスで殺しているのに、何だその態度は。真の守大助に戻れ。お前は死刑にでもなればいいんだ。恥を知れ、恥を。何をしてもお前はここから出られん」

二月一〇日、《もういやだ。どうでもいいよ。どこへでも行きたい。あの世でもいい》とある。翌一一日には恋人宛に《もう調べに耐えられません。待っててくれるのわかってたけど、精神的にもうダメです。「人殺し、殺人者、殺したんだ」もう聞きたくない。もうつらくて生きていくのがいやです。さようなら》

読み続けるのが、つらくなった。

阿部弁護士は《「筋弛緩剤を点滴に混入した殺人鬼」という連日の報道で、世間はいわばマインドコントロールされた状態になっている。(中略)守君の無実を訴える声を世間に発し、裁判前に少なくとも五分に近い闘いに持っていくこと》と出版の動機を、あとがきに記している。

裁判前に冤罪《えんざい》を訴える本が出版されるのは極めて異例だが、この事件では報道にも異変が起きた。三月以降、『週刊朝日』『週刊ポスト』『月刊現代』などが捜査への疑問を報道、テレビも「ニュース23」などが守さん周辺の無実の訴えを伝えた。

これらの報道は、冤罪と断定したわけではないが、病院関係者などの取材を通じ、捜査への疑問を報じた。従来の事件報道と比べ、画期的な変化だ。権力チェックという本来の仕事に取り組むメディアが現れた。

これに対し、「主流メディア」とされる新聞、NHKなどは、逮捕当時の犯人視報道を修正することもなく、初公判でようやく被告の無実の主張を検察側主張と並べて伝える従来の報道パターンを変えていない。

それどころか、『毎日新聞』七月一七日付メディア欄は《被告・弁護側がメディアを使った異例なまでの〝廷外攻勢〟を展開》などと報じた。その問題点は『週刊金曜日』376号（八月二四日）で浅野健一さんが指摘した通りだが、とりわけ奇怪なのは、田島泰彦・上智大教授のコメントだ。

《結果的にどちらかの立場に近寄ることはあっても、メディア自身が調査による証拠を持っているわけではないから、ワンサイドに立つのはいけない。新聞が当初、犯人扱いの報道を一方的にする中で、週刊誌がカウンター的な見方を広めたことは、全体的なバランスとしておかしくはない。しかし弁護側の筋書きに乗って踊らされてはまずい》

新聞は確かに一方的な犯人扱いの報道をした。ならば、捜査に疑問が出た時、「カウンター的な見方」を示すのは、新聞自身の仕事だろう。何が「全体的なバランス」だ。

田島氏は、一部週刊誌などの報道を「弁護側の筋書きに乗って踊らされ」たかのように言う。これまでメディアは「警察の筋書きに踊らされ」た報道しかしてこなかった。それなのに今回、捜査への疑問を報じただけで、ワンサイドだと非難する。

では、『毎日』の「開かれた新聞委員会」委員会委員である田島氏は、委員会でどんな指摘をされてきたのだろう。「結果的に」どころか、最初から警察の立場に立ち、《守容疑者／20人点滴、約10人死亡》（一月九日朝刊）、《「夜勤増やして」／職員減る奇怪狙《ねら》う？》（同一二日夕刊）などと報じてきた『毎日』の「一方的な犯人扱いの報道」への疑問を、どう提示してこられたのだろう。

日本のメディアにようやく登場した「捜査への批判精神をもった事件報道」を非難中傷することで、田島氏は主流メディアを守る「用心棒」になろうとされているのだろうか。

◆大阪・児童殺傷事件（池田小事件）

「精神病歴報道」が残したもの

01年9月28日

大阪教育大付属池田小で起きた児童殺傷事件から約三カ月。大阪地検は九月一四日、被疑者を殺人罪などで起訴した。一五日付各紙は《地検は犯行時の精神状態について「完全な刑事責任能力があった」と判断した》＝『読売新聞』などと報じた。弁護側は裁判で刑事責任能力を争う方針だが、検察側は「精神疾患による犯行」を否定したことになる。

では事件直後、被疑者の病歴を報じ、この事件と精神疾患を直ちに結びつけて、《精神障害者の犯罪対策／措置入院の見直し軸に》＝六月一四日付『読売』、《○○容疑者／99年逮捕時　措置入院見送り／責任軽減狙《ねら》い？自ら入院》＝六月一五日付『朝日新聞』などと、「措置入院」を問題にした報道は何だったのか。

起訴に際して、その問題に言及した報道は見当たらなかった。事件発生時は大きく報道しても、裁判経過はほとんど伝えないマスメディアにとって、この事件もまた「過去の話」となっていくのだろうか。

記者たちは忘れても、報道がもたらしたものを忘れることができない人たちがいる。全国約二〇〇万人の精神疾患患者とその家族たちだ。

全国精神障害者家族会連合会（約六万世帯）の桶谷《おけたに》肇《はじめ》事務局長によると、同会事務局には事件後しばらくの間、患者や家族から報道の影響を心配する相談が相次いだ。「薬の副作用」という報道で、薬を服用しなくなった患者がいる。テレビの報道を見て世間の目が気になり、地域作業所に行けなくなった人もいた。

そうした影響の実態をつかもうと、同会は七月中旬から八月末まで、家族会のある全国一二二病院で報道被害調査を行った。その調査結果の概要を「人権と報道・連絡会」九月定例会で、桶谷さんからうかがった。

同会は医師三六六人、患者・家族一二二〇人に調査票を配付、医師二二九人、患者・家族八二五人から回収した。報道で「偏見が強まった」と答えたのは、医師の二四・五％、患者・家族の二三・六％、「どちらかといえば強くなった」は医師の四七・六％、患者・家族の三一・八％。

医師報告による報道の影響（患者一七〇一人）では、「病気や障害について深く悩むことが増えた」四七三人、「他人の目が気になり外出するのが嫌になった」三二六人、「症状が不安定になった」二五六人、「生活のリズムが乱れた」二一五人。「入院・再入院」二四人、「再発」二一人、「自殺」二人というきわめて深刻な影響事例も報告された。

こうした報道被害について、桶谷さんは「社会には精神障害に対する根深い偏見がある。そのうえに、今回のような大事件で精神疾患が原因であるかのような報道が行われたらどうなるか。記者の方には、自分たちの記事が読者にどう伝わるのか考えて報道してほしい」と話した。

報道がもたらしたのは、それにとどまらない。事件直後、小泉首相は「精神的に問題がある人が逮捕されても、また社会に戻ってあういうひどい事件を起こす例がかなり出ている」と述べ、事件を起こした精神疾患患者の処遇について、刑法改正も含めた制度の見直しを進めるよう法務省、厚生労働省などに指示した。

小泉発言は初期報道を鵜呑《うの》みにした軽率なものだったが、『週刊新潮』などは、《野放しだった「狂暴男」》などと「野放し」論を展開、保安処分導入をキャンペーンした。

だが、この被疑者が以前起こした事件は、職場でお茶に精神安定剤を混ぜたもので、被害も軽く、起訴されても実刑になったとは限らない。むしろ「起訴するより措置入院の方が身柄拘束期間が長くなる」と検察が判断したとの見方もある。「措置入院が今回のような事件を招いた」という趣旨の首相発言や「野放し」論は、根拠の薄弱なこじつけだ。

にもかかわらず、政府・与党の「触法精神障害者」処遇見直しはそのまま進行、二〇〇二年の通常国会に向けて、不起訴や無罪になった「触法精神障害者」の入退院を判断する審判所の新設、「特別病棟」導入などの制度化準備が着々と進められている。

オウム報道が盗聴法を、少年事件報道が少年法「改正」を引き出したように、事件発生段階のセンセーショナルな報道は世論をマインドコントロールし、警察権力肥大や重罰化をねらう権力の露払い役を果たす。

冷静、慎重に議論されるべき問題が、性急に権力側の思う方向で結論づけられていく。報道が、それを容認する画一的な世論を形勢する。メディア・ファシズムが深化している。

◆米「テロ報復戦争」報道

権力側情報を見直す視点を

01年10月12日

世界最強最大の軍事国家が、世界で最も貧しい国の一つに「報復戦争」を仕掛けた。証拠も示さず裁判も経ず、「テロリストを匿《かくま》う国はテロ国家だ」と決めつけて。

その米国の戦争を日本政府は無条件に支持し、「後方支援」と称して自衛隊の派兵をもくろんでいる。圧倒的軍事力を誇る米軍に、「支援」など不要なことを重々知りながら。

戦争が始まれば、日本は交戦国になる。憲法で「国際紛争を解決する手段としては、永久にこれを放棄する」と戦争放棄を宣言した日本が。

『朝日新聞』が一〇月一日付で発表した世論調査結果によると、テロ事件についての「小泉首相の対応」を、五五％が「評価する」と答え、「評価しない」二八％を大きく上回った。

二日、「後方支援新法」や国会論戦に関し、各紙が社説を掲載した。

『読売新聞』は《後方支援のための新法の成立を急がなければならない》と述べた。『朝日』は《米軍の軍事行動はやむを得ないとしても、それに踏み切るには、理解を得るための手順を尽くさなければならない》とし、『毎日新聞』は自衛隊派遣を前提に《国会は迅速にして実のある論議を行ってほしい》と書いた。

『読売』は参戦を煽《あお》った。『朝日』『毎日』の主張も、米国の「報復戦争」や日本の「後方支援」を否定していない。こんな論調や世論に力を得た小泉首相は、二日の国会で「やるべきことをやらないで国際社会から孤立したら、日本の平和と繁栄はあり得ない」と声を張り上げた。

小泉首相の言う国際社会は、「現代の列強—G７」プラスアルファでしかない。ブッシュの報復戦争宣言で難民化しつつあるアフガニスタン人民は、視野に入っていないようだ。

かつて日本は、列強の一員として「非交戦国」に出兵したことがある。一九一八年八月、米国の提議で「チェコ軍救援」を名目に始めたロシア革命干渉戦争＝シベリア出兵だ。

米英仏は二年で撤兵したが、シベリア利権獲得、「満蒙」支配を狙う日本は四年以上も駐留しパルチザン軍と戦闘。三〇〇〇人以上の戦死者を出した末、撤兵を余儀なくされた。

このシベリア出兵では、当時の有力紙誌が出兵反対の論陣を張った。ロシア革命直後、政府内に浮上した出兵論に対し、一九一七年一二月二〇日付『読売』社説はこう述べた。

《一体他国内に其《その》国の政府の承諾を経ず、又は其意思に反して軍隊を入るるは、実に重大なることたるを知らざる可《べか》らず、重大なり、故に之《これ》を断行するは、萬々已《やむ》を得ざるの場合に限ることを知らざる可らず、臣民保護の為めの出兵は、目下の處《ところ》問題となり得ざること此《かく》の如し、然《しか》らば何の為めに出兵するや》

『読売』の論調はその後、後退したが、『大阪朝日新聞』『東洋経済新報』などは出兵反対論を守った。言論統制下の八十数年前のことだ。

翻って、今回の「テロ報復戦争」報道はどうか。「テロ」発生以来、道連れ自爆やビル倒壊の衝撃的な映像とともに、米政府の報復戦争準備に関する情報が無批判に流され続けた。

影響の大きいテレビの中で、とりわけNHKの報道はひどい。民放各局が徐々に報復戦争への疑問の声も伝え始める中、ブッシュ・小泉の「大本営発表」報道を続けている。

一〇月二日夜七時のニュース。小泉首相の声高な国会答弁で始まり、ブッシュ会見を中心に戦争準備速報、続いて米メディアが報じた「ビンラディン関与」未確認情報がそのまま流される。解説委員が開戦を前提として米の作戦行動を予測する。米国内外の反戦の動き、アフガニスタン難民の実態に全くふれない。国会論戦報道でも、挑発的小泉答弁を無批判に「客観報道」するだけ。

権力側の見解だけを増幅して流す。そんな主流メディアの中で、『毎日』「記者の目」欄の署名記事が光る。

「テロ」から一週間余の九月一八日付、上村幸治記者は《あまりに凄惨《せいさん》な現場を直接見てしまった市民は、次に「敵側」の町や施設が破壊され、人間が殺されていく姿を見て、本当に心から快哉《かいさい》を叫べるのだろうか》と書いた。翌一九日、佐藤大介記者は、ニューヨークのイスラム教徒の不安の声を伝え、《報復は、さらなる憎悪を生み、再びテロの悲劇に襲われる危険をはらんでいる》と、「アメリカの正義」に疑問を呈した。

米政府主導の情報洪水の中で発信された〈もう一つの声〉。そこに、社説にはない「記者」の目、読者に「冷静に考える」視点を提示するジャーナリズムが生き延びている。

◆米「テロ報復戦争」報道

〈過去〉を繰り返さないために

01年10月26日

「過去をくりかえさないために、思い起こさなくちゃいけない。犠牲者やその子供たちへの敬意が必要だから、過去を思い出さなくちゃいけない。（中略）父や息子の世代がどんな罪を負っているにしても、孫の世代には負債を残してはならない」

『朗読者』（新潮社、二〇〇〇年）に続き、ベルンハルト・シュリンクがドイツの抱える「負債」を主なテーマに描いた短編集『逃げてゆく愛』（新潮社、二〇〇一年）。その一編、ドイツ人青年と米国に住むユダヤ人女性の困難な愛を描く「割礼」で、主人公の青年が語った言葉だ。

ブッシュ・小泉の「大本営報道」洪水の中でふれたこの言葉を、私は今、日本で報道に携わる者に向けられた警告と受けとめたい。過去を繰り返さないために、かつて日本のメディアが犯した罪を思い起こそう。

一九三一年九月の「満州事変」。後に関東軍の謀略であったことが明らかになる満鉄線路爆破事件で、新聞は軍の発表を鵜《う》呑《の》みに報道。《暴戻《ぼうれい》なる支那兵が満鉄を爆破し我が守備兵を襲撃したので我が守備隊は時を移さずこれに応戦》（九月一九日付『東京朝日新聞』）などと関東軍の大規模な軍事行動を正当化した。

それればかりか、《悪鬼の如《ごと》き支那暴兵！我軍出動遂に掃討》（一〇月一五日付『東京日日新聞』＝現『毎日新聞』）とナショナリズムを煽《あお》り、侵略戦争に「臣民」を動員した。

一九三七年七月の盧溝橋事件。日本軍の夜間演習直後、数発の銃声が響き、日本兵一人が行方不明になった。日本軍はこれを中国側の攻撃によるものとして直ちに攻撃命令を発し、不明兵は直後に帰隊したにもかかわらず戦闘を継続、拡大した。

この時も、各紙は初報から『支那軍不法射撃／日本も応戦す』（七月八日付『読売新聞』号外）と日本軍の攻撃を擁護。《支那軍不遜《ふそん》行為を繰り返す》（同九日付『東京日日』）、《盧溝橋事件／我方全く自衛行動》（同一〇日付『読売』）などと「自衛」「支那膺懲《ようちょう》」キャンペーン、日本を全面戦争に引き込んでいった。

他国の領土で行われた「自衛」の名の戦争。もしあの時、新聞記者が軍のウソを見抜き、戦争に異を唱えていたらと思う。好戦的な大声にかき消されがちな戦争への疑問の声を拾い上げ、警告を発していたら——。

その「戦争の惨禍《さんか》」から半世紀、日本は再び「自衛」の名目で他国に軍隊を派遣しようとしている。各種世論調査で、六～七割の日本人がそれに賛意を示している。これ自体、ジャーナリズム本来の役割を放棄した一連の報道の結果ではないか。

米の「テロ報復」戦争、日本の参戦への疑問は無数にある。メディアにはそれを提示する義務がある。

証拠も示さず「犯人」と断定し、「報復」と称して攻撃するのは、日本軍の侵略と同じではないのか。

沖縄で米兵が強かん容疑に問われた際、米兵の人権を訴え、適正手続きを求めたのはどの国だったのか。

ブッシュが殲滅《せんめつ》を叫ぶ「アルカイダ」に資金・武器を提供し、テロリストに育てたのは米国ではないのか。

もし、「民間への誤爆」を織り込み済みの「空爆」を容認するなら、私たちは広島、長崎への原爆投下も「仕方がない」と言うのだろうか。

疑問は尽きない。しかも戦前と違い、現代には疑問の声を行動に移す人々がいる。たとえば一〇月一三日夜、東京・大崎で開かれた「報復戦争と日本の戦争協力を許さない行動実行委員会」の講演・討論の夕べ。

沖縄の一坪反戦地主・当山栄《とうやまさかえ》さんは、基地周辺の緊迫した状況や連日の空爆抗議行動を伝え、「沖縄戦の歴史を思い起こそう。もう一人たりとも殺させるな」と訴えた。

韓国からのゲスト・韓忠穆《ハンチュモク》さんは、米国の戦争と戦争支援に反対する共同声明（七六五団体）を紹介。「日本は、反テロ戦争に支援するという名分で軍事活動の範囲をアジア全域へと拡大し、その軍事力増強を加速化している」と、日本の参戦に対する韓国世論の批判の高まりを伝えた。

爆撃で傷ついたアラブの子どもの救援に取り組む伊藤政子さんは、イラクでの空襲体験をもとに話した。

「マンハッタンの被害の映像は世界に伝えられたが、アラブでは攻撃側からの空爆の映像しかない。私たちは、空爆でなく、空襲を受ける側の人々をどこまで想像できるか」

メディアの役割は、こうした声をていねいに拾い上げ、伝えていくことだ。「孫の世代には負債を残してはならない」というシュリンクの主人公の言葉をかみしめたい。ましてや、新たな負債を作ってはならない。

◆犯罪被害者の人権と報道

報復・対立から〈癒しと和解〉へ

01年11月9日

「加害者の人権ばかり守られて、被害者の人権はないがしろにされている」……こんな言葉をよく聞く。

少年事件で被疑者が未成年を理由に刑が軽減されたりすると、被害者遺族がその結果に「なぜ死刑にならないのか」などと憤る。それがメディアを通じて大々的に報じられる。

少年や「精神疾患」患者が被疑者となった事件では、被疑者は原則匿名。他方、被害者は実名でプライバシーも報道される。それも被害者・遺族の不満・怒りを招いている。

被害者や遺族が加害者を憎むのは当然だ。愛する人を奪われた遺族が悲しみと怒りから「この手で殺してやりたい」と言うのも、仕方がないと思う。しかし、そんな感情をメディアがそのまま生の形で報道するのは、「当然」のことだろうか。

一部週刊誌は、「被害者感情」を理由に少年を実名報道する。これも「仕方がない」と言えるだろうか。

加害者（被疑者）を断罪し、被害者の「報復感情」を満たすのは、報道の役割なのだろうか。いや、そもそも「被害者の人権」と「加害者の人権」は対立するものなのか。

……こんな問題意識から「事件被害者の人権と報道」を考えるシンポジウム（人権と報道・連絡会主催）が一〇月二七日、都内で開かれた。

「被害者の中にもいろんな人がいる」と言うのは、アメリカの犯罪被害者遺族の状況を追い続けてきた映像ジャーナリスト・坂上香さん。彼女は被害者遺族と死刑囚の家族が一緒に旅をして死刑廃止を訴える「ジャーニー・オブ・ホープ」の運動を取材し、さまざまな遺族に出会った。

「最初は、ほとんどの人が犯人を殺したいと思う。憎しみの感情に何年も苦しんだ末、死刑が何を解決してくれるのか、と死刑反対の立場に変わる人もいる。被害者の気持ちも変わっていく可能性がある。日本のメディアが報道する被害者像は、ステレオタイプ過ぎるのではないか」

二〇〇〇年五月に起きた西鉄バス乗っ取り事件の被害者・山口由美子さんは、少年に顔などを切られ、重傷を追いながら「今の少年は、本来の姿ではない。私は死んではいけない。少年を殺人者にしてはいけない」と念じ続けたと話した。彼女は我が子の不登校体験を通じ、子どもを追い込んでいく大人社会の責任を痛感したという。それが、加害少年の中に「被害者」を見いだす視点を生んだ。

漫画『家裁の人』原作者で、少年司法のあり方に問題提起を続ける毛利甚八さんは、事件を時々の関心に合わせて恣意《しい》的に選び取り、煽情《せんじょう》的に伝える報道に疑問を投げかけた。

「子どもの殺人事件は昔からあった。それをメディアは、驚いたフリをし、初めてのことのように報道する。メディアは、自分たちが伝える情報を歴史の中で相対化し、報道する目的や価値を明確にしてほしい」

被害者でありながら被疑者として報道された三浦和義さんは、被疑者も被害者も当然のように実名・顔写真が報道されることを批判した。

「新宿ビル火災では、被害者の名前・職業が公表された。市民が知る必要もない情報を流して、当事者に回復しがたい打撃を与えている。私の無罪が確定しても、名刺を出して雇ってくれる会社はどこにもない」

加害者（被疑者）を袋叩きにし、被害者の怒りを代弁するフリをしながら、実は被害者も苦しめる報道。被害者も加害者も人権をないがしろにされている。それが日本の現実だ。

坂上さんは「被害者には憎しみや怒り、悲しみをまるごと受けとめてもらえる場や自助グループが必要。加害者には、なぜ自分が犯罪を犯したか、子ども時代にまで遡《さかのぼ》って自分に目を向ける機会を」と訴えた。

犯罪者の多くが、人生のある時点で被害者だった可能性がある。その恨みが募り、加害の側に転じる時、報復の連鎖が生まれる。だが、加害者が過去のつらい記憶を呼び起こした時、犯した罪の重さを知り、謝罪の気持ちが芽生える。その謝罪によって被害者が癒《いや》されるかもしれない。

坂上さんによると、アメリカには犯罪者が自分の中の被害者性と加害者性を受けとめられるようサポートする社会復帰施設がある。被害者と加害者の対話を通じ、加害者が被害の痛みを受けとめて反省し、償いに向かえるような試みもあるという。

山口さんは「あの少年もつらかったんだと思う。彼に再犯してほしくない。私たちはどうしたら、そうならないようにできるか」と話した。

被害者と加害者の対立や報復感情を煽《あお》るだけの報道は何も生まない。

◆米「テロ報復戦争」報道

なぜ戦争反対といえないのか〈道連れ自爆〉に向かう新聞

01年11月23日

「9・11米国テロ」からわずか二カ月足らずの間に、憲法第九条が事実上無化され、〈日本の戦後〉が大転換した。この重大な歴史の分岐点で、日本のマスメディアは何をしたのか、何をしなかったのか。新聞報道の方向を決めた社説を中心に検証する。

敗戦翌年に公布された憲法は戦争放棄を宣言、〈陸海空軍その他の戦力は、これを保持しない。国の交戦権は、これを認めない〉と定めた。

しかし一九五四年、吉田茂内閣は米戦略に従って一五万人の自衛隊を創設。以後、政府はこれを「自衛のための最小限度の実力であって、戦力には当たらない」と強弁してきた。

〈自衛隊は戦力ではない〉という詭弁《きべん》を押し通すため、吉田首相は当時、「海外派遣は行わない」と言明した。自衛隊法成立直前の五四年六月、参議院は〈現行憲法の条章と、わが国民の熾烈《しれつ》なる平和愛好精神に照らし、海外出動はこれを行わないことをここにあらためて確認する〉と決議した。

それから四七年。米軍のアフガニスタン攻撃を「後方支援」するために自衛隊を出動させる「テロ対策特別措置法」が一〇月二九日成立した。

同盟国への武力攻撃を自国への攻撃とみなし、反撃する権利――集団的自衛権。日本政府はこれまで、その行使は憲法上できないとしてきた。それが事実上、覆された。戦闘中の米軍に対する海外での軍事支援は、どう言いつくろおうと「集団的自衛権行使」以外のなにものでもない。同法成立の翌日、新聞各紙はそろってこれを社説に取り上げた。

『読売新聞』は、《ようやくテロ根絶の国際共同行動に自衛隊を派遣できる法制が整った》と讃《たた》え、さらに《有事法制の整備や、憲法改正に関する論議を深めることも重要だ》と改憲論議を促した。

『産経新聞』も、《テロリストを壊滅するための国際共同戦線に、ようやく日本も参加できる枠組みが確立したことを歓迎したい》とし、《集団的自衛権の行使容認を含め、国際社会との共助の視点から残された懸案の解決を急ぎたい》と述べた。

『日本経済新聞』は、同法によって日本が危険な方向に歩むことはないとし、《恒久的かつ包括的な危機管理法制を議論するに当たり、私たちは、集団的自衛権の行使は認めないとする従来の憲法解釈を変更すべきだと考える》と主張した。

この三紙は今や「自民党より右」にシフトを移した。テロ対策法を歓迎し、さらに踏み込んで集団的自衛権行使に向けて改憲を要請した。

『朝日新聞』は、《憲法の範囲で、武力行使と一体とならない限りにおいて米軍を支援するのなら、新法制定も検討されてよいだろう――わたしたちは、そう主張してきた》と述べたうえで、《急ごしらえの粗雑さ》を指摘、自衛隊派遣計画に国会の事前承認が盛られなかったことを《新法の大きな欠陥》と批判した。

『毎日新聞』も、憲法との関係で《戦時派遣となる今回、論議が尽くされたとは言いがたい》と指摘し、《基本計画は事前承認とすべきだった。今後の具体的活動は、事態の推移を見極め、関係国との緊密な協議を重ねて、法の厳密、慎重な運用に努めてほしい》と注文をつけた。

『東京新聞』は、《国際社会の主要な一員として、テロ組織追及に精いっぱい取り組んでいく態勢は一応整ったといえる》としながら、やはり自衛隊派遣計画について《政府が国会から事前に承認を受けるよう義務づけるべきだった》と述べた。

この三紙の論旨は、ほぼ民主党の主張に近いと言えるだろう。

『読売』などの主張が、憲法九条と真っ向から対立することは言うまでもない。しかし今回、私がそれ以上に深刻な状況と受けとめたのは、『朝日』など従来、護憲の立場に立っていたはずの新聞までも、米軍の軍事行動と自衛隊の「後方支援」を大筋で容認してしまったことだ。

日本の代表的新聞が、いずれも憲法九条の空文化を意味する「自衛隊戦時海外派遣」に反対しなかった。それは、日本の新聞がもはや、「政府の行為によって再び戦争の惨禍《さんか》が起ることのないやうにすることを決意」した憲法の理念を擁護しなくなったことを意味している。

なぜ、こんなことになってしまったのか。「9・11」以降の『読売』『朝日』『毎日』のテロ関連社説を通読し、その問題点を考えてみた。

第一の問題は、同時中継された「衝撃の映像」にメディア自身がうろたえ、冷静な報道姿勢を失ってしまったことだ。各紙は最初の社説で《これはもう宣戦布告なき戦争行為》＝『読売』、《世界への、いや、近代文明が築き上げてきた成果への挑戦》＝『朝日』、《規模と凶悪さの点で、史上例のない最悪の事件》＝『毎日』などとテロを形容した。

こうした認識は、「これは単なるテロを超えた戦争行為だ」と述べたブッシュ大統領と大差ない。この興奮状態が、いきなり「軍事的報復」に乗り出したブッシュ政権、米軍「後方支援」を打ち出した小泉政権に対する批判的視点を失わせた。テロをどうなくすかという問いが、軍事攻撃に賛成か反対か、にすりかえられ、メディアはその恫喝《どうかつ》に簡単に屈した。

『毎日』は九月一四日、《日本も包囲網に積極的参加を》とし、一九日には米軍の武力行使を前提に《日本の役割を急ぎ打ち出せ》と主張した。『朝日』は、《あの衝撃に照らせば、軍事行動を頭から否定することはできない》（一八日）、《憲法の許す範囲で、武力行使と一体とならない限りにおいて、支援することを考えたい》（二一日）と書いた。

『読売』は一四日、《「スパイ防止法」がない》として早くも自衛隊法改正を主張、一八日には《同時多発テロは、集団的自衛権の行使容認への日本の決断を迫っている》として、米軍支援のための《緊急立法措置を急げ》と煽《あお》った。

実際に読む読者は少なくとも、社説は紙面作りの方向を決め、記者の取材・報道を縛る役割も果たす。

事件から一〇日ほどのうちに、米軍の武力行使と日本の「後方支援」を容認する方向で、報道の基本的スタンスが固まってしまった。

報道の大半は被害の凄惨《せいさん》さや遺族の悲しみ、ブッシュ・小泉両政権の対応、米軍の作戦の解説、そして米国が犯人と断定したビンラディン氏とタリバン政権の動向分析に費やされた。

こうした報道姿勢が第二の問題、「伝えなかったこと」につながる。テロ事件で、新聞が冷静かつ精力的に取材・報道すべきだったのは、「アメリカはなぜ狙《ねら》われたのか」という事件の要因、テロを生み、テロリストを育てた歴史的背景だったはずだ。

米国の後ろ楯を頼りに、パレスチナで現在も繰り返されるイスラエルによる国家テロの歴史。ソ連のアフガン侵攻に対抗してタリバンを育成・支援し、対イラン対策ではイラクのフセイン政権を後押しした米国のご都合主義。「湾岸戦争」における国際石油資本とアラブ支配層の利害……。そうした背景への指摘は、社説にも一般記事にもほとんど見当たらなかった。

もしこれらが報道されていれば、読者は今回のテロが「史上例のない最悪の事件」でも「世界と近代文明への挑戦」でもなかったことを知り、国際法や司法手続きを無視した米国の報復戦争の不当性、日本が果たすべき別の役割を考えることができただろう。

第三の問題は、報道の視点だ。米軍の報復戦争が始まってからの映像、写真、記事の視点は、ほとんど空爆する側からのものであり、空襲される側からの視点は圧倒的に少ない。その結果、空爆はテロの惨禍と同じ取り返しのつかない大量殺戮《さつりく》であるという本質が伝わらなかった。

《アフガン空爆／限定ならやむを得ない》＝『朝日』、《人類社会に対する無法行為を処罰するやむを得ない強制措置》＝『毎日』、《自衛権の行使であり正当だ。強く支持する》＝『読売』。空爆開始翌日の一〇月九日、各紙社説はこう述べた。

「誤爆」計算済みの爆撃は、二〇年以上の内戦に苦しむアフガニスタンの人々を襲い、「新たな難民」化させた。それも「やむを得ない」のか。原爆、空襲の惨禍を体験した人や遺族は、これらの社説をどう思っただろう。

一方、米国を含む世界各地での反戦の動きはほとんど報道されなかった。日本での報復戦争・自衛隊派遣反対のさまざまな運動・行動も、徹底的に無視された。それらの行動や主張は、平和憲法を持つ国として日本が歩むべき道筋を提起していたのに、記者の視野には入らなかった。

こうして瞬く間に参戦世論が形成された。『読売』がテロ対策法衆院通過後の一〇月二〇、二一日に実施した世論調査（一〇月二三日発表）では、米軍の軍事行動を支持・容認する意見が八三％、また日本政府の対応を評価する意見は六五％に上った。

国会審議は無残に形骸化し、小泉政権をして、後顧の憂いなく自衛隊の戦時海外派遣に踏み出させた。

一一月一三日、米軍の空爆に支援された北部同盟軍が首都カブールを制圧した。翌一四日、各紙社説は《タリバン後の新政権作りを急げ》＝『読売』、『暫定政権作りを急げ』＝『朝日』と主張した。証拠も示さず「テロ犯人を匿《かくま》う国」と断定し、その政権を勝手につぶす「米国の正義」。それを新聞は批判しない。

権力情報を鵜《う》呑《の》みに「犯人」と断定する報道。事件の背景を探らず、伝えず、被害の悲惨さを強調し、凶悪な「加害者」を断罪して、報復感情を煽《あお》る報道。米テロ報復戦争報道は、まさに事件報道そっくりだ。

事件報道で人権侵害への感覚がマヒしたメディア・記者は、最大の人権侵害である戦争にも反対しなくなった。権力をチェックするジャーナリズム最大の使命を放棄してしまった。そんな新聞に存在価値があるだろうか。

日本の新聞はかつて、侵略戦争に全面的に加担した罪責を持つ。その反省も忘れて、新聞は再び読者を道連れに「自爆」に向かい始めたかのようだ。

「報道の罪責」を思い起こし、憲法九条を取り戻さなければならない。政府と新聞の行為によって再び戦争の惨禍が起こることのないように。

◆〈ビンラディン〉呼称論議

本質をそらす社会的制裁論

01年12月7日

「ビンラディン」か「ビンラディン氏」か――。米国から「テロ首謀者」と断定されたオサマ・ビンラディン氏の呼称問題をめぐり、一一月二四日付『朝日新聞』と『読売新聞』に、それぞれの社外委員による紙面検討会議の概要が掲載された。

『朝日』の「報道と人権委員会」では、加藤千洋・外報部長が「氏をつけて報道するのは違和感がある」などの声が寄せられているとしながらも、「氏」をつける理由を報告した。

要約すると、①ビンラディン氏は九八年の米大使館連続爆破テロ事件で米国地裁に起訴されているが、個別的な容疑ではなく「黒幕」という位置づけ②いま「氏」をはずすと、今回のテロ事件に関与したと認定された、と理解されるおそれがある。米国は、まだ直接関与の明白な証拠を開示したとはいえない③適当な肩書呼称が見当たらない――の三点。

この説明に、私は「『朝日』はビンラディン氏の関与を認めていたのではなかったのか」と〝違和感〟を持った。一連の社説で、米軍の武力行使、自衛隊派遣を条件付きで容認していたからだ。もし、関与を認めていないのなら、「犯人を匿《かくま》う国への軍事攻撃」など論外のはずだ。

一方、日本の主なメディアで唯一「氏」をつけていない『読売』。その「新聞監査委員会」合同会議で、堀川吉則・編集主幹はビンラディン氏を「テロの首謀者」と断定。谷口一郎・国際部長が「氏を付ける必要はないと判断した」理由を挙げた。

要約すると、①九八年の米大使館連続爆破事件の首謀者として起訴されている②九九年に国連安保理決議で国際テロリストと名指しされ、米国がタリバンに身柄引き渡しを求めていた③《事件そのものが空前の凶悪なもので、ビンラーディンの犯罪に間違いないと思われる》――。

『読売』は、空爆も自衛隊参戦も積極的に支持してきた。これが、ビンラディン氏を「テロの首謀者」と認めた結果だとすれば、『朝日』よりは一貫性がある。しかし、裁判もなしに犯人と決めつけ、「犯人を捕まえるためには空爆も当然」というのは、あまりにも乱暴な主張だ。

では、社外の識者たちは、両紙の主張をどう評価しているのか。

『朝日』では、元共同通信編集主幹の原寿雄委員が、「ジャーナリズムの中立性の問題と絡んでくる」として『朝日』の見解を概《おおむ》ね支持。元最高裁判事の大野正男委員も、呼称を変えるのは「犯罪行為があったと信用すべきレベルで公表された時」と、ほぼ同じ意見。東大大学院教授の浜田純一委員は「犯罪容疑者とは別の意味でさらっと呼び捨てにしても構わない」との見解を述べた。

『読売』では、三人の新聞監査委員会顧問のうち、元法相の長尾立子氏が「他社やテレビが氏を付けていることに大変違和感を覚えた」と『読売』の対応を支持。中央大教授の堀部政男氏は「新聞の立場を明確にすることになる」とし、呼び捨ては批判されることではないとの見解。元東京高裁判事の竹田稔氏は、「どういう姿勢でこの国際的テロ行為を考えるかという問題」と述べた。

これらの討論で、私が疑問に思ったのは、『朝日』『読売』も各委員(浜田氏を除く)も、メディアが犯罪者と断定すれば敬称は不要であるかのように議論していることだ。

『朝日』の加藤報告は、国際機関が明確な法的措置をとった場合は再考の余地があるとして、「氏」をはずす可能性を示唆。『読売』はテロ首謀者に間違いないから呼び捨て報道は当然という論理。いずれも、犯人であれば敬称をはずされ、報道による制裁を受けても仕方がない、という考え方だ。各委員の意見・議論も、ほぼそれを土台にしている。

日本のマスメディアは一九八九年末、ほぼ一斉に被疑者の呼び捨てを廃止し、「容疑者呼称」を採用した。その基本精神は、被疑者に悪人イメージを与えない冷静な報道だった。『読売』は当時、呼び捨ては社会的制裁であり、新聞はそのような役割を果たすべきではないと主張した。それも今回、忘れ去られた。

メディアの役割は、犯人探しでも制裁でもない。事件の背景を探り、判断材料を提供して、再発を防ぐ道を読者とともに考えることだ。

各社の社外委員は、「氏」の問題以前に、一連の報道がメディア本来の役割を果たしているかどうかを検証すべきだ。新聞側の議題設定に乗せられた「報道の制裁機能」容認の議論は、誤っているばかりか、問題の本質をそらす役割を果たしている。

◆サッチー騒動と裏金報道

ワイドショー化が進む新聞

01年12月21日

「官に甘く、民に厳しい」あるいは「官に弱く、民に強い」。日本のマスメディアの体質だ。とりわけワイドショーに、その傾向が著しい。

自分たちが「疑惑の標的」にした市民に対しては、執拗《しつよう》にカメラで追い回し、「どうなんですか、○○さん」とマイクを突きつける。しかし、政治家や高級官僚など権力者の犯罪は、通り一遍の報道ですます。

そんなワイドショーの標的にされてきた野村沙知代さんが一二月五日、脱税容疑で東京地検特捜部に逮捕された。『週刊金曜日』一二月一四日号で浅野健一さんが詳細に伝えた通り、「逮捕予告」から始まって逮捕の前後数日間、各局ワイドショーは、一九九九年三月以来の「サッチー・バッシング」の総仕上げとも言える大騒ぎに沸いた。

サッチー叩きの常連が各局に登場し、得意げに〝勝利宣言〟する。電話録音テープを本人に断りもなく流す（NHKニュースも）。人の一生を《金銭トラブル　嘘と見栄　虚飾と波乱の人生69年》（七日「テレビ朝日モーニング」）と、勝手に総括する。日本では、逮捕されただけで全人格が否定されてしまうのだ。

この大騒動に、「逮捕＝警察のお墨付き」をもらった新聞も参入した。

五日朝刊。『朝日新聞』『毎日新聞』は一面四段、『読売新聞』は社会面四段、いずれも顔写真入りで《沙知代社長に脱税容疑／野村監督解任必至／東京地検、本格捜査へ》＝『毎日』などと逮捕を予告した。

五日夕刊。『朝日』は一面四段・社会面トップ、『毎日』『読売』は一面五段・社会面準トップで《野村沙知代社長取り調べ／2億超す脱税容疑》＝『読売』などと報じた。

六日朝刊の逮捕報道。三紙とも一面四段・社会面とスポーツ面トップで、顔写真と家宅捜索写真を掲載。社会面には感情的大見出しが躍った。

《「猛母猛妻」ずさん脱税／公私の財務仕切り「領収書は頭の中にある」／架空経費、査察で判明》＝『朝日』

《直前までサッチー節／脱税容疑で逮捕／「出頭要請ないわよ」／電話取材に強気の応対》＝『毎日』

《教育論説く裏で…／「言う通りにしろ」／沙知代容疑者逮捕／架空伝票税理士側に強要》＝『読売』

各紙の紙面には、「脱税の手口」「証拠隠滅《いんめつ》工作」など悪人視報道の常套句《じょうとうく》とともに、ワイドショーと同様の経歴・私生活・電話録音などのプライバシー侵害記事、「知人」たちによる人格攻撃談話が掲載された。

仮に容疑が事実だとしても、個人の二億円程度の脱税だ。地検特捜部が乗り出し、これほど大騒ぎする事件だろうか。大企業の巧妙な組織的脱税とは質が違う。東京国税局の強制調査で《脱税の事実はあっさり見破られた》（『朝日』）のなら、逮捕の必要もない。在宅起訴で十分だろう。

世の中には、もっと追及すべき重大犯罪がある。二〇〇一年、相次いで明るみに出た外務省の機密費横領、ハイヤー・ホテル代水増し請求、裏金作りは、個人の脱税の比ではない。官僚総ぐるみの公金横領、詐欺事件だ。

だが、警察・検察の追及は「小物逮捕」でお茶を濁し、幹部には及ばない。外務省は一一月三〇日、一連の裏金作りの調査結果を発表した。裏金作りは全部局にわたり、在外公館を除いても総額二億円を超えていた。すでに飲み食いなどに費消された一億六〇〇〇万円は、課長補佐級以上の全職員で弁済する方針という。

冗談ではない。「ばれたら返せばいい」という話か。税を納めないのと、納められた税を懐に入れるのと、どちらが重大か。だが、東京地検は動きを見せない。手っとり早く点数を稼げそうな「サッチー」には懲罰的逮捕で臨み、手間のかかりそうな組織犯罪は見過ごすのか。ワイドショーも、それに追随する新聞も、外務官僚の税金私物化には、「サッチーの脱税」ほど感情的にならない。

裏金報告発表翌日の一二月一日、『読売』社説は《機密費や公金の流用事件と合わせ、これで積年のウミを出しきったと信じたいところである》としたうえで、《一連の不祥事に区切りをつけたのを機に、田中外相は自ら身を引き、後任の外相に後事を託してはどうか》と書いた。

裏金の責任も外相に転嫁して幕引きする？　外務省改革をめぐって外相と対立する官僚たちの拍手喝采《かっさい》が目に浮かぶ。こちらは新聞主導の「真紀子バッシング」。男社会メディアは「主張する女」が大嫌いなのだ。

サッチー騒動で世論の矛先をそらしたうえ、「官僚の常識」を解さない外相にも更迭を迫ってくれる援軍＝新聞。「官」がほくそ笑んでいる。

2002

◆「集団的過熱取材」

根本原因不問の業界対応策

02年1月18日

衝撃的な事件や大事故が起きると、大量の取材陣が殺到し、当事者・関係者を取り囲んで強引にカメラやマイクを向けたり、自宅を二四時間監視したりする。その結果、事件・事故の関係者はプライバシーを侵害され、日常生活に重大な支障を来す。

この「集団的過熱取材」※について、日本新聞協会（新聞協会）編集委員会と日本民間放送連盟（民放連）は二〇〇一年一二月、相次いで対応策をまとめた。

同月六日に発表された新聞協会の「見解」は、取材者が最低限守るべき点として次の三点を挙げた。

①嫌がる当事者を強引に取り囲んだ取材は行うべきでなく、子どもの場合は特に配慮する②通夜・葬儀などの取材では、遺族や関係者の心情を踏みにじらないよう十分配慮する③住宅街や学校、病院などでは、交通や静穏を阻害しないよう留意する。

それでも「メディア・スクラム状況」が生じた時には、現場の記者クラブや支局長会が各メディアを調整し、中央レベルでも調整機能や一定の裁定権限を持った各社の横断的組織を新聞協会内に設けることとした。

二〇日に発表された民放連の「対応策」も同様の対策を掲げたうえで、取材者が多くワイドショーのあるテレビの特性を考慮し、各社・各系列で取材者数を調整するよう求めた。

これらの対策は、報道被害を理由とした一連のメディア法規制を意識したものと思われる。だが、公表された対応策を見て、これでは実効性はないだろう、と思った。集団的過熱取材はなぜ起きるのか。その〝病因〟の分析がおざなりで、〝根治療法〟にはほど遠い内容だからだ。

新聞協会の見解は《集団的過熱取材は、少数のメディアによる取材である限り逸脱した取材でないにもかかわらず、多数のメディアが集合することにより不適切な取材方法になってしまうものだ》と言う。そうだろうか。少数のメディアでも、強引な取材や二四時間監視はプライバシーを侵し、生活を破壊してしまう。

原因は、取材者の数の問題ではない。事件や事故を、その発生直後や被疑者逮捕を中心にショー化・ドラマ化し、次々と「消費」していく報道のあり方こそを問うべきなのだ。

一九九四年の松本サリン事件、九七年の神戸・児童殺傷事件、九八年の和歌山・毒カレー事件、九九年の京都・日野小事件。いずれもセンセーショナルな殺害状況報道で幕を開けた。
被害者・遺族にマイクが殺到し、続いて「記者探偵団」の犯人探し競争開始。地域に疑心暗鬼が生じ、京都では子どもも容赦なくカメラの標的にされた。松本、和歌山では「疑惑」の対象にされた人の自宅が報道陣に包囲され、二四時間監視が続いた。そうして逮捕と同時に、犯人視という「情報の銃弾」の一斉射撃……。

犯人探しのミステリー、「疑惑人」追及ドラマ。視聴者の興味を盛り上げるために、被害者や遺族の悲しみが物語化される。「憎むべき犯人」の素顔が暴かれ、デフォルメされる。

ニュースが娯楽と化し、当事者・関係者は「主な登場人物」として、無理やり舞台に引き上げられる。映像やプライバシーが「売れる情報」として商品化され、それを求めて多数の取材者が殺到する。これが新聞協会などが「メディア・スクラム」とあいまいに呼ぶ病の真因だ。

遡《さかのぼ》れば、この病は八四年の「ロス疑惑」報道でメディアを蝕《むしば》み始め、八九年の※「幼女連続誘拐殺人」報道を経て慢性化、九〇年代後半には脳死移植報道など他の分野にも拡大した。八〇年代には他メディアに比べて抑制的だった『朝日新聞』『NHK』『共同通信』が、和歌山事件のころからは市民に対する「スクラム」の先頭にいる。

集団的過熱取材の弊害は、報道被害だけではない。ニュースが一時的な消費を目的とした娯楽と化せば、事件・事故の社会的背景を追求する姿勢は必然的に弱まる。裁判報道や追跡取材は軽視され、冤罪《えんざい》など権力犯罪を監視する視点も失い、報道はその名に価しないものに堕《だ》していく。

対策発表直後の一二月二七日、東京拘置所から保釈された野村沙知代さんを、ヘリまで動員した集団的過熱取材が襲った。翌日の各局ワイドショーは《大追跡　都内逃走完全密着》（テレビ朝日「スクランブル」）などと「追跡」の成果を競った。小手先の対策が全く無効であることを、この低劣な「追跡取材」は立証した。

事件発生・逮捕中心の興味本位な情報商戦から、事件の社会的背景追求を中心とした本来の報道へ。「過熱」を冷ますには、ニュース価値観と報道姿勢の根本的転換が不可欠だ。

◆「9・11」と「10・8」報道

無視される米空爆の犠牲者

02年2月1日

空からパラシュートにつけられた義足が次々と降ってくる。

それをめがけて、脚を失った数十人の男たちが松葉杖を実に巧みに操り、信じられないスピードで走っていく。

イランの映画監督モフセン・マフマルバフの最新作「カンダハール」の一シーンだ。そのシュールな映像がコンピューター・グラフィックではなく、実際に地雷で脚をなくしたアフガン難民の〝出演〟による実写であることに思い至り、戦慄《せんりつ》した。この二〇年間に地雷で脚を失った人は二〇万人に達しているという。

二〇〇一年一〇月八日以降、アフガンの空からは、義足ではなく爆弾が降り続いた。半径五〇〇メートル以内をすべて焼き尽くす最新爆弾の雨は、タリバン兵の上にも、国内難民の上にも、外国NGOメンバーの上にも、時には米兵の上にも降り注いだ。まれに宣伝用の食糧パックも降った。それを拾いに行くには、地雷を踏む危険を冒さなければならない。現実は映画よりもっとシュールだ。

米軍の空爆によるアフガニスタンの民間人の死者が、二〇〇一年一二月六日の時点で三七六七人に達し、「9・11」の犠牲者(同月一九日時点で三二二五人)を上回ったという。

これは米ニューハンプシャー大学のマーク・ヘロルド教授が報道を基に集計したもので、一月七日付米週刊誌『タイム』電子版に報じられた。日本では『朝日新聞』が八日付三面に三段見出しで『タイム』が報じたとして伝えたほか、TBSなどいくつかのテレビが紹介した。扱いが小さくて見落としたのかも知れないが、他の新聞では見当たらなかった。

三七六七人。これはあくまでも米軍が「誤爆」と呼ぶ民間人犠牲者の数だ。では、標的通りの「正確な爆撃」による死者の数はいったい……。さらには、米軍の報復攻撃開始で各国NGOなどの食糧援助や医療援助が停止されたことによる犠牲者の数は、どれほどになるのだろうか。

ブッシュ米大統領は一月一〇日、国防予算の署名式で述べた。「アフガンを抑圧から解放し、多くの人々を飢餓から救った」と。この厚顔ぶりは、ノーム・チョムスキー氏が『9・11アメリカに報復する資格はない!』(文藝春秋、二〇〇一年)で言う「テロ国家の親玉・アメリカ」にふさわしい。

「9・11」直後、各紙社説は《これはもう宣戦布告なき戦争行為》=『読売新聞』、《世界への、いや近代文明が築き上げてきた成果への挑戦》=『朝日』、《規模と凶悪さの点で史上例のない最悪の事件》=『毎日新聞』と憤りをこめて書いた。

しかし、この三七六七人の死については、何も語らない。ほとんど報じられもしない。米軍の報復攻撃・無差別爆撃こそ、「宣戦布告なき戦争」そのものであり、パリ不戦条約や国連憲章など「近代文明の成果」への挑戦であり、「規模と凶悪さ」の点で、米国のベトナム戦争やソ連のアフガン侵攻に匹敵する蛮行だ。

「9・11」では、あれほど激昂《げきこう》し、犠牲者を悼み、テロリストを憎んだメディアの多くが、「10・8」以降の大虐殺に対しては沈黙している。死者を悼まず、加害者を糾弾せず、遺族の悲しみも伝えようとしない。

代わりに「タリバンの抑圧から解放されたアフガン」報道を〝ブッシュホン〟よろしく繰り返している。三七六七人、実際にはその数十倍に及ぶはずのアフガニスタンの人々の死は無視され、気にもかけられない。

「9・11」の犠牲者も、「10・8」以降の犠牲者も、もとはと言えば、一九七九年にソ連を「アフガニスタンの罠《わな》」に誘い込み、「第二のベトナム戦争」に引きずり込んだ（と当時のカーター大統領の特別補佐官ブレジンスキーが自慢した）米国の冷戦戦略のめぐりめぐった被害者だ。

米CIAと、米国が今「テロの元凶」と呼ぶビンラディン氏は、ソ連に対抗するアフガン聖戦士の育成・訓練で「共闘」したテロ仲間だった。そのことは、『非聖戦　CIAに育てられた反ソ連ゲリラはいかにしてアメリカに牙をむいたか』（筑摩書房、二〇〇一年）を書いたアメリカABC記者ジョン・K・クーリーをはじめ、多くの中東専門記者が指摘している。

日本の大手メディアで国際報道に当たる専門記者たちも、そのことを知らないはずがない。では、なぜその重要なことが報道されないのか（それについては次回書きたい）。

「アフガニスタンの仏像は破壊されたのではない　恥辱のあまり崩れ落ちたのだ」とマフマルバフ監督は言う。日本のジャーナリズムも、恥辱のあまり崩れ落ちようとしている。

◆「9・11」と新聞の危機

専門記者はどこに消えたか

02年2月15日

「9・11」から五カ月、米軍が報復攻撃を始めた「10・8」から四カ月たった。東京で「アフガン復興支援会議」が開かれた一月二一、二二日を最後に、「アフガン」の文字は新聞の一面からほとんど消えた。

アフガンを抑圧していたタリバン政権が崩壊し、暫定行政機構が発足、復興支援会議も開かれ、平和が戻った──そんなイメージが定着しつつある。「アフガンを抑圧から解放した」と強弁するブッシュ米大統領の言葉が、真実であるかのように。

だが、新聞の国際面を注意深く読むと、タリバン崩壊後、かつて内戦を繰り返した軍閥が復活、各地で武力衝突が頻発していることがわかる。一月末には東部パクティア州で大規模な市街戦が起き、四十数人が死亡した（二月一日付『読売新聞』）。

カブールではタリバン時代より治安が悪化、殺人や強盗事件が多発している（二月三日付『朝日新聞』）。

「ブッシュの戦争」はアフガンに何をもたらしたのか。それはまだ、ほとんど明らかになっていない。空爆、戦闘、国際援助停止などによって、どれほどの犠牲者が出たのか。私たちは、それを国際面の片隅に載る小さな記事から推測するしかない。

たとえば二月五日付『朝日』の《アフガンの学校／空爆で8割使用不可能》という一段見出しの記事から、私は空爆の予想以上の無差別性とともに、「復興」という麗句に潜む欺瞞《ぎまん》も知る。アフガンを破壊したのはだれかを問わない「復興」論議。

「ブッシュの戦争」は日本に何をもたらしたのか。これは明白だ。テロ対策特別措置法と戦時自衛隊海外派遣の実績。小泉政権はそれを踏み台に、今国会で「有事法制」実現を狙《ねら》う。憲法九条に続き、基本的人権も重大な危険にさらされている。

「ブッシュの戦争」は日本のメディアに何を残したか。空爆や日本参戦を支持する世論作りという汚点。その象徴が「10・8」翌日の社説だ。

《アフガン空爆／限定ならやむを得ない》＝『朝日』、《自衛権の行使であり、正当だ。強く支持する》＝『読売』、《人類社会に対する無法行為を処罰するやむを得ない強制措置》＝『毎日新聞』。これらの社説が、以後の報道の基本的スタンスを固定してしまった。『朝日』の住川治人論説副主幹は、こう述べた。

《テロが起きた段階で、これは文明に対する挑戦であると確認し合った。テロを行った人たちが絞られ、継続してテロを行う恐れがあると確信できるようになったことで、武力を行使してでも追い詰める必要があり、この人たちを引き渡そうとしないタリバーンに支配されているアフガニスタンに対する攻撃はやむを得ないだろうと確認した。当日はその上で社説を作った》（一二月三日付）

ブッシュの主張鵜呑《うの》み。テロの背景や米世界戦略に対する分析・検討ゼロ。他紙も同様だったのだろう。驚くべき知的怠慢だ。どの社も、論説委員会に国際報道の専門記者はいなかったのか。論説委員会にはいなくても、国際部・外信部にはいるはずだ。その意見は聞かなかったのか。

国際ジャーナリストの芝生瑞和《しぼうみつかず》氏は、新聞労連の学習会で「日本の新聞は官報みたいになっている」「かつて中東で会ったアラビア語が流暢《りゅうちょう》な記者たちは、いったいどこに行ってしまったんですか」と苦言を呈した（一二月一日付『新聞労連』）。

言論機関としての論調を決める編集局上層部が、権力を疑い、監視するジャーナリズムの基本を捨てた人たちに占領されているのだ。その結果、専門知識とまともな見識を持った記者たちは、記事を書けなくなっている。書いても、紙面にきちんと取り上げられない。それが、日本の大手マスメディアの実態だ。

その典型がＮＨＫ。「9・11」を理解する最良の書『非聖戦

ＣＩＡに育てられた反ソ連ゲリラはいかにしてアメリカに牙をむいたか』（筑摩書房、二〇〇一年）を訳した一一人は、大半がＮＨＫ外信部出身だ。この人たちが外信部に培ったはずの知識・見識が、ＮＨＫ報道には影すらも窺えない。

『読売』にも優れた専門記者がいる。時折、彼らの努力を思わせる記事に出会う。だが、扱いはきわめて地味だ。社説にも全く反映されない。

「9・11」報道をテーマに一月末、函館で講演した際、参加者にこう言われた。「私はもう、新聞は見ません。必要な情報はインターネットで取れますから」。読者の信頼を失った新聞。記者が自由に記事を書けない。「報道の自由」の危機。それはメディアの内部から深化している。

◆『新潮45』の恵庭事件報道

小説と混同した犯人断定記事

02年3月1日

《職場内のありふれた恋愛が終わる時、殺意は芽生えた。女は、男が新しく選んだ若い同僚を絞め殺し、焼き捨てた》

月刊誌『新潮45』二〇〇二年二月号「恵庭《えにわ》美人ＯＬ社内恋愛殺人事件」と題した記事の前文である。これを読んだ時、推理小説か何かか、と思った。

ところが、実際の法廷シーンで始まる本文の書き出しを読むと、ノンフィクション風。筆者名も「上條昌史《かみじょうまさし》（ノンフィクションライター）」とある。被告人や被害者も実名で、どうやら「フィクション」ではないらしい。とすると、この小説もどきの前文は、どういうことなのか……。

二〇〇〇年三月、北海道恵庭市で起きた女性殺人事件。その概要や捜査・報道の問題点については『週刊金曜日』二〇〇一年五月一八日（363号、本書八九頁）、六月一日（365号、同九一頁）で紹介した。

札幌地裁で開かれている公判は、三二回を数える。結審が近づいた現段階で発表されたこのレポートは、一貫して無実を訴えている被告人を、アタマから犯人と決めつけている。タイトルの「社内恋愛殺人」からして、検察側主張のリライトだ。

被告人と事件を直接結び付ける証拠が何一つなく、もちろん被告人の自白もないこの事件。裁判では、アリバイに関する警察のウソなど、ずさんな捜査の実態が明らかにされてきた。

にもかかわらず、まるで有罪判決が確定したかのような断定的犯人視表現。上條氏は、よほど重大な新証拠でも発掘してきたのか。そう期待して同誌を買い、記事を読んだ人は、肩すかしを食ったことだろう。

記事の大半は、事件直後の報道と検察・弁護側の主張のおさらい。それを筆者の感想でちょっぴり「味付け」した程度で、新しいものは何もない。こんな貧弱な材料で、どうして被告人を犯人と断定できたのか。

上條氏は、被告人の支援団体のメンバーに取材している。その取材協力依頼書には、こう書かれている。

《冒頭陳述を読む限り、警察の捜査は予断に満ちたものであり、(警察とは往々にしてそういうものですが)なぜ起訴したのかが不思議に思えるくらい、検察側の主張も荒っぽいものだという感じを受けました。(中略)真実はどこにあるのか。警察の捜査はきちんと行われたのか。Oさん(原文実名)は冤罪《えんざい》ではないのか?予断にとらわれず、もう一度丹念に事実を検証していきたい》

だが、「丹念に事実を検証」した形跡は、記事のどこにも見当たらない。唯一、取材結果らしきものがうかがえるのが、《知られざる過去》という小見出しに続く約三頁の記述。検察さえ法廷に出せない、悪意に満ちた被告中傷「談話」だ。

一つは、被告人がかつて勤務していた会社で放火騒ぎや窃盗事件が続発したというもの。その会社の「関係者」としか記されない談話の主は、「もしあのときちんと釘をさしていたら、今回の事件(恵庭OL殺人事件)のようなことは起こらなかったはずだ」と「確信を込めて」語ったそうだ。つまり、この関係者は、放火や窃盗も被告人の犯行と断定し、今度の事件も、と言っているのだ。

上條氏はそれを鵜呑《うの》みにし、一切裏付けのない憶測で被告人を放火・窃盗犯に仕立て、殺人もと示唆した。

もう一つも、被告人を「よく知るという」性別も年齢も不詳の人物が、被告人を「怪物」「ウラオモテがある人物」などと語ったもの。その引用もはばかられる卑劣な誹謗《ひぼう》中傷の主を、上條氏は「知られざる過去」の「証言者」にまつりあげている。

しかし、こんな名前も読者に明かせない幽霊のような人物二人の「談話」だけで、上條氏はタイトルや前文の断定的犯人視の根拠を説明した気になっているのだろうか。検察より荒っぽい「検証」!

記事を読む限り、上條氏は最初から警察と同じ予断を持っていたとしか思えない。冤罪解明を期待させた支援団体への取材協力依頼書は、記事と同様のフィクションだ。

冤罪解明どころか、記事は支援者たちを《(遺留品を預かって捨てた?)共犯者》と、読者ににおわせるようなことまで書いている。それもまた何の根拠も示さない憶測で。

『新潮45』の中瀬ゆかり編集長は月刊誌『創』三月号で、自らを「いまでも文芸編集者だと思っています。文学は悪や業が主要なテーマ。事件を読み解く作業も生きることと死ぬことがテーマであり、文学と同じです。事件の羅列ではなく、作品として提供しようと思っている」と語る。

生身の人間を予断と憶測で「作品として提供」されてはたまらない。
◆外相更迭・外務省報道

新聞もスカートを踏んできた

02年3月15日

小泉内閣の支持率が急落している。『朝日新聞』の全国世論調査では、二〇〇一年四月から七〇％前後の高率を維持していたのが、田中真紀子外相更迭直後四九％に落ち、三月三日付発表の最新調査では四四％まで下がった。

これは、二月二〇日のＮＧＯ（非政府組織）排除問題などに関する衆院予算委員会集中審議で、田中真紀子前外相が、「前に出ようとすると、だれかがスカートを踏んでいる。踏んづけているのは、（前に出ろと）言っている本人（首相）だった」と批判したことを反映したものだろう。悪化の一途をたどる景気・雇用情勢に、「小泉改革」の幻想もはげ落ちてきた。

この集中審議後、鈴木宗男氏のさまざまな疑惑が噴出、各メディアは今、鈴木疑惑報道を競っている。

二月二四日付『朝日』社説は、《鈴木氏が外務省の政策や人事にどのように介入してきたかを、この際、全面的に洗い出し、白日のもとにさらすべきだ》と述べた。同日付『読売新聞』社説も《外務省人事／〝鈴木疑惑〟の徹底解明を急げ》と題し、《政治家の圧力に弱い外務省の体質》を指摘して外務省改革の不十分さを指摘。『毎日新聞』も二月二七日付で「鈴木疑惑」を取り上げ、《政と官における癒着《ゆちゃく》と行政のわい曲には深刻なものがある》と強調した。

外相更迭以降の世論の動向を踏まえ、どの社説も「水に落ちた犬」のように鈴木氏と外務省を叩いている。

だが、そうした鈴木氏と外務省官僚の癒着・腐敗に、歴代外相の中で初めて正面からぶつかっていた田中前外相に対し、各紙社説は二〇〇一年夏から秋にかけて、こぞって更迭を迫っていた。「スカートを踏んづけていた」のは首相だけではなかった。

『読売』は、六月二日付《日米関係／田中外相の外交感覚を危惧《きぐ》する》と題する社説で、《機密費問題などに見られる外務官僚の閉鎖的体質を改めるのは大事なことだ。だが、いたずらに省内に混乱を生じ、外交体制を弱めるようでは本末転倒だ》と主張。八月には次官人事をめぐり、《外務省人事／田中外相の言動は更迭に値する》＝三日、《外務省新体制／外相交代で外交の立て直し図れ》＝四日と二日連続で更迭を求めた。

「9・11」後は、各紙が田中外相批判を強め、『毎日』『朝日』も更迭の合唱に加わった。一〇月二七日付『毎日』社説は、外相がパキスタンを訪問しなかったことについて、《テロ対策への国際協調と、同国支援の重要性を根本から理解せず、危機における適格性を疑わせる重大な失態》と述べ、《田中外相を活用するのか代えるのか、一刻も早い首相の決断が必要だ》と更迭を迫った。

一一月一日付『読売』は、《日本外交／機能回復には外相更迭しかない》と題してパキスタン訪問拒否問題を取り上げ、《日本のみが司令塔不在で、外交が機能せず、著しく国益を損なっている》《就任以来、次官人事をめぐる首相への〝反乱〟や外務官僚との対立など、田中外相には問題が絶えない》と非難を強めた。

一一月二日付『朝日』は、《田中外相／そろそろ限界です》と題し、《外相が切り結ぶ相手は、部下の外務官僚ではなく、他国の外相らだ》《外交の不在がなおも続けば、日本の利益が害され、ひいては国民全体が被害を被ることになりかねない》と、首相に外相更迭を勧告した。

外務省幹部は「9・11」後、「日本は湾岸戦争で金しか出さず、軍事的貢献ができなかったため、国際社会で正当に扱われず、それが日本人のトラウマになってきた」などと宣伝した。記者たちはそれを鵜呑《うの》みにし、「戦時自衛隊海外派遣」へ世論を煽《あお》った。その一方、外務省官僚の言いなりにならない田中氏を《官僚から勧められていたパキスタン訪問を拒否し、動かなかった》（一一月二日付『朝日』）などと叩いた。

アフガン問題を利用した外務省官僚の対田中〝報復攻撃〟に、日ごろ記者クラブで官僚と慣れ親しんできた記者たちは易々と利用された。「官僚の常識」にどっぷり浸かり、田中氏の言動を「非常識」扱いした。

機密費横領、水増し詐欺、組織的な不正裏金作りとその私的流用、そして今回明るみに出つつある「鈴木疑惑」。それらを歴代外相は黙認・看過してきた。権力をチェックすべきメディアも右に同じ。官僚と戦う外相のスカートを踏んでおきながら、今ごろ、《「政と官」の不明朗な関係が批判されているにもかかわらず、外務省幹部の意識が一向に改まっていない》（二月二四日付『読売』社説）などと言えた義理だろうか。

◆帝京大事件報道訴訟

BRCの存在意義を問う判決

02年3月29日

衝撃的な事件が起きて被疑者が逮捕されると、警察発表を基にそれに味付けした「事件再現フィルム」を流し、スタジオトークで被疑者を徹底的にやっつける。それが、ワイドショーの基本的なパターンだが、そんな犯人視報道を厳しく戒める判決が二月二七日、東京高裁であった。

一九九八年一月、帝京大ラグビー部員五人が「一九歳の女性を集団レイプした」として逮捕された事件のフジテレビ・ワイドショー報道に対し、部員の一人が「事実に反した犯人視報道で名誉を毀損された」と訴えた訴訟の控訴審判決だ。

判決は、一審に続いてフジテレビによる名誉毀損を認定し、被告の控訴を棄却。「映像と音響を伴い受け身で情報の入るテレビメディアの影響」の大きさを指摘し、ワイドショーの番組作りに警鐘を鳴らした。

人権と報道・連絡会の三月定例会で、この訴訟の原告代理人を務めた弘中惇一郎《ひろなかじゅんいちろう》弁護士の話を聞いた。

事件は、逮捕前日から一部新聞、テレビで報道が始まり、逮捕後は各局ワイドショーが大きく取り上げた。逮捕者全員の顔写真やラグビー試合のビデオを放映、事件再現フィルムも流した。事前の警察情報で準備した「段取りの良過ぎる」報道。

「未成年ＯＬを集団レイプ」などのテロップを流す。実名・顔写真を繰り返して映し、コメンテーターらが「ハレンチ・ラガーマン」などと罵倒《ばとう》する。各社が「全員が容疑を認めた」などと伝え、逮捕容疑を客観的事実であるかのように断定した。

しかし、逮捕者のうち二人は冤罪《えんざい》を訴え、容疑を否認していた。事件は示談になり、全員が起訴猶予になった。示談書にも、二人は事件に関わっていないことが明記された。

二人と家族はテレビ各局に訂正報道を求めたが、拒否された。このため二人は、ＢＲＯ（放送と人権等権利に関する委員会機構、その委員会がＢＲＣ）に、「民放五社の報道は権利侵害」と救済を申し立てた。

だが、九九年三月、ＢＲＣは「ＴＢＳとテレビ東京の報道は問題なし。日本テレビ、フジテレビ、テレビ朝日の報道は、放送倫理上、問題はあったが、名誉を毀損したとまではいえない」という決定を出した。

フジテレビについては、①報道の基本的な事実関係は警察発表に基づくもの。フジテレビが容疑事実や申立人二人が容疑を認めたことを事実と信じたのはやむを得ず、報道の主要部分に事実誤認はなかった②番組タイトルなどに「容疑」を表示しており、番組全体を見れば犯人と断定しているとまでは言えない、とした。

要するにメディア側の主張をほとんど受け入れた決定。申立人の一人はあきらめきれず、日本テレビ、フジテレビ、テレビ朝日を提訴した。

日本テレビは一審で原告の訴えを容れて和解。テレビ朝日訴訟は原告敗訴、控訴審審理中。フジテレビ訴訟は一、二審とも原告が勝訴した。

弘中弁護士は、フジテレビ訴訟判決を「放送界に詳しいBRCよりテレビの実態に則した判断」と評価する。判決は、放送内容を作り手の側でなく、視聴者の視点で判断した。

テレビ局やBRCは、番組中で「容疑」と表示したから犯人視報道ではない、という。判決は「一般視聴者が普通の注意と見方で見た場合」を基準に、次のように判断した。

リポーターらの非難、容疑を前提とした関係者や出演者の感想、刺激的なテロップの文言や映像、繰り返し流される顔写真。それらを見れば、番組中に「容疑」と表示した部分があっても、「容疑」が客観的事実であるかのような印象を視聴者に強く与える。それは、犯人と断定的に報道したものというべきであり、原告の名誉を毀損するものだ……。

「警察発表に基づく報道」という弁明に対しても、判決はメディアの責任を問うた。番組は「捜査の初期段階における警察発表という限定された情報にのみ依拠し、その情報の限度を超えて」原告らが実際に犯罪を犯したとの印象を視聴者に与えるような報道をした。その放送は「構成演出方法等に相当性を欠く点」があり、その責任は免れない――と。

これらの指摘は、テレビ局だけでなく、BRCにも反省を迫る。BRCの審理は「テレビ局側の常識」に支配され、「視聴者の普通の見方」から報道被害をとらえてこなかった。

BRCは放送界の自主機関だ。名誉毀損かどうかの法的判断ではなく、報道倫理と市民の常識を基準に審理すれば、裁判所以上に報道被害者の訴えに応《こた》えることができるはずだ。

◆『新潮45』の恵庭事件報道

支援者の抗議に鉄面皮な回答

02年4月12日

「鉄面皮」という言葉は、こんな人たちのためにある。月刊誌『新潮45』二〇〇二年二月号「恵庭《えにわ》美人OL社内恋愛殺人事件」と題した記事を書いた上條昌史《かみじょうまさし》氏と同誌編集部のことだ。

私は『週刊金曜日』401号（三月一日、本書一二六頁）で、この記事を「小説と混同した犯人断定記事」と述べた。被告Oさんを「支援する会」（多田律子代表）は三月五日、同誌編集長と上條氏に謝罪訂正を求める申し入れ書を送った。それに対する回答を読んでいて、「鉄のような面の皮」が思い浮かんだ。

申し入れ書は、検察側主張鵜呑《うの》みの「社内恋愛殺人」というタイトル、《同僚を絞め殺し、焼き捨てた》という前文について、「なぜ、このように断定的な犯人扱いをしたのか」と説明を求めた。上條氏は「支援する会」への取材協力要請書には「冤《えん》罪《ざい》ではないのか」と書いていた。

上條氏は三月八日付回答で、《タイトルと前文については編集部がつけたものです。取材開始時点で「免罪（原文のママ）ではないのか」と思い取材を開始したのは事実です。記事については、弁護側・検察側の見方も含め、その後の取材で得た情報をまとめたものでOさん（原文実名）を犯人と断定したものではありません》と述べた。冤罪の誤記は、自分の免罪を考えていたからか。

上條氏は、タイトルや前文は自分がつけたのではないと「免罪」を求めた。だが、自分が犯人と断定していないのなら、編集部に言って表現を変えさせるべきではなかったか。

一方、同日付・若杉良作名の編集部回答は前文について、《これが断定的とのことですが、記事はタイトル、リード、そして本文からなっており、その全体で判断していただくのが適当と考えております。記事中には伊東秀子弁護士の談話もあり、冤罪説についても紹介してあります。よってこれだけを持ち出し、断定的と判断されるのは不適当であると考えます》と居丈高に反論した。

「全体で判断していただくのが適当」？　文中に冤罪説の紹介があっても、記事の文脈はそれを否定している。そのうえ、犯人断定の前文があれば、読者は犯人と受けとめる。また、前文は記事の本文を要約して書くものだ。編集部が記事をこう要約したのは、まさに本文がOさんを犯人と思わせるものだったからだ。

《職場内のありふれた恋愛が終わる時、殺意は芽生えた。女は、男が新しく選んだ若い同僚を絞め殺し、焼き捨てた》。こう書いて、「犯人と断定したものではない」と言う。「女」とはOさんではないのか。

申し入れ書の質問は多岐にわたるが、もう一点、鉄面皮な回答を紹介しよう。記事は《知られざる過去》の小見出しで、Oさんを放火・窃盗犯、「怪物」などと中傷する人物たちの匿名の談話を、《隠れた人格を現すような評判》として掲載し、それをもって読者に「殺人もやりかねない人物」と印象づけようとした。

申し入れ書は、①談話の人物が実在するなら、記事にその名前を明示すべきだ②談話の裏付け取材はしたのか、なぜ裏付けとなる事実を記事に書かないのか、と質問した。

これに対する上條氏の回答。

《憶測で書いたわけではなく、すべての情報は実際に証言する人物に取材を行い、火災については消防署で火災記録も確認し、複数の証言が得られた内容について記載しました》

匿名談話に関する編集部の見解は、《証言はもちろん、実名でしていただくことを心がけておりますが、時として匿名でなければ真実が語れないということもあります。地域社会では証言者が嫌がらせを受けるケースもあり、匿名であることを許容しました》というものだった。

消防署の記録にOさんが放火したと書いてあったのか。それとも、署員が「証言」したのか。匿名でなければ真実を語れない？ 自分の名前も名乗らず、相手は名指しで「放火・窃盗犯」と決めつけるのが「証言者」か。裏付けを示さない限り、市民社会では、それを誹謗《ひぼう》中傷という。

上條氏は、冤罪を解明するかのようなメールを「支援する会」に送り、現場案内や取材対象の紹介などの協力を得た。取材の際、会員が話した部分に関しては、事前に原稿を見せると約束した。約束を破った理由を問われ、《取材にご協力いただきましたが、今回支援する会の方々のお話に関しては、最小限実名を表記しなかったため、事前にお見せする必要はないと考えました》と答えた。

いかに鉄面皮とはいえ、見せられるような記事ではなかったのだ。

◆メディア法規制と反対運動

自問すべき〈報道の加害責任〉

02年4月26日

「悪法の枢軸を撃て！」と銘打ち、メディア規制三法案（個人情報保護法案、人権擁護法案、青少年有害社会環境対策法案）に反対するデモ行進が四月一三日、東京・銀座で行われた。ノンフィクション作家らで作る「個人情報保護法案拒否！ 共同アピールの会」が主催したものだ。

テレビ・新聞は、これを大きく伝えた。一四日付『朝日新聞』と『毎日新聞』は一面にそれぞれ三段、五段の写真入り、『読売新聞』は社会面に二段写真、《言論人の気概 400人都心デモ》の見出しで報じた。

新聞でデモの大きな写真を見たのは久しぶりだ。異例の大扱い。アフガン空爆や自衛隊参戦反対の集会・デモはほとんど報じなかったのに。

「共同アピールの会」が二〇〇一年六月に発表した個人情報保護法案廃案を求める声明に、私は基本的には賛成する。声明は同法案について、《そこにあるのは、報道・表現の規制を通じて公権力全体の安寧と安泰をはかり、無数の個人情報を公権力が一元的、一方的に保有し、管理し、支配するという構図である》と述べた。

その通りだ。会の参加者には私が尊敬する人もいる。にもかかわらず、私はこの会の活動に同調できない。

政府・自民党が今、メディア規制に乗り出したのは、「世論の支持が得られる」と踏んだからだ。松本サリン事件誤報という重大な報道犯罪を犯した後も、人権侵害報道は一向になくならない。それどころか神戸事件、和歌山毒カレー事件、京都・日野小事件報道と、過熱する犯人探し競争は、新たな地域報道被害を生んできた。多くの市民が「メディア規制もやむを得ない」と思うような状況をメディアが作り出している。

それに対する批判や反省が、メディアに関わる人たちを中心とした「共同アピールの会」の声明にはない。

声明は《本来あるべき個人情報保護法とは、まさに個人が権利と責任の主体として生き、暮らすことを可能にするものでなければならない》と言う。これもその通り。だが、報道被害者は、メディアによって「権利と責任の主体として生き、暮らすこと」を不可能にされてきた。

「共同アピールの会」の呼びかけ人の中には、少年を実名報道したライターや編集者、それを擁護するメディア学者がいる。テレビのワイドショーで、無責任な犯人視コメントを得々と述べる人たちがいる。

ノンフィクション作家の佐野眞一氏は二〇〇一年九月二日、同会の集会で、《『東電OL殺人事件』を書いたけど、「娘をさらし者にして」とお母さんが言ってきても、ぼくは喜んで甘受します。むしろお母さんと議論もしたい》《なるべく実名にしたい。情報の匿名性があると、信頼性が低いということになる》と語った。娘を殺され、そのプライバシーを実名で暴き立てられた親の苦痛より、自分の記事の信頼性の方が大事?!

同会のデモを大きく取り上げた大手メディアの報道も、うさん臭い。最初のうち、自分たちは個人情報保護法案の「適用除外」になると錯覚、傍観していたのが、ここに来て「三法案」に危機感を募らせている。

新聞協会、民間放送連盟、NHKの三者は、人権擁護法案が閣議決定される前日の三月七日、《国民の知る権利に応えるための「熱心な取材」「粘り強い報道」にブレーキをかける危険がある》などとして、法案に反対する共同声明を発表。各紙が同法案反対キャンペーンを始めた。

その論調は、「ジャーナリズムの使命である公権力のチェックができなくなる」というものだ。四月一〇日付『朝日』は、同法案で公人への取材はどうなるかをシミュレーションし、同法案が政治家や官僚の犯罪・疑惑を暴こうとする取材に重大な支障をもたらす危険性をわかりやすく指摘した。これまた、その通り。

だが、大手メディアは日ごろ、きちんと権力をチェックしているのか。端的に事件報道。権力チェックどころか、警察情報おもらい競争で権力犯罪に加担し、報道被害を生み出している。同じ手法で「私人への取材」をシミュレーションすれば、同法案は「報道被害者を守るために必要」という結論にならないだろうか。

自分の人権を侵害したメディアやライターから、「言論・表現の自由を守るためにメディア規制に反対しよう」呼びかけられて、「ハイ」と応じる報道被害者はいるだろうか。

人権侵害の自由なら、ない方がいい——そう言われたとしたら、どう答える? 私はメディアに属する一員として、その答えに苦しんでいる。

◆憲法記念日の社説から

九条を蝕む「一条のタブー」

02年5月17日

五五回目の憲法記念日を迎えた五月三日、在京紙のうち『日本経済新聞』を除く五紙が、社説で憲法を論じた。

《「安保観」の確立こそ時代の要請》=『読売新聞』、《変化求める「国のかたち」/想定外の新事態にも備えを》=『産経新聞』の二紙は九条を標的に改憲を主張した。

《憲法論議を国民の手に/国民主権の55年》=『朝日新聞』、《タブーなき議論の空気を歓迎/不断の点検は国民の責務》=『毎日新聞』の二紙は「論憲」の立場。《時代の道案内として》=『東京新聞』は辛うじて平和憲法の血肉化を訴えた。

臆面もない九条廃棄論、それに押された論憲の主張。テロ対策と称して戦時自衛隊海外派遣を実現した小泉政権は、有事法制の名で〈戦争ができる国〉作りの総仕上げを図る。

そんな中、新聞が正面から「九条を守ろう」と主張するのは、もはや「現実的」でなくなったかのようだ。

どうしてこんなことになってしまったのか。そんな思いで各紙を読んでいて、あることに気づいた。どの社説にも、〈侵略〉〈戦争責任〉という言葉が一言も出てこないのだ。

憲法前文は、《政府の行為によつて再び戦争の惨禍《さんか》が起ることのないやうにすることを決意し、……平和を愛する諸国民の公正と信義に信頼して、われらの安全と生存を保持しようと決意した》と宣言した。それを具体化したのが、九条の「戦争の放棄、戦力及び交戦権の否認」だ。

改憲を叫ぶ勢力は、これを「アメリカの押しつけ」と非難してきた。だが、敗戦後の日本はこれを受け入れた。当時の各種世論調査で、約七割が戦争放棄条項を必要と答えた。

国を守ると称した「政府の行為」、日中戦争・アジア太平洋戦争で、天皇の軍隊は二〇〇〇万人以上の人々を殺した。日本は、その責任を問われ、反省を迫られた。日本人も約三〇〇万人が命を失った。その体験が「戦争に巻き込まれたくない」「人殺しの道具にされたくない」という思いとなり、それを凝縮した戦争放棄条項の支持に表れたのだと思う。

にもかかわらず、敗戦のわずか五年後、警察予備隊の名で再武装。一九五四年には自衛隊となり、今や世界第二の軍事費、年間約五兆円を費やす巨大戦力に成長。ついに二〇〇一年、戦時海外派遣を既成事実化した。

憲法と現実のあまりにも大きな乖離《かいり》。そうなった原因も、実は憲法自体の中にあった、と私は考えている。

大日本帝国憲法廃棄への道筋にはアジア二〇〇〇万人、日本三〇〇万人の死者が横たわっている。新憲法はその死者に対する責任を負った。

そうして、二度と戦争を起こさないよう、「われらの安全と生存」は武力でなく、平和を愛する世界の人々の「公正と信義」を信じ、それに委《ゆだ》ねる、と前文に定めた。その具体化たる戦争放棄条項は、前文に続く一条でなければならなかった。

だが、憲法一条はそうならなかった。制度上も個人としても、最大の侵略戦争責任を負う天皇を免罪し、「日本国民統合の象徴」にした。

「国体護持」のために沖縄を犠牲にし、広島・長崎の惨禍を招いた勢力が、敗戦後は米国に天皇制存続を求めた。米国は占領政策と対ソ戦略から、憲法制定過程でも東京裁判でも天皇をかばった。天皇が戦争責任をとらないのなら、だれも責任をとらないですむ。こうして、新憲法一条は「無責任の象徴」となった。

朝鮮戦争下、警察予備隊創設に際して戦犯の元大本営参謀を復帰させたのも米国。やがて元A級戦犯が首相になり、日米安保条約を結ぶ。「九条押しつけ」論者は、これらの「押しつけ」には触れようとしない。

一条を隠れ蓑《みの》に、政・官・財の戦争責任者が続々と復活、戦後を主導した。対インドネシア、韓国などアジアへの賠償も経済大国化のビジネスと化し、戦争被害者への賠償には応じない。平和運動も、戦災の被害は訴えても加害責任を問うアジアの声には耳を傾けてこなかった。

理念も現実も、一条が九条を蝕《むしば》み続けた。それが戦後日本の歴史だ。

《問題は、政策や国民意識の変化に、規範となる憲法や法制度が追いつけず、乖離したまま今に至っていることだ》と、『読売』社説は述べた。そうではない。戦争責任をあいまいにし、九条の平和主義をなし崩しにしてきたから「政策や国民意識が変化」し、乖離が生じたのだ。

『毎日』社説は、《タブーなき議論の空気を歓迎》と述べた。だが、憲法一条が隠蔽《いんぺい》した天皇の戦争責任を問うことは、タブーのままだ。新聞も、それに加担し続けている。

◆メディア規制法案

スリカエ容認の『読売』修正案

02年5月31日

《個人情報保護法案　審議始まったが――「修正指示」でかえって混乱／読売試案に懸念強まる》

衆院内閣委員会で五月一七日始まった同法案の審議を伝える一八日付『毎日新聞』の見出しだ。『読売新聞』が一二日付朝刊で発表した「修正試案」について、小泉純一郎首相が担当閣僚に検討を指示した問題を野党側が追及、審議が一次中断した。

首相には「修正検討の参考に」と高く評価された読売修正案だが、他紙からは極めて評判が悪い。『朝日新聞』は一四日付で、《部分修正では限界あり》と疑問を呈した。『毎日』も一五日付で、《懸念消さぬ読売試案／報道制約の実態変わらず》と全面的に批判し、《国民への裏切り》などと非難するフリージャーナリストらのコメントを掲載した。

読売案の修正は、①五つの基本原則のうち、「透明性の確保」の原則は報道分野への適用を除外する②表現の自由への配慮義務を「妨げてはならない」と明確化する――の二点。これが首相に受け入れられたのは、同法案で政府自民党が狙《ねら》う報道規制に、何ら支障を来さないからだ。

渡邉恒雄・読売新聞社長が会長を務める日本新聞協会（新聞協会）は、二〇〇一年三月の意見書で、五つの基本原則も含めて報道分野を法の対象外にするよう求めた。今回の読売案は、それを撤回し、ごくわずかな手直しで「法の対象内に」することを認めたものだ。

また、新聞協会が四月二四日発表した緊急声明は、同法案を「表現の自由に政府が介入する道を開くもの」と断じた。この声明に関する翌日の『読売』解説記事は、こう指摘した。

《報道機関の取材に応じた取材協力者の側は罰則を伴う義務規定の適用対象となり、主務大臣の監督下にも置かれる。その結果、大臣や官庁が取材協力者の側を通じて報道機関を監督し、取材・報道活動に介入し得る仕組みになっている》

この「官庁」には警察も含まれ、政治家や官僚、その意を受けた警察権力による介入の恐れがある。読売案は、この危険な「介入の仕組み」に何の「修正」も加えていない。

もっと重大な問題は、政府案が、一般市民団体や個人の持つ名簿、データベースも刑事罰を伴う義務規定の適用対象にしているのに、読売案は全くこれを無視していることだ。これでは、「自分さえよければいいのか」と言われても仕方がない。

修正試案を発表した日の『読売』社説は、《国民の暮らしを守るのに不可欠な法案だが、その一部に欠陥がある。どう扱えばよいか。こう問われたら、「欠陥を是正して、成立させればいい」とほとんどの人が即座に答えるのではあるまいか》と述べ、個人情報保護法案と人権擁護法案を「そのように処理すべき法案」とした。両法案に対する「暮らしを守るのに不可欠な法案」というこの認識自体、浅薄でノーテンキだ。

両法案は「一部に欠陥」どころではない。どちらも、本来の立法目的である権力規制を〝規制緩和〟し、メディア規制の方向に強引にねじ曲げた本末転倒のスリカエ法案である。

個人情報保護法案は、九九年の住民基本台帳法「改正」に際し、公明党が賛成条件として、膨大な個人情報を持つ行政機関の情報流用を防ぐ包括法制定を求め、検討が始まった。それが途中から「民間業者規制先行」の形で権力規制をはずし、しかも「民間」の監視対象の中に、メディアや市民運動まで含めてしまった。

人権擁護法案もそうだ。本来真っ先に取り組むべき公権力による人権侵害を私人間の問題と同列に扱い、そこにメディアを含めた。しかも、国連から勧告された被拘禁者の人権保障には手をつけず、人権侵害の当事者・法務省の外局という形で「人権機関」を設置しようとしている。

どちらも巧妙・悪質なスリカエだが、それを容易にし、市民に受け入れやすくしたのが、報道による人権侵害の深刻化だった。メディアやジャーナリストが「言論圧殺法だ」と叫んでも、「報道被害には何らかの対策が必要でしょ」という市民の支持を得にくい現実が厳然とある。

読売修正案は、このスリカエを容認してしまった。権力監視の使命を忘れ、権力を疑うことを忘れた「半権力体質」のお粗末な産物だ。

ただ、読売修正案に対する他紙の批判も、自らの「報道加害」に言及しないため、説得力を欠いている。

市民が「報道の自由」を自分たちの人権を守る権利と確信できる――そんな報道改革と市民の支えなしに、法規制をはね返す道は開けない。

◆冤罪と報道被害訴訟

〈時効〉で逃げる加害メディア

02年6月14日

個人情報保護法案の行方が微妙になってきた。野党、メディアの強い反対に防衛庁の情報公開請求者リスト作成問題が加わり、与党内にも成立に悲観的な見方が強まっている。

だが、仮にもし法案が流れても、メディアには大きな課題が残る。メディア法規制の口実にされてきた報道被害。その根本的防止策と被害者の名誉回復措置をどう具体化するか。

その際、ぜひ考えてほしいのが、「被害救済」の実態だ。報道被害、とりわけ冤罪《えんざい》で犯人視報道された被害は取り返しがつかない。救済など不可能だ。それでも加害メディアによる謝罪や名誉回復の措置があれば、被害者の傷は少しは癒《いや》されるだろう。

だが、メディアは謝罪しない。松本サリン事件でも、各メディアは河野義行さんが提訴に動き出すまで、訂正にも謝罪にも応じなかった。

実際、多くの冤罪・報道被害者は泣き寝入りを強いられてきた。巨大なメディアと交渉し、闘うには、時間、費用、大きなエネルギーが要る。

勇気を絞って裁判に訴えても大きな壁がある。一つは、名誉毀損を免責する判例。実名犯人視の誤報でも警察発表に基づく場合、メディア側は「報道には真実と信じるに足る相当の理由があった」と警察情報鵜呑《うの》み報道を正当化して免責を求め、裁判所もそれを認めることが多い。

もう一つの壁は、時効だ。報道を知ってから三年以内に提訴しないと、時効で訴えを退けられてしまう。

それが報道被害者にとって、いかに理不尽なことか。「人権と報道・連絡会」五月例会で「高畠・佐藤事件」訴訟の一審判決に関する報告を聞き、時効の壁の厚さを痛感した。

この事件は一九八四年七月、山形県高畠町《たかはたまち》で有機農法による養豚業を営む佐藤治一《はるいち》さんが、ひき逃げの疑いをかけられ逮捕、起訴されたもの。佐藤さんは一貫して無実を訴えた。山形地裁米沢支部は九二年三月、無罪判決を言い渡し、一審で確定した。

この冤罪には、メディアが深く関与した。事故の夜、佐藤さんは仕事帰りに保冷車で現場を通りかかった。それを知った『山形新聞』記者二人が翌日、佐藤さん宅を訪れ、名刺も出さずに取材、二人を警察官と思い込んだ佐藤さんから、事故当夜の様子を聞いた。記者はその夜、取材内容を警察に通報。警察は翌朝、佐藤さんを任意で調べ、同日夕、逮捕した。

『山形新聞』は逮捕当日の朝刊で、ひき逃げ車両と見られていたトラックは「高畠町内の保冷車」と断定的に報じ、夕刊には「参考人から聴取」と〝特ダネ〟を連発。さらに逮捕報道では《本社への情報提供が実を結ぶ》と、警察への通報を自賛した。

無罪が確定しても、警察・検察も『山形新聞』も不当逮捕・起訴や犯人視通報・報道を謝罪しなかった。三年間迷った末、佐藤さんは山形新聞社と検事総長に謝罪を求める手紙を送ったが、無視された。このため九五年、警察、検察、山形新聞社を相手取り、損害賠償を求めて提訴した。

その一審。山形地裁は二〇〇二年一月、佐藤さんの訴えを棄却した。『山形新聞』に関しては、犯人視通報の違法性を否定、逮捕時の犯人視報道への賠償請求も山形新聞社側の主張通り、「時効で請求権消滅」と退けた。

ひき逃げ裁判以来の佐藤さんの弁護人・代理人、阿部泰雄弁護士は、「報道が名誉毀損となるかどうかの認定は、刑事裁判の結果に大きく左右される。報道は真実ではないとの主張は、刑事裁判で無罪にならないと言いにくい。そのことからすると、原告が勾留されたり、刑事被告人の身分を強いられていた期間は、消滅時効は進行しないと考えるべきだ。冤罪・報道被害者が刑事裁判を闘いながら、もう一方でメディア訴訟を起こすのは、現実問題として不可能なことではないか」と話した。

実際、「ロス疑惑」報道被害者・三浦和義さんのように、拘置所から対メディア訴訟を起こす人は、ごくまれだ。また、三浦訴訟でも「別の報道訴訟で初めて当該報道の存在を知った」と認められた場合などを除くと、時効で請求を棄却されている。

冤罪・報道被害者は、まず無実を晴らそうと刑事裁判に全力を注がざるを得ない。だが、一審は四～五年、時にはもっとかかる。メディアは長期裁判をよいことに時効を主張する。裁判所はそんな実情を考慮し、法の正義にかなう時効判断をしてほしい。

だが、それ以前にメディアは自らの加害責任を認め、率直に謝罪すべきだ。佐藤さんは提訴の際に言った。「もし一言、悪かったと謝ってくれたら、裁判は起こさなかった」と。

◆『日工』不当解雇訴訟

〈産経残酷物語〉に否！の判決

02年6月28日

〈産経残酷物語〉という言葉をご存じだろうか。六〇年安保を控えた一九五八年、経営危機に陥っていた産経新聞社に財界から「言論報道対策」として新経営者が送り込まれた。

新経営者は、まず労組の骨抜きを図り、抵抗した組合員を次々に配転。産経労組は六〇年、産経新聞社と系列の日本工業新聞社（日工）、大阪新聞社との間でスト権を放棄する「平和協定」を結んだ。さらに六一年、御用組合化に反対した組合員の大量配転、解雇が行われ、約九〇〇人が退職に追い込まれた。新聞労連は、これを〈産経残酷物語〉と名付けた。

物語は、これで終わらなかった。七六年、社員の約半数の人員削減と賃下げが計画され、二年間に約八〇〇人が職場を失った。これが第二次。

そして、第三次残酷物語は九三年秋、幕を開けた。リストラの名で『日工』の週二日休刊と人員の二割削減が打ち出された。産経労組は、この「合理化」案もあっさり受け入れた。

この時、労組内で抵抗派として闘ってきた記者たちは「スト権も実質的団交権もない産経労組にとどまっていては新聞廃刊につながるリストラ攻撃と闘えない」と決断した。『日工』論説委員の松沢弘記者を委員長に九四年一月、「反リストラ産経労」を結成。そこから、松沢さんを標的とした長編「残酷物語」が始まった。

組合結成翌月の二月一日、会社は松沢さんを、それまで支局長がおらず、支局員が一人しかいない「千葉支局長」に配転した。自宅の横浜市から通勤に往復五時間、組合員との接触もままならない。しかも会社側は「論説委員、支局長は会社の利益代表者であり、労組を結成する資格がない」として新労組の存在を認めず、団交開催要求を拒絶した。

新労組は同月、松沢委員長に対する不当配転の撤回と団交の開催を求め、東京都地方労働委員会に不当労働行為救済を申し立てた。その審査手続き中の九月、会社側は松沢さんを「賞罰委員会」にかけ、「支局長としての業務を遂行せず、業務命令に違反した」として懲戒解雇した。

新労組は、都労委に解雇取消を求める追加申し立てを行い、さらに九六年五月、松沢さんは東京地裁に懲戒解雇の無効と社員としての地位確認を求める訴訟を起こした。

以来、松沢さんは病身の母親を抱えてアルバイトで家族の生活を支えながら、仲間とともに都労委・地裁での闘争、産経と後ろ楯のフジテレビに対する抗議行動を続けてきた。

提訴から六年。この訴訟の判決が五月三一日、言い渡された。東京地裁は解雇権の乱用を認め、原告が被告に対して労働契約上の権利を有する地位にあること、つまり解雇の無効を確認し、未払い賃金など約五八〇〇万円の支払いを命じた。

判決は、解雇処分を決めた賞罰委員会に、処分を申請した幹部二人が加わり、決定に関与したことを「手続きに重大な違反があった」と認定した。また、会社側が「会社の利益代表者」として否定した松沢さんの組合員資格も認め、反リストラ産経労を「労働組合法上の適合組合」と認定したうえで、会社側には団交に応じる義務があった、と判断した。

ただ、判決は「解雇が原告の労働組合活動の故にされたと推認することは困難」と、不当労働行為とはいえないとした。しかし、懲戒解雇を無効とし、反リストラ産経労の法適格性を認め、会社側の団交拒否の不当性を指摘したことは、松沢さんの主張の核心を認めたものと言える。

ささやかながら裁判支援の輪に加わってきた私の祝福の電話に、松沢さんは、声を弾《はず》ませて語った。

「全面勝訴です。新聞報道ではよくわからないけれど、まっとうな労働組合が認められたことは、団交権もスト権もない産経労組の支配下でモノも言えなくされてきた産経グループの労働者にとって、抵抗の拠点が構築されたことを意味します」

確かに、新聞報道では、この判決の画期的な意義がよくわからない。判決は当日夕刊（一部翌日朝刊）で報じられたが、扱いは『日本経済新聞』の三段以外は短いベタ記事。『日経』『朝日新聞』以外は『日工』が産経グループの新聞社であることも書いておらず、松沢さんたちの闘いの意味を象徴する「反リストラ産経労」の名は、どの新聞にも出てこなかった。

産経側は控訴し、判決で命じられた賃金支払いの強制執行停止を申し立てた。卑劣な兵糧《ひょうりょう》攻めだ。解雇から八年、記者としての活動の場と生活の糧《かて》を奪われてきた松沢さん。〈産経残酷物語〉はまだ終わらない。

◆和歌山毒カレー事件

「捜査協力者」になった報道機関

02年7月12日

和歌山毒カレー事件が起きてから、まもなく四年になる。一九九八年七月二五日夕、和歌山市園部《そのべ》の夏祭会場で、ヒ素の入ったカレーを食べた住民が次々と倒れ、四人が死亡した。

事件直後からメディアの犯人探しが始まり、約一カ月後には「疑惑の夫婦」と報道された夫妻宅を数百人の報道陣が二四時間包囲。和歌山県警は一〇月四日、夫妻を別件の保険金詐欺容疑で逮捕、「早朝の逮捕劇」は全国に生中継された。警察は別件再逮捕・起訴を繰り返し、一二月九日、妻のMさんを毒カレー事件の殺人容疑で逮捕、二九日起訴した。

九九年五月に始まった夫妻の公判は途中から分離され、二〇〇〇年一〇月、夫のKさんに詐欺罪で懲役六年の判決。九三回目となった〇二年六月五日の公判で、検察側はMさんに殺人罪などで死刑を求刑した。弁護側の弁論は九月一二日に予定され、年内にも判決言い渡しの見通しだ。

この事件の報道は、多くの問題を残してきた。被害者への無神経な集団的過熱取材、地域に疑心暗鬼をばらまいた犯人探し競争。発生一カ月後に『朝日新聞』が「保険金疑惑」を報じると、メディア総ぐるみの夫妻＝犯人視取材・報道が始まり、《マスコミに名指された男女を逮捕できない「壁」》＝『週刊新潮』などと逮捕を煽《あお》る報道が繰り広げられた。

別件逮捕後は、Mさんを名指しで毒カレー事件の犯人と断定、それを決定的に印象づける「目撃証言」が流され、逮捕前の夫妻のインタビュー映像が繰り返し放映された。

また、逮捕前にメディアの取材に応じていた夫妻が、逮捕後は完全黙秘したことから、《立ちはだかる七人の弁護士》＝『週刊文春』などと弁護人にも非難が投げつけられた。

報道がいかに過熱したものだったか。それを物語るのが、県警が専従捜査員三人を充てて収録した関連放送のビデオだ。二時間テープ約四〇〇本、計八〇〇時間の放送！　これが後に公判で大きな論争の種になる。

六月五日の検察側論告は「犯行の原因と殺意」として、「夏祭のカレー調理場で近所の主婦らの言動に疎外されたと感じ、激高した被告が意趣返しとして敢行した」と述べた。

逮捕時、《事件直前に夫や知人に保険金をかけ、当日は自宅でマージャンをする予定だった》（九八年一二月一〇日付『読売新聞』社説）などと報道された「動機＝保険金」は立証できず、意趣返しに変更された。

この「意趣返し」説の根拠として論告で引用したのが、事件当日の様子に関する夫妻のテレビインタビュー。その立証のため、検察は四〇〇本のテープから約二〇分に編集したビデオを証拠申請。弁護団の強硬な反対にもかかわらず、採用された。

放送は取材内容を報道方針に沿って編集される。犯人視報道では、被疑者に有利な内容はカットされる。それが警察でさらに切り取られ、再編集される。この公判に提出されたビデオは、いつ、どんな場面で、どんな質問に答えたものか、検証のしようのない断片的なものだった。

弁護団の山口健一弁護士は、これについて、「人権と報道・連絡会」の六月定例会で次のように述べた。

「事件が起きた時、警察はマスコミに『Aが怪しい』などと情報を流す。報道機関は捜査情報をもらい、警察の知りたいことを代わりに聞く。相手は証拠になるとは思いもよらず、警戒心も持たずに記憶の定かでないことも話す。それが報道されて警察が録画し、証拠に使う。そうなれば、取り調べで黙秘してもお構いなし。刑事裁判は、供述調書によらずに判決が言い渡されることになる」

毒カレー事件のビデオ証拠採用について日本民間放送連盟は四月一五日、「報道機関が捜査当局に協力者として利用されたことになる。市民の取材拒否につながり、取材の自由が制約される」との趣旨の見解を発表した。

協力者として利用された？　メディアは、事件当初から立派な捜査協力者だ。犯人視報道で「逮捕願望」世論を作り、別件逮捕を容易にしたのはだれか。「M被告が紙コップを持ってガレージに近づくところを目撃」と繰り返し報道した二件の「目撃証言」は、公判で弁護団の追及に耐えられない「警察誘導証言」だった。

問題は、事実上犯人視報道の手段と化している「取材の自由」の制約などではない。本人の署名もなく、法廷での反論もできないビデオの証拠化で、黙秘権を無化する〈ビデオ裁判〉が現実化しつつあることだ。

その「協力者」と化したメディアのありようが今、問われている。

◆人権擁護法案と国連の懸念

自戒すべきは、犯人視報道

02年7月26日

国連の人権高等弁務官から小泉純一郎首相宛に、人権擁護法案の内容に懸念を示す書簡が送られていた。森山真弓法相が七月二日、明らかにした。書簡は、人権委員会を法務省の外局として設置する構想を「政府からの独立性を求める国連原則に合致しない」と指摘したという。

また、来日した同弁務官事務所のブライアン・バーデキン特別顧問は九日、同法案のメディア規制にも疑問を呈した。権力による人権侵害をチェックすべき機関が、「権力によるメディア規制機関」にすりかえられる危険性を指摘したものだ。国連からこんな懸念を示されたこと自体、日本政府の人権感覚が、国際水準といかにかけ離れているかを示す。

七月一〇日付『朝日新聞』と一二日付『毎日新聞』は、この「国連の懸念」を社説で論じ、いずれも原点に返って法案を練り直すよう求めた。

『朝日』社説はこの中で、《私たち報道に携わる者も、犯罪被害者たちの救済を理由に政府に介入の口実を与えてしまったことを、深刻に受け止めなければならない》と述べた。

『朝日』社説のタイトルは《私たちも自戒する》。規制に反対するだけで報道改革に取り組もうとしないメディア界から、ようやく反省の声が——そう期待して社説を読み、がっかりした。「自戒」は、犯罪被害者報道に限定され、「政府に介入の口実を与え」た報道被害全体の深刻な実態を見据えたものではなかった。

事件で傷ついた被害者や遺族に対する無神経な取材を改めるべきなのは当然だ。だが、そんな被害者取材がなぜ繰り返されてきたのか。その原因に目を向けず、「自戒」を唱えるだけでは根本的改革には至らない。

過熱する被害者取材は、「被疑者＝犯人」を前提に「犯人憎し」感情を煽《あお》る犯人視報道とセットで行われてきた。被害の悲惨さ、遺族の悲しみを強調することで、「犯人の残虐性」をより鮮明に印象づける報道。

もう一つ、被害者周辺で「怪しい奴」を探る犯人探し競争も、犯罪被害者の報道被害の大きな要因だ。時には、事件の被害者が「犯人」に仕立て上げられる。「ロス疑惑」しかり、「松本サリン事件」しかり。

捜査段階で警察情報に依存して行われる犯人探し競争と、感情的な犯人視報道。それが、犯罪被害者への過熱取材の背景にある。と同時に、実名による犯人視報道は、誤報や家族への白眼視など、重大な報道被害を生んできた。そのことに『朝日』社説の「自戒」は全くふれない。

つい最近の「ウルトラマンコスモス」主演俳優の逮捕報道も、その典型だ。各紙が《「ウルトラマンコスモス」を逮捕／主役俳優／知人殴り45万円恐喝容疑》（六月一四日『朝日』夕刊）などと報じた。容疑対象とされた事件当時、未成年だったことから匿名で報じられたが、本人が特定できる事実上の実名・犯人視報道だ。毎日放送は警察発表を鵜呑《うの》みにし、直ちに放送を打ち切った。

読者は報道を「事実」と信じた。『読売新聞』の投書欄には、《息子が憧れの目で見ていたコスモスのお兄さんに、大いに反省してほしい》（大阪本社版・二二日付）などと、俳優を糾弾する投書が相次いだ。

しかし、俳優は七月二日、処分保留で釈放された。俳優には事件当日のアリバイがあり、恐喝被害者とされた男性が、自ら俳優の無実を訴えた。九日付『朝日』「検証」欄は、《ずさん捜査、「英雄」翻弄《ほんろう》／TV局、放送再開を模索》と警察、毎日放送の対応を批判的に検証した。

だが、『朝日』も含めたメディアの釈放報道には、警察発表を鵜呑みにした逮捕報道への自省はなかった。

《逮捕された当時、子供たちの心をえぐるようなニュースが大々的に流されたのに、いやす情報がほとんどない状態は意図的なもののように思えてなりません。情報を頭から信じてしまうことの危うさは、「松本サリン事件」で学んだはずなのに、また同じことを繰り返しそうになっていたんです。報道は人の心を左右するものであるということをしっかりと認識し、あふれ出る情報を自ら検証してみる必要があることを、改めて感じました》

七月四日付『読売』大阪本社版に掲載された女性の投書だ。報道の受け手側の真摯《しんし》な自省。それは、メディア不信の裏返しだ。『読売』には捜査を検証する記事もなかった。

先の『朝日』社説は、《市民の信頼を失えば、自由な報道は成り立たない》と書いた。「政府に介入の口実を与える報道」は今も続いている。

◆メディア法規制と報道被害

「報道の自由」をかざす前に

02年8月23日

個人情報保護法案、人権擁護法案が継続審議になった。どちらも、本来の立法の課題である「公権力による人権侵害の規制」を、メディア規制にねじ曲げたスリカエ法案だが、政府・与党は部分的修正を加え、秋の臨時国会で成立を図る方針だ。

七月二九日付『読売新聞』が、その与党修正案の概要を報じた。個人情報保護法案については①表現の自由に対する配慮規定を基本原則に明記する②行政機関による情報の目的外使用に罰則規定を盛り込む――など。人権擁護法案については、報道規制に関する条項の施行を当分の間、凍結する案が浮上しているという。

これで報道への権力介入の恐れがなくなる、とはとても思えないが、この「修正」もまた、スリカエだ。

両法案の問題点は、メディア規制だけにあるのではない。メディアを規制対象からはずせばOK、というものでもない。公権力による人権侵害を有効にチェックできないザル法――それが、より根本的な問題だ。

メディアは両法案を「メディア規制法案」と呼んで反対キャンペーンしてきたが、それ以外の市民の立場から見た問題点は十分に取り上げてこなかった。臨時国会に向け、改めて両法案に関する掘り下げた報道や議論を重ねる必要があると思う。

その一方で、メディア規制へのスリカエの誘因となった報道による人権侵害についても、その場しのぎでない根本的な改革を迫られている。

メディア自身の課題は何か。八月二日付『朝日新聞』は、同紙紙面審議会の「メディア規制法案」などに関する討議内容を掲載。その中で、津山昭英東京編集局長補佐が「市民のメディア規制論議へのさめた目の背景」にふれ、《私たちは報道の自由を振りかざすのではなく、報道被害者ときちんと向き合い、自主的な取り組みを強めたい》と述べている。

その取り組みとして、津山氏は、同紙が二〇〇一年一月に第三者機関「報道と人権委員会」を設けたこと、《犯罪被害者などに取材陣が殺到して生活を妨げたりする、集団的過熱取材に歯止めをかける努力》を挙げた。だが、それで「報道被害者ときちんと向き合う」ことになるのだろうか。

メディアの法規制が日程に上って以来、新聞各社はメディア批判に応《こた》える措置として、社外の識者による第三者機関を次々と設置、二〇〇二年四月の段階では二五社に広がっている。

だが、これらの機関は「報道被害者と向き合う」場ではない。せいぜい、報道被害者から新聞社に寄せられた苦情と新聞社の対応について、「第三者」が是非を論じ、その結果を公表する制度にすぎない。友人のある地方紙記者は「ないよりましだが、報道被害者が気軽に苦情を持ち込める機関ではない。会社のアリバイのようなもの」と冷やかに言った。

各社に先駆けて二〇〇〇年一〇月に「開かれた新聞」委員会を設けた毎日新聞社の場合、発足以来一年八カ月間の当事者からの苦情は四件という（毎日新聞社編『開かれた新聞――新聞と読者のあいだで』明石書店、二〇〇二年)。

だが、それは人権侵害報道が少なかったことを意味しない。二〇〇一年一月以来の「北陵クリニック事件(仙台・筋弛緩剤《きんしかんざい》事件)」報道や、二〇〇二年六月の「ウルトラマンコスモス」逮捕報道は、委員会審議で問題にならなかったのだろうか。

北欧や英国にはメディア全体で報道の人権侵害に取り組み、報道被害者の声を直接聞いて判断する「メディア責任制度」がある。各社の「第三者機関」は、そんな制度作りの努力を回避する口実のように思える。

もう一点、朝日に限らず、どのメディアも、報道被害と言えば、「行き過ぎた犯罪被害者報道と集団的過熱取材」しか問題にしない。これに関しては、『週刊金曜日』421号(七月二六日、本書一四四頁)「人権擁護法案と国連の懸念」でも問題点を指摘した。

メディアは、警察情報に依存した犯人探し・犯人視報道による被疑者と家族の報道被害に目を向けない。「集団的過熱取材」、犯罪被害者の報道被害も、犯人憎し報道とのセットで行われてきた。こうした被害を生み出しているのは、事件報道を一過性の娯楽のように商品化する報道姿勢だ。そこには、冤罪《えんざい》をチェックする視点も、伝えるべき事件の社会的背景を地道に探っていく姿勢もない。

報道被害をなくすには、事件発生・逮捕中心の「娯楽化した事件報道」を、きっぱりやめる以外にない。

こんな私の主張は、メディア界では「きれいごとだ」と冷笑される。だったら「報道の自由」など振りかざすな。それが、私の率直な思いだ。

◆日朝交渉報道

問うべきは日本の侵略責任

02年9月6日

「確かにテポドン、不審船、拉致《らち》疑惑といろいろある。(拉致疑惑で)先方と話をすれば『三十六年間の(日本の)植民地支配はどうなる。日本は多くの人間を(朝鮮半島から)拉致していった』という互いにむなしい議論の戦わせ合いになる」

一九九九年一一月、野中広務《のなかひろむ》・自民党幹事長代理(当時)は同党兵庫県連の会合でこう述べた(同月二四日付『読売新聞』)。九二年以来中断していた朝鮮民主主義人民共和国(以下、朝鮮)との国交正常化交渉について、「拉致問題」を交渉再開の前提にすべきでない、という見解だ。

この方向で翌二〇〇〇年四月、七年半ぶりに日朝交渉が再開された。しかし、朝鮮側が「過去の清算」の先行処理を求めたのに対し、日本側は「拉致、ミサイル、核開発」問題との包括協議を主張、交渉は一〇月に決裂し、再び中断してしまった。

その再開に向けた日朝外務省局長級協議が八月二五～二六日、平壌《ピョンヤン》で開かれ、日本側が中断前に主張していた「双方の懸案の包括協議」の検討に、朝鮮側が同意した。これについて二七日付各紙が社説で論じた。

『読売』は《拉致事件の解決を曖昧《あいまい》にしたまま、国交正常化交渉が進むようなことがあってはなるまい》と述べた。『毎日』も《拉致で「政治的意思」を示せ》のタイトルで、朝鮮側に「拉致」への対応を迫った。『朝日』は《対話継続では合意したものの、拉致問題をはじめ具体的な進展はないままだ》と論評した。

ほぼ共通して「拉致問題解決が交渉再開の課題」とする論調。そうだろうか。九一年一月以来、一一回にわたる交渉経過をたどってみよう。

日朝交渉は、九〇年九月に自民・社会両党訪朝団と朝鮮労働党が交わした「三党共同宣言」を受けて始まった。共同宣言は、朝鮮への「償い」を植民地時代の三六年間だけでなく、戦後四五年間も含めて行うとした。

しかし、翌年一月の第一回交渉で日本側は、「補償問題は植民地統治に限った財産請求権として処理し、戦後の償いには応じない」と主張、「侵略とその結果起きた朝鮮の分断に対する謝罪・賠償」を求める朝鮮側と全面的に対立した。また、日本側は国交正常化の前提条件として「核査察受け入れ」を提起した。

同年五月の第三回交渉。日本側は、大韓航空機爆破事件にかかわる「李恩恵《リウネ》」問題を新たな交渉条件に加えた。これに対して朝鮮側は、「李恩恵」問題や核査察問題の交渉からの切り離し、「過去の清算」に基づく国交樹立の先行を要求。以後、交渉は膠着《こうちゃく》状態となり、九二年一一月、第八回交渉が「李恩恵」問題で決裂した後、長期の中断に入った。

その後、九五年に連立与党代表団が訪朝し、九七年、外務省審議官級の予備会談が開かれた。そこで日本側が交渉再開の前提として持ち出したのが「拉致疑惑」解明。これが、冒頭で引用した野中発言につながる。

「過去の清算」を求める朝鮮側に対し、「現在の懸案」を次々と交渉条件に持ち出す日本。これが、隣国を侵略し、三六年間の植民地支配で隣人を半奴隷化した国の取る態度か。

「拉致」というなら、二〇〇万人以上の朝鮮人を事実上、強制連行=拉致した事実の解明、その謝罪と賠償から始めるのが道理だろう。それが「拉致問題」解明の早道にもなる。

それを指摘しない新聞の論調は、野中氏よりもよほど自民党的だ。

真の問題は別にある。日本が第一回交渉以来、侵略への謝罪・賠償を拒否し、「植民地統治に限った財産請求権」として処理しようとしてきたこと。無償三億ドル、有償二億ドルの供与で、朴正熙《パクチョンヒ》政権が請求権を放棄した日韓国交正常化（六五年）と同じ「経済協力方式」への固執だ。

その背景には、日朝交渉開始と同時期、韓国の元「従軍慰安婦」や強制連行された人々が起こした賠償請求訴訟がある。訴えに対し、日本政府は「六五年の日韓基本条約ですべて解決済み」との見解を繰り返した。その結果、日韓基本条約の解釈をめぐる日韓両国間のズレが表面化し、韓国内に条約の見直しを求める声が出始めた。そんな中、朝鮮側の求める「謝罪と賠償」に応ずれば、日韓基本条約も再検討を迫られる……。

日本側が日朝交渉で次々持ち出した「核査察」「李恩恵」「拉致」などの前提条件は、朝鮮側が経済危機から「経済協力方式」を受け入れるのを待とうという時間稼ぎだ。八月三〇日発表された「小泉首相訪朝」は、その戦略の延長線上にある。

侵略の責任を取ろうとしない日本政府。新聞は、その拡声機なのか。

◆「能登沖不審船」報道

欠落した「公正・冷静・反省」

02年9月20日

まずは以下の見出しを読んでほしい。九月五日付朝刊各紙の報道だ。

《能登半島沖に不審船／護衛艦・巡視船艇が監視／排他水域外》＝『朝日新聞』

《能登沖に不審船／16隻派遣　追跡・監視／政府「経済水域外」》＝『読売新聞』

《能登沖公海上／不審な船発見／海上自衛隊監視活動／朝鮮半島方向へ》＝『毎日新聞』

《能登半島沖に不審船／公海上／北朝鮮工作船と酷似》＝『産経新聞』

《日本海に不審船／能登沖400キロ／北朝鮮工作船と酷似／巡視船15隻出動》＝『東京新聞』

どの新聞も、「能登沖」または「能登半島沖」で「不審船発見」と報じた。しかし、各紙に掲載された地図を見ると、「発見現場」は日本海のほぼ真ん中。日本より、ロシアまたは朝鮮民主主義人民共和国(以下、朝鮮)の方が近い。詳しい地図で見ると、ロシアの「ナホトカ沖」または朝鮮の「清津沖」に当たる。

日本の新聞は「客観報道主義」を自認する。だが、辛うじて「客観報道」の名に値するのは、『東京』の「日本海・能登沖400キロ」ぐらいか。他は、現場が能登半島の近辺であるかのように読者に印象づける「非客観報道」というべきだろう。

次に「不審船」はどうか。日本政府がこれまで「不審船」としてきたのは、日本や中国の漁船名を付けて他国船籍を偽装したと見られる「無国籍船」だ。これは海洋法条約違反に当たるとして、海上保安庁は公海上であっても日本の排他的経済水域内であれば、日本の漁業法に基づき、立ち入り検査などを求めてきた。

しかし、今回の「不審船」には、煙突に朝鮮国旗が描かれ、所属港を示す朝鮮の都市名、船籍番号も船体に記されていた（その写真が公表されたのは五日午後だが、海上自衛隊機は四日夕、この船をデジタルカメラで撮影しており、防衛庁幹部は四日夜の段階で知っていたはずだ）。

つまり、この船は国籍も船名も明示して公海上を航行していたのであり、「不審船」には該当しなかった。

それが、なぜ各紙一斉の「能登半島沖に不審船」報道になったのか。原因は単純。政府発表を、そのまま客観的事実として報道したからだ。

日本のエセ「客観報道」の悪弊。官庁や警察が発表したことを、そのまま報道するのが「客観報道」だと誤解している。しかも「○○がこう発表した」と客観的に書かず、発表された内容を、まるで自ら確認した客観的事実のように報じる。「会社員が農薬の調合に失敗し、毒ガスが発生」と各紙が報じた松本サリン事件の重大な誤報も同じ構造だった。

今回の報道でいえば、《四日午後、石川県・能登半島沖約四百キロの日本海公海上で、不審船が発見された》（五日付『読売』）といった記述。こう書いてしまうと、もう発表内容をチェックできない。しかし、「政府は不審船を発見した、と発表した」と書けば、「ただ、現場は公海上であり、国籍なども未確認で、不審船に該当するかどうか不明」と、発表から距離を置いた記述も可能になる。

船の写真が公表された後、『朝日』『毎日』『東京』の「不審船」報道は沈静した。六日付『朝日』は、《発見はナホトカ沖過敏な印象》と「不審船報道」を軌道修正した。

ところが、第一報を一面トップで大扱いした『読売』『産経』は、振り上げたオノを正当化するためか、六日付でさらに《不審船　経済水域にいた》＝『読売』、《経済水域に侵入　不審船》＝『産経』と報じた。

だが、排他的経済水域といっても、海洋資源の管轄権があるだけ。本来は公海であり、その航行は自由だ。『読売』『産経』は、排他的経済水域を「領海」並に格上げしてまで、読者の「反北朝鮮感情」を煽《あお》った。

ナショナリズムの怖さ、それを煽る報道の危険性は、「9・11」後の米国を見るまでもない。かつて日本の新聞は、日本軍が引き起こした柳条湖事件や盧溝橋事件を、「暴戻《ぼうれい》支那による排日侮日攻撃」とねじ曲げ、反中国感情と中国侵略を煽った。

その反省が日本のメディアにはない。

《新聞は歴史の記録者であり、記者の任務は真実の追究である。報道は正確かつ公正でなければならず、記者個人の立場や信条に左右されてはならない》（新聞倫理綱領）

今回の「不審船」騒動に限らず、朝鮮をめぐる新聞報道は、この綱領を大きく逸脱している。日本の新聞には正確さ、公正さ、冷静さを欠いた〈排他的報道領域〉が存在する。

◆日朝首脳会談

「拉致一色」報道が隠す日本側の侵略責任

02年9月27日

《在日三世のボクシング世界王者徳山選手のHP掲示板閉鎖》

九月一九日付『読売新聞』夕刊に、こんな見出しの囲み記事が載った。日朝首脳会談後、ホームページに「北（朝鮮）へ帰れ」などの書き込みが相次ぎ、一八日夜、閉鎖を余儀なくされたという。

二一日付『朝日新聞』「天声人語」は、在日朝鮮人への嫌がらせが相次いでいることに触れ、《拉致《らち》事件への「反応」だろう。例によって被害者には民族服を着た女子生徒が含まれる》と書いている。

正しくは「拉致報道への反応」と言うべきだろう。一七日の首脳会談で、朝鮮民主主義人民共和国（以下、朝鮮）の金正《キムジョン》日《イル》総書記が「拉致八人死亡・五人生存」を認め、謝罪した。同日午後以降のテレビ、新聞報道は、拉致問題での朝鮮断罪一色に塗りつぶされた。

《死亡「余りに残酷」／なぜ「真実教えて」》＝『朝日』、《待ち続け残酷宣告／人間として許せぬ》＝『読売』、《娘死んでたなんて／宣告「地獄のよう」》＝『毎日新聞』。一八日朝刊社会面には、こんな特大見出しが躍った。

社説の見出しも、《許し難い残酷な国家テロだ／拉致究明なき正常化はない》＝『毎日』、《酷《むご》い、あまりにも酷い／「正常化交渉」前に真相究明を》＝『産経新聞』、《あまりにもむごい》＝『東京新聞』と、情緒的表現が目立った。

一連の報道は、二〇〇一年の「9・11」後の米国メディアを想起させる。被害の無残さに目を奪われ、背景にある問題や歴史的経過を冷静に伝えるジャーナリズムの使命を忘れて「報復感情」を煽《あお》る報道。

「テロ国家」「無法者の国」「危険な国」「異常な国」。一八日以降の各紙社説が朝鮮に対して使った表現だ。そして《この国を「普通の国」へ誘導していくことが隣国である日本の責任》

（一八日付『毎日』政治部長署名原稿）、《普通の国に変わるよう、国交交渉を通じて促していく必要がある》（二〇日付『朝日』社説）という。

なんと傲慢《ごうまん》で尊大な物言いか。かつて、韓国を侵略や内乱から保護すると称して「保護国」化し、併合した初代韓国統監・伊藤博文の「保護者気取り」を思い出す。

隣国を侵略・植民地化し、土地を奪い、名前を奪い、言葉を奪い、郷里を奪い、抵抗する者は殺し、男は徴用工や皇軍兵士に、女は「慰安婦」として強制連行＝拉致したうえ戦場を連れ回し、おびただしい命を奪いながら、敗戦後五七年間、謝罪も賠償もしてこなかった。そんな日本は「普通の国」か。

朝鮮が閉鎖的・独裁的軍事国家の道を歩み、ついにはテロ・拉致に手を染めるに至った戦後史にも、日本は責任がないとは言えない。

朝鮮半島の北緯三八度線分断は、日本軍の作戦配置にそった米ソ両国の占領に由来する。三八度線は米ソ冷戦の最前線となり、一九四八年には南北分断政権が成立。以来、日本は米国の冷戦政策に追従して朝鮮敵視政策を取り続けた。

一九五〇年の朝鮮戦争では、日本は米軍の兵站《へいたん》基地となり、「朝鮮特需」で経済復興を実現。さらに自衛隊を創設し、米日韓による「対北軍事包囲網」を構築した。

サンフランシスコ講和条約で主権を回復した日本は一九五二年、日韓国交正常化交渉に着手した。この時点で植民地支配を謝罪し、過去を清算する相手は、南北二つの政権だったのに、「北」は無視、敵視したまま。そうして一九六五年に締結した日韓基本条約で、韓国を「朝鮮にある唯一の合法的な政府」とし、分断を固定化した。

日本が戦後一貫して取ってきた朝鮮敵視政策と米日韓の軍事包囲。それ抜きに、朝鮮の「軍事独裁国家」化やミサイル開発などの軍事戦略を語ることはできない。拉致事件が、その延長線上で起きた暴走であるとすれば、日本はただ朝鮮を非難するだけではすまない。

首脳会談報道のもう一つの大きな問題は、「日韓方式による過去の清算」への評価だ。一八日付『読売』社説は、《北朝鮮がこれまで固執してきた「補償」については、いわゆる経済協力方式を軸に検討することで一致した。（中略）日本の主張が通ったと言えよう》と述べた。二二日付『朝日』社説も、《小泉首相のおわびを受けて北朝鮮が従来の賠償要求を取り下げ、日韓条約と同じ経済協力方式で妥協した。金額などはこれからだ。ほぼ満点である》と称賛した。

日韓方式は、そんな立派なものだったのか。一九五二年以来、日韓交渉の日本側代表は植民地支配を正当化する「妄言《もうげん》」を重ねた。六五年には高杉晋一首席が「日本は朝鮮をより豊かにするために支配した」などと発言。金東祚《キムドンジョ》・駐日韓国大使は韓国内の反発を恐れ、この妄言をなかったことにする「偽装劇を演出」（金東祚著、林建彦訳『韓日の和解　日韓交渉14年の記録』サイマル出版会、一九九三年）した。

一九六一年の軍事クーデターで政権についた朴正熙《パクチョンヒ》大統領が、日本側妄言を隠してまで妥結を急いだ日韓基本条約と日韓請求権及び経済協力協定。そこには植民地支配に関する謝罪の言葉はなく、無償三億ドル・有償二億ドルの供与で両国間の請求権問題が「完全かつ最終的に解決された」とした。

五億ドル供与といっても、日本の生産物と役務による支払いだ。「経済協力」は、日本の資本にとってはリスクのないヒモつきビジネス、朴政権には日本企業からのリベートも含め、軍事独裁政権を支える政治資金の源泉となった。

九〇年代、韓国の元「慰安婦」や徴兵・徴用の被害者が次々起こした賠償請求訴訟で、日本政府はこの日韓基本条約を盾にし、「すべて解決済み」と賠償を拒んだ。「日韓方式」は、日本にとって実に都合のいい戦後処理方式だった。

これを日朝交渉でも受け入れさせたのは、侵略責任を取ろうとしない日本政府にとって「一〇〇点満点」だったろう。それでさえ『読売』は、《北朝鮮が軍事独裁国家である限り、経済協力などできるものではない》（一八日付政治部長署名記事）と言う。朴政権は「軍事独裁政権」ではなかったのか。

朝鮮でも一九九二年以来、日本軍の性奴隷にされた元「慰安婦」被害者が二一八人名乗り出ている。そのうち九六人は、居住地や旅行中に拉致されたと証言した（『日本軍性奴隷制を裁く――２０００年女性国際戦犯法廷の記録』第３巻／緑風出版、二〇〇一年）。日韓交渉の時には表面化していなかった「慰安婦」問題が、すでに国連でも問題になっている。今後の日朝交渉でも、これを無視し、「経済協力」で「解決済み」にするのだろうか。

二一日付『読売』は、《北朝鮮に賠償請求へ》の見出しで、政府が拉致事件について、被害者への賠償、犯人引き渡しなどを要求する方針を固めた、と報じた。

被害者や家族の思いを考えれば当然の要求だと思う。ただし、日本政府は、かつての「朝鮮人拉致」にも同じ対応を取る必要がある。

元「慰安婦」、元軍人・軍属の戦死傷者、被爆者、強制徴用などの被害実態調査と被害者・遺族への個別賠償、それらの犯人・責任者の調査と処罰。それを韓国・朝鮮の全域で実施する責任が、日本政府と、私たち日本人にはある。

一九日付『東京』のコラム「筆洗」は、朝鮮の新聞が「拉致」を報じないことを批判し、《要するに知らされない。厳しい情報統制の下に人々は暮らしている》と書いた。日本のメディアは、未清算の過去を「知らせている」か。

◆和歌山毒カレー事件

裁判報道にも続く「犯人視」

02年10月4日

「一応、報道しましたよ」という程度の、おざなりな報道。九月一八日、和歌山地裁で開かれた「毒カレー事件」裁判・弁護側最終弁論を伝える各紙紙面を見て、そう思った。

六月五日の論告求刑では、各紙が一面や社会面トップで検察側主張を詳細に伝えた。それとの落差に驚く。

二つの公判の紙面扱いを、全国紙三紙（東京本社版）で比較してみよう（「○○被告」は原文実名）。

【『朝日新聞』】

◆論告求刑＝総行数・約四一〇行

〔夕刊〕一面トップ《○○被告に今夕死刑求刑》▼第二社会面四段《心に重し引きずって／「ヒ素入り」被害の元従業員》

〔朝刊〕社会面トップ《住民へ意趣返し指摘／○○被告に死刑求刑》

◆最終弁論＝総行数・約二〇〇行

〔夕刊〕一面四段《最終弁論も無罪主張／○○被告／「直接証拠ない」》

〔朝刊〕第二社会面四段《○○被告、黙秘貫く／判決は12月11日に》

【『読売新聞』】

◆論告求刑＝総行数・約五七〇行

〔夕刊〕一面四段《○○被告に死刑求刑へ／「無差別大量殺人」指弾》▼社会面トップ《検察、自信の立証300ページ／○○被告は淡々》

〔朝刊〕一面四段《○○被告「矯正不能」と死刑求刑》▼社会面トップ《○○被告うっすら笑み》▼九面・論告要旨（約一八〇行）

◆最終弁論＝総行数・約九〇行

〔夕刊〕社会面三段《最終弁論　無罪主張／3年4か月ぶり結審へ》

〔朝刊〕第二社会面四段《毒カレー事件○○被告／判決12月11日》

【『毎日新聞』】

◆論告求刑＝総行数・約六六〇行

〔夕刊〕一面トップ《○○被告に死刑求刑へ／検察側論告》

〔朝刊〕一面四段《○○被告に死刑求刑／検察「疎外感から激高」》▼社会面四段《「人間性失った」と指弾／息詰める遺族ら》▼三面トップ《「激高」難しい立証》▼二四面・論告要旨（約

三〇〇行）
◆最終弁論＝総行数・約六〇〇行
〔夕刊〕社会面三段《〇〇被告／改めて無罪主張へ／最終弁論》
〔朝刊〕第二社会面四段《〇〇被告、黙秘貫く／判決は12月11日に》▼六面・弁論要旨（約五〇〇行）

論告と弁論を総行数で比べると、『朝日』は二対一、『読売』は六対一、『毎日』はほぼ同じだが、論告・弁論要旨を除く本文は三対一。見出しや写真・イラストを加えると、扱いの差はもっと大きくなる。

論告求刑と最終弁論は、双方の主張の総決算だ。とりわけ最終弁論は、事件発生以来、メディア総ぐるみの犯人視報道が続いてきた中で、読者が弁護側の包括的な主張を初めて知る重要な機会。それが、たとえば『読売』の場合、朝夕刊合わせてたった九〇行。論告の際に掲載した要旨も、弁論では、なし。これで「公正な裁判報道」と言えるのだろうか。

その点で、『毎日』が弁論要旨を掲載したことは、当然とはいえ評価したい。これを読むと、検察側が描いた「事件の構図」が、重要な部分で、証拠に基づかない推認、論理の飛躍に依っていることがよくわかる。

①「〇〇容疑者が紙コップを持って調理場に近づくところを見た」と繰り返し報道され、検察側も当初、最重要証人として いた「目撃証人」は、証人申請すらされず、結局「目撃者」はだれもいなかった。

②現場と被告宅で採取されたという亜ヒ酸は、鑑定結果では「同種」であっても「同一」とは言えず、仮に同一であっても、被告以外の人物にも持ち出せる機会があった。

③「主婦らの疎外に激高しての意趣返し」という検察主張は、無差別殺人の動機として薄弱であり、それを証明抜きの「被告の異常な人格」で説明するのは、論理の飛躍。

つまり、被告と犯行を結びつける証拠はなく、被告以外の人物に犯行の機会や可能性があり得ないということを、検察側は立証していない。

検察・弁護側が対立する裁判で、双方の主張を知ることは、裁判所が下す判決内容を理解し、判断するうえで不可欠だ。重大事件の裁判では最低限、論告・弁論の要旨を紹介するのが報道機関の役割だろう。

捜査段階の犯人視報道が、裁判報道にも引き継がれている。公判で初めて明らかになった事実や弁護側の主張を、「過去の自社報道と食い違う」という心理から報道しない傾向が強い。裁判は、捜査段階の報道を検証する場でもある。過去、数多くの冤罪《えんざい》事件の判決は、メディアにも反省を迫るものだったはずだが……。

◆女性運動バッシング

沈黙・加担するメディア

02年10月18日

「この数年、ジェンダーフリーに対する攻撃が、さまざまな場で強まっています。それに対して、メディアは加担するか、または沈黙。いったいどうなっているんでしょうか」

東京・町田市の「ジェンダーフリー・ネットワーク」というグループで活動している『週刊金曜日』の読者から、こんなテーマで話し合いたいという講演依頼があり、今月初め、グループの学習会に参加させていただいた。

私はこれまで、女性に対するメディアの人権侵害について、事件と報道被害を中心に考え、書いてきた。

一九九七年の渋谷・女性管理職殺人事件では、性的プライバシーの「報道商品」化と働く女性へのバッシング。九九年の文京区の女児殺害事件では、短絡的な「お受験殺人」報道で「母性喪失」キャンペーンが展開された。二〇〇一年、沖縄で起きた米兵の性暴力事件では、週刊誌が被害女性に「落ち度」があったと叩きつつ、興味本位に「暴行現場」を詳報した。

こうした報道に共通する価値観は、①「男は仕事・女は家事育児」の性別役割分業固定意識②女性の性的商品化③女性に「貞操」を求め、男性の性暴力は問わない性の二重基準。

それが今、社会のさまざまな場で「性差別の撤廃」を求める動きに対する攻撃として広がっている。

その典型が、各地の「男女共同参画条例」をめぐる動き。二〇〇二年一月に公表された大阪府の条例案では、審議会答申にあった「女性に対する暴力の禁止」などが削られた。六月に可決した山口県宇部市の条例には、「専業主婦を評価し」「男らしさ、女らしさを一方的に否定することなく男女の特性を認め合う」などの文言が、基本理念として盛り込まれた。九月に公表された千葉県の条例案には、自民党県連が「性教育の充実」などに関して「時期尚早」と修正を申し入れ、条文の一部が削除された。

また、子育て支援パンフレット『未来を育てる基本のき』(日本女性学習財団)が国会で問題にされ、『思春期のためのラブ&ボディBOOK』(母子衛生研究会)の配付が中止されるなど、省庁が作成を依頼した冊子の内容にも圧力がかかった。

「慰安婦問題」に関する右翼の攻撃も活発化している。「女性国際戦犯法廷」を取り上げたNHK『ETV2001』への脅迫と番組の根本的改変、横浜市で開かれた戦争責任を考える集会の妨害(二〇〇一年七月)、東京・千代田区主催の松井やよりさんの講演会が右翼の干渉を受け、区が屈服・中止した事件（同八月）。

一連の動きを見ていくと、底流に「新しい歴史教科書をつくる会」に連なる人たちの言動が透けてくる。

「つくる会」の公民教科書は、《男女の生理的・肉体的な差異などに基づく役割の違い》《育児・家事に専念する専業主婦という形》《夫婦同姓という制度》を強調しつつ、《わが国の歴史には、天皇を精神的な中心として国民が一致団結して、国家的な危機を乗り越えた時期が何度もあった》と、天皇中心の家父長制社会の温存・強化を煽動《せんどう》している。

また、そのマンガ版である小林よしのり作品は《慰安婦は商行為。強制連行はなかった》《旧満州で強姦されて口をつぐんできた日本女性を誇りに思う》と公言、慰安所について《民間人の女に無秩序な暴行を加えるのを防ぐ唯一の手段》などと男の性暴力、性奴隷制度を正当化してきた（『新・ゴーマニズム宣言』）。

女性蔑視、性差別と性暴力容認。それが天皇制賛美、戦争・侵略肯定の心情と結びつき、「慰安婦問題」を軸に女性運動・女性政策バッシングとなって噴出している。それに対して、一面では右翼の攻撃を恐れ、他面では同感しながら、加担ないし沈黙しているのがメディアの現状だ。連日の「日朝国交交渉」報道でも、「慰安婦問題」は完全に無視！

石原慎太郎・都知事が二〇〇一年に行った《文明がもたらしたもっとも悪しき有害なものはババアなんだそうだ。女性が生殖能力を失っても生きているのは無駄で罪ですって》発言が、大手メディアで問題にされず、社会的な制裁を受けない状況がある。

米国のジャーナリスト、スーザン・ファルーディは、八〇年代のアメリカ社会についてこう書いた。

《女の地道な努力が男のメンツを潰すものと相変わらず解釈され、女たちが経済的、社会的に幸福になればなるほど、男たちは、自分たちの方が危うくなると感じ、激しく抵抗するのだ》（『バックラッシュ――逆襲される女たち』新潮社、九四年）

日本の男性支配はまだ安泰なのに。

◆「金髪先生逮捕」事件

〈本当のこと〉を伝えない新聞

02年11月1日

〈知りたい　本当のこと　だから新聞〉――二〇〇二年の新聞週間の標語だ。

新聞週間を前に『読売新聞』が行った世論調査では、報道への信頼度は、テレビ六七％に対して新聞八八％（一〇月一二日付）。新聞は、この極めて高い信頼に応《こた》えて〈本当のこと〉をきちんと伝えているだろうか。

残念ながら、とてもそうは思えない。その典型的な例が、二〇〇一年五月の「金髪先生逮捕」報道だ。千葉県四街道《よつかいどう》市立南小学校の渡壁隆志《わたかべたかし》教諭が同月八日、校長をはねたとして傷害容疑で逮捕された。『週刊金曜日』には、逮捕から判決まで池添《いけぞえ》徳明《のりあき》さんのレポートがたびたび掲載されており、読者は「事件」の概要をご存じと思う。

私は、《千葉県公安３課と四街道署は８日、校長をはねたとして》という翌日の『朝日新聞』記事を見た時から公安のでっち上げを疑ってきた。なぜいきなり「公安３課」か。

「人権と報道・連絡会」一〇月定例会で、渡壁さんから「事件」と報道、自身の教育実践や教育反動化の現状について話を聞き、学校側が撮影したビデオも見せていただいた。

――ワゴン車の前にスーツ姿の男性が立っている。運転席にいるのが渡壁さん、車の前に立つのが校長。車が少しバックする。校長がその分、前に寄る。車との距離は数十センチ。また車がバックし、校長が距離を詰める。やがて渡壁さんが車から降りて走りだし、校長が後を追って走る。

車が校長にぶつかったり、転倒したりするシーンはなかった。このビデオは、校長が「急発進した車に二度はねられて転倒し、全治三週間の打撲傷を負った」と主張する「衝突」の後から撮影されたものだった。

あの軽いフットワークで走っていた人が三週間のけがをしていた？

一連の出来事は校長が録音し、教頭が写真撮影し、教員がビデオに撮っていた。こうした記録行為と通報直後の公安３課の捜査。あまりにも段取りが良すぎる「事件」だ。私は例会後、一審公判記録に目を通した。

法廷に出された録音テープには、こんなやりとりが記録されていた。

（渡壁さんの声で）「自分からぶつかるのはやめてください」「離れて下さい、離れて下さい」（その後、複数の女性の声で）「あ、校長先生」「あ、校長先生ひっくり返っている」「あっ」「どうした」「ひいちゃった」「ひいた、うっふっふっふ」

声の主は学校職員。校長が急発進した車にはねられるのを目撃した人の第一声が「ひっくり返っている」になるだろうか。「うっふっふっふ」と笑っていられるであろうか。

これは、公判で弁護側が主張したように、校長が自分から「ひっくり返っている」様子を見たまま述べ、そのおかしさから洩《も》れた失笑が録音されたものと考えるべきであろう。

公判には、教頭が撮影した「校長が倒れている写真」も提出された。全治三週間のけがをするほど激しく転倒したのなら、すぐに駆け寄って助け起こすのが普通だ。教頭はその心配・救助より撮影を優先した。

公判記録を読みながら、私は記録映画『A』（森達也監督）を思い出した。旧オウム教団の信者に刑事がわざとぶつかり、自ら道端に倒れ込んで「逮捕、逮捕」と叫ぶシーンだ。

校長は、公判で「殺人未遂に近いもの」として実刑判決を求めた。千葉地裁は二〇〇二年三月、懲役一年二カ月の実刑判決を言い渡した。「転倒」の不自然さは問題にされなかった。

仮に容疑が事実でも、「三週間のけが」としては異常に重い。判決は金髪に言及し、「反省の情など微塵《みじん》も認めることはできない」と述べた。髪の色で量刑を斟酌《しんしゃく》する裁判官！　予断と偏見に満ちた魔女狩り裁判だ。

渡壁さんは、家庭科授業でうどんを作るのに、校庭に小麦を植えることから始めるような先生だ。休暇でアジア・アフリカを旅行しては、各国の生活用品や衣服を買ってきて、子どもたちに「南北問題」を教える。授業に韓国の元「慰安婦」を招き、体験を話してもらったりもした。

渡壁さんは管理教育や体罰に反対し、日の丸・君が代の押し付けや教育六法には、地域を超えた教員のネットワークを作って反対してきた。

一〇月一七日に公表された中教審中間報告素案は、「愛国心」を教育基本法に盛り込むよう提言した。そんな教育の推進には「不適格」な教員の排除。それが「金髪先生逮捕」という公安事件の背景にある。

新聞は警察発表を鵜呑《うの》みにした逮捕報道で「不適格教員排除」に加担し、あとは知らぬ顔だ。「知りたい　本当のことだけど新聞は」。

◆メディア法規制

報道被害者の声を聞こう

02年11月15日

「人権擁護法案」が七日、参院法務委員会で審議入りした。同じく継続審議になっている「個人情報保護法案」ともども、秋の臨時国会で成立するかどうかは、微妙な情勢だ。

メディア法規制をめぐっては、二〇〇〇年以来さまざまな論議が繰り広げられてきた。だが、その中で決定的に欠けてきたことがある。報道被害者は、法規制や両法案をどう思っているか。その声を聞き取り、メディアのあり方を考え直そうという姿勢だ。

「人権と報道・連絡会」は一一月二日、〈メディア法規制——報道被害者の声を聞く〉をテーマに、第一八回人権と報道を考えるシンポジウムを開いた。パネリストは、「桶川《おけがわ》事件」報道被害者・猪野憲一さん、「松本サリン事件」報道被害者・河野義行さん、「ロス疑惑」報道被害者・三浦和義さんの三人。いずれも、事件で大きな打撃を受けたうえに、メディアの「集団的過熱取材」にさらされ、誤報・虚報に苦しめられて、それと闘った体験を持つ方々だ。

猪野さんは、娘さんが殺された日から自宅を報道陣に包囲され、約三カ月間も〝軟禁〟状態に置かれた。警察は捜査の怠慢を隠すために虚偽の情報を流し、それを鵜《う》呑《の》みにしたメディアは興味本位な報道で娘さんに関する歪んだイメージを世間にばらまいた。猪野さんは「どんなに事実を枉《ま》げた報道でも、受け手は真実と思う。そのイメージは三年たった今もこれからも、私たち夫婦が死ぬまで消えないでしょう」と話した。

河野さんは、家宅捜索と同時に始まった誤報ラッシュ、メディア総ぐるみの犯人視報道の怖さを話した。

「記者は事件に結びつきそうな材料を探り、断片的情報をつないで、筋の通った犯人らしい記事に仕立てる。私を犯人と思い込んだ人たちから、一年近くもいやがらせ電話や脅迫が続いた。警察、マスコミ、報道を信じた世の中の人すべてが敵になる。その中でどうやって家族と私自身を守っていくかという闘いでした」

三浦さんは、報道陣に二四時間自宅を取り囲まれ、仕事も私生活も完全に奪われた。郵便物は勝手に開封され、取引先にもカメラが入り、スーパーでの買い物まで追われた。「疑惑報道」は保険金殺人にとどまらず、拳銃やヘロインの密輸、殺人組織の一員とまでエスカレートした。

「メディアは、人の生活も感情も迷惑も何も考えない。平気で人をだまし、ウソを書く。暴力団以上です」

拘置所から起こした約五〇〇件の対メディア本人訴訟は、時効を除くと八割以上が勝訴。それほどの虚報・誤報を浴び続ければ、だれもが「疑惑」を真実と思っても当然だ。

報道被害体験を共有する三人だが、法規制への考えは微妙に異なった。

猪野さんは、捜査や報道の問題点を取材し、事実を伝えた鳥越俊太郎さんのようなジャーナリストがいたことを重視する。「たとえごく少数でも真実を伝えてくれる記者がいるのなら、その取材の妨げになるような法規制には反対です」と言った。

河野さんは、「人権侵害の大もとは警察情報。マスコミだけに法規制の網をかけても報道被害はなくならない。よりいっそう警察情報だけの報道になるのではないか。個人情報保護法案も人権擁護法案も聞こえはいいが、中身は違う。国が一元的に情報管理するのは、個人にとって決して幸せなことじゃない」

と語った。

三浦さんは、「メディア法規制には、心情的には反対ですが、現実的には賛成せざるを得ません」として、そう考える理由を詳しく話した。

「松本の後も神戸、和歌山とひどい報道が続き、最近も北海道の恵庭《えにわ》事件、仙台（筋弛緩剤《きんしかんざい》を混入したとされた事件）と同じことを繰り返している。それでも、自分たちは国民の関心事に応《こた》えているだけだと言う。個々には良心的記者がいても、組織になるとひどい。第三者機関も何の役にも立っていない。一人でも報道被害者を入れた委員会があるか。どうして、報道被害を受けた人の声が届くシステムを作ろうとしないのか」

三浦さんも、現在の二法案には問題があると言う。だが「メディアが自主的に規制しないのなら、何らかの法規制をかけるしかない。もうそこまできている」と、訴えた。

私は三浦さんの意見に、ほとんどうなずきかけた。だが、法規制はいっそうメディアを悪くするだろう。

メディアに反省がない、「第三者機関」が役に立っていないという点では、猪野さん、河野さんも同意見だった。三人の重い言葉を、メディアに関わる者はどう受けとめるのか。

◆日朝交渉報道

日本人が向きあうべき問題は

02年11月29日

日朝首脳会談が開かれてから二カ月余。日朝交渉をめぐる報道は依然、日本人拉致《らち》問題一色に塗りつぶされたままだ。敗戦から五七年、日本の首相が植民地支配についてようやく「痛切な反省と心からのおわび」を表明した日朝首脳会談は本来、在日コリアンにとって、喜ぶべき出来事のはず。それが逆に「悲痛な思い」を味わわせる状況になっている。

九月二四日付『読売新聞』（大阪本社版）の「気流」欄に、《悲痛な思いの在日コリアン》のタイトルで五三歳の女性の投書が掲載された。

《金総書記が拉致を認め、拉致された人たちの生存状況に言及した時、日本人だとか在日外国人だとかという枠を超えて不信感や憤り、悲しみが交錯しました。被害者の家族の心情は、言葉で表現できる状態ではなく、私はそのご家族にどうしても謝罪しなければ、という気持ちでいっぱいになりました。両国の正常な関係を結ぶ第一歩でこんな痛みを味わわされることは

本当に残酷です》

同じく二七日付には、二四歳の在日朝鮮人男性の投書が載った。

《(拉致問題に触れ)改めて遺族の方々には心からお悔やみ申し上げると同時に、誠実な補償が行われるべきである、と私は思う。しかし、同時に日本の方々に考えていただきたいことがある。歴史に〈もしも〉と言うのはあり得ないが、「もしも日本による植民地支配がなかったら?」「もしも不幸な過去の歴史をもっと早く清算していたら?」拉致問題は起こりえただろうか。私の祖父母はともに日本に植民地時代に渡ってきたが、日本による補償はもとより謝罪の言葉すら聞けずに他界した》

メディアがこんな「もしも」の視点で日本の植民地支配の歴史、それに謝罪も賠償もせず、朝鮮を敵視してきた戦後史を日本社会に問いかける報道をしてきたら、次のような「やるせない思い」もなかっただろう。一一月六日付『朝日新聞』(東京本社版)声欄の六八歳の方の投書。

《拉致事件は私たち在日朝鮮人にとっても大変なショックです。被害者やご家族に申し訳ない気持ちです。同時に「犯罪国家」「自由のない独裁国」「飢餓の国」「平気でうそをつく」「金が欲しくて正常化を望んでいるだけ」「あんな国と国交を結ぶ必要がない」……朝から晩までそんな風に語る報道に、やるせない思いでいっぱいです。朝鮮学校に通う子供たちが伝統のチマ・チョゴリの制服を脱ぎ、焼き肉屋がテレビのニュース番組を避け、居酒屋で「あんな国はつぶれりゃいいんだ」などという声にも我慢をし、ただ耐え続けているのが私たちなのです》

こうした在日コリアンの声も、メディアはまともには取り上げない。ごくたまに投書欄で扱うだけだ。

「生徒を殺すぞ」「拉致するぞ」。こんな脅迫電話やメールが会談当日から全国の朝鮮学校に相次ぎ、生徒へのいやがらせも含めた被害は、一週間で三〇〇件近くに達したという。街からチマ・チョゴリ姿が消えた。

私は一一月中旬、立命館大学で「日朝国交正常化交渉を考える」をテーマに講演した。『週刊金曜日』九月二七日号(本書一五一頁)の私の記事を読んだ京都の韓国文化研究会の学生たちが招いてくれた。講演会とその後の交流会で、多くの在日韓国・朝鮮人学生の声を聞いた。

「日本人拉致も、かつての朝鮮人拉致も、どちらも許せない国家の犯罪。それなのに、メディアはなぜ日本人拉致のことしか問題にしないのか。強制連行の歴史を知らないのか」

「この講演会に日本人の友達を誘ったら、『最近、僕は右翼化しているから』と断られた。悲しかった」

「私はもうテレビも新聞も見たくない。だんだん反日的な気分になってくるのが自分でもいやだから」

「学内で講演会のビラをまいていて、脅されたり文句を言われたりした。ビラをまくのも命がけです」

私は講演で、日本の侵略と植民地支配の歴史、強制連行や日本軍性奴隷制度について話し、「日本人拉致被害者に向ける思いを朝鮮人拉致被害者にも向けよう。それぞれの国家に責任を取らせる運動を」と呼びかけた。講演の後、日本人学生が「恥ずかしいけど、日本のやったことをほとんど何も知らなかった。これから勉強します」と言ってくれた。

先の『読売』投書欄の朝鮮人女性は、《私は今回の拉致問題について、在日朝鮮人としてどう向きあうのかを、子供たちと話し合って行こうと思っています》と書いている。私たち日本人が向きあうべきものは何か。それを伝えるのがメディアの仕事だ。

◆拉致報道とバッシング

翼賛メディアの報道統制だ

02年12月13日

「9・17日朝首脳会談」から約三カ月。日本のメディア全体が、一つの巨大な記者クラブと化しつつある。情報源から提供された情報を鵜呑《うの》みにし、ただ無批判に流す横並び報道。情報をもらうため、情報源の意に沿わない取材や報道を回避する自己規制。その仲間に加わらず、独自の取材・報道をする者には、「協定破り」として制裁を加える陰湿さ。そうして流される膨大な情報は、見事に統制されて、「世論」を形成する。

この三カ月間の日朝国交正常化交渉をめぐる報道は、こんな日本独特の記者クラブ報道の弊害をすべて包含している。九月一七日以来、「拉致《らち》問題一色」「北朝鮮バッシング」の報道洪水は恐ろしいまでに画一化した。そのありようは、「日本拉致記者クラブ」とでも名づけたいほどだ。

この〝記者クラブ〟の情報源は、拉致被害者の取材窓口となっている「救う会」「家族会」と「拉致議連」、それに安倍晋三・官房副長官や外務省の「タカ派」だ。彼らは、拉致問題報道で今や最も売れる「ニュース商品」となった帰国被害者と被害者家族の情報・映像を独占し、その取材対応を通して、主要メディアをほぼ完全にコントロールしている。

メディアの側は、彼らの機嫌を損ねて情報をもらえなくなるのを恐れ、警察報道と同じパターンで、「救う会」や政府・外務省の見解を、無条件・無批判に流し続ける。中には、伝聞情報も少なからずあるのに、メディアは何の留保もつけず、「〇〇さんはこう言った」と拉致被害者から直接取材したかのように報じている。

『週刊金曜日』の「曽我さん家族インタビュー」に対するメディア一斉のすさまじいバッシングは、こんな状況の中で起きた。私自身は後述する疑問一点を除いて、このインタビュー報道と編集部の「私たちはなぜ掲載したのか」の説明を全面的に支持する。

私はむしろ、『金曜日』バッシング」というメディア現象を問題にしたい。この現象が今、日本のメディアが陥っている危機を象徴しているからだ。メディア自身による報道統制である。

日朝交渉をめぐる報道では、「救う会」や政府の決めた方向以外の取材・報道はしない、という「暗黙の報道協定」が結ばれていると思われる。その状況証拠を挙げてみよう。

たとえば、政府が拉致被害者五人を「永住帰国」に切り換えた問題。外交上の約束を一方的に破棄する重大な方針転換なのに、なぜメディアから疑問が出ないのか、異論が報じられないのか。「永住帰国」が家族の希望だとしても、それは一種の賭けにも似たリスクの大きい選択だ。

帰国した被害者が朝鮮に残してきた家族と再び会えなくなる恐れはないのか。政府間の約束を反故《ほご》にした結果、ほかにもいる可能性のある拉致被害者を、朝鮮側が今後、帰国させなくなる恐れはないのか。拉致問題に限っても、そんな当然の疑問の声が、封じられている。そればかりか、ようやく開いた日朝交渉の扉が、再び閉じられる恐れさえある。

もう一つ挙げよう。「9・17」以降、全国で多発する在日コリアン、とりわけ子どもたちに対する暴行・脅迫。それが、なぜ報道されないのか。これこそまさに重大な人権侵害であり、理不尽なテロだ。その実態を報道すると、「北朝鮮を利することになる」とでもいうのだろうか。

タブーを排した多様な報道・言論は、ものごとを民主主義的に解決していく基本のキだ。現在の日本は、メディアがあげつらう「言論の自由のない北」と、どれほど違うのか。『金曜日』バッシングは、「暗黙の協定」を拒絶し、ジャーナリズム本来の役割を果たす者へのねじれた嫉妬《しっと》、見せしめ懲罰だったと、私は思う。

それに便乗して『金曜日』報道を非難した小泉首相や福田官房長官の発言は、報道への露骨な権力介入だ。それを嬉々《きき》として伝えるメディアには、もはや「法規制」の必要もないと、首相らは思ったのではないか。

『金曜日』記事は、メディアが報じようとしない「もう一つの声」を伝えてくれた。そう考える私がただ一点、編集部に聞いてみたいことがある。

「曽我さん家族インタビュー」は、誌面を作る前に、まず曽我さんに会ってご家族の様子を伝え、会見内容を報道する意図を説明したうえで、本人の要望も取り入れた形で記事化した方がよかったのではないか。もし、そうした細やかな配慮をしていれば、報道統制を打ち破りつつ、「人権と報道」に関しても、逆に他メディアの無神経さを浮き彫りにする見事な報道になったと思うのだが。

2003

◆日朝交渉と拉致報道

植民地支配への沈黙を問う

03年1月10日

9・17日朝首脳会談から、まもなく四カ月になる。この間ずっと私の脳裡《のうり》を一つの問いがめぐり続けている。日本人・メディアは、なぜ植民地支配の問題に沈黙を続けるのか？

その答えのいくつかを、二〇〇二年末、都内で開かれた「植民地支配の責任を問う！『9・17』を語り在日朝鮮人の再生を目指して――12・14集会」で、さまざまな発言から得た。「平《ピョン》壌《ヤン》宣言」以降、在日の立場から発言・行動している「2003年在日宣言委員会」が主催した集会だ。

最初の発言者、作家の金石範《キムソクポン》さんは三〇年前、強制連行による奴隷鉱山労働を描いた『糞と自由と』（作品集『鴉の死』所収）で、私に植民地支配とは何かを教えてくれた人だ。敬愛する老作家は「過去の歴史をないものにしようとする動き」を指弾した。

「国交正常化は拉致《らち》問題のためではない。植民地支配が終わった時点で取り組むべきものだ。日本人は戦争も、被害者の立場でしか考えてこなかった。いつも、ひどい目にあったと言うばかりで、加害の自覚を持っていない。マスコミのやり方は歴史を全部カットするものだ。過去のない日本なんてない。歴史健忘症でさえなく、意識的に忘れようとする歴史抹殺《まっさつ》だ。日本人は、いつのまに正義のピュアな存在になったのか」

社会学者の鄭暎惠《チョンヨンへ》さん（大妻女子大学）は、在日朝鮮人へのいやがらせの背景にふれ、こう語った。

「日本政府は在日に対して何をしてきたのか。問題は植民地支配の清算だけではすまない。私たちは今、破綻《はたん》する日本社会のしわ寄せを受け、そのスケープゴートにされている。関東大震災でも朝鮮人はスケープゴートにされた。朝鮮人を殺さなければ自分が殺されると思った日本人がいた。私たちは、国なき民としての生き方を考えなければならない。9・17以降、日本国籍を取ろうとする人が増えているという。それでどんな忠誠を誓わされるのか。在日同化政策は、植民地支配を告発する人間をなくしてしまおうとしている」

作家の徐京植《ソキョンシク》さんは、平壌宣言で小泉首相が表明した「植民地支配への反省」に疑問を投げかけた。

「たとえば3・1独立運動（一九一九年）の後、一万人の朝鮮人にムチ打ち刑が科せられた。我々は、その痛みとともに生きている。また、たとえば治安維持法によって、植民地支配に抵抗した数千人の朝鮮人が弾圧された。小泉首相は、本当にこれらを反省しているのか。いや、それ以前に、日本人はこうした事実を知っているのか。知ってもいないことを反省できるのか。小泉首相の反省は空文句にすぎない。我々在日は、日本がやったことを問い続ける生き証人の役割を果たさねばならない」

　戦争を被害としてしか語らない。メディアは歴史を抹殺する。閉塞《へいそく》し、破綻する社会のスケープゴートを作る。植民地支配の反省すべき事実すら知らない。それが、在日の人々の目に映った私たち日本人の姿だ。

　フロア発言にも胸を衝《つ》かれた。

「私は、平壌宣言に在日の存在はないと感じた。私らはいったい何なのか。自分の人生、親の人生、その苦痛は何だったのか。言い分はいっぱいある。我々在日はこうである、という主張を堂々と出していこう」（集会を主催した男性メンバー）

「日本は朝鮮の南北分断に加担し、分断から利益を得た。自分たちが有罪であると認識することなく、拉致事件の背景も掘り下げず、北には血の通った人間がいないかのような報道ばかり繰り返すのは許されない」（名古屋市から参加した若い男性）

「私たち在日は、今も日本の植民地支配から解放されていない。日本に拉致されて来たまま。北も日本も似たようなものだ。私は日本人拉致被害者に、同じ立場の者として手紙を書いた。権力の道具にされず、北との自由往来を両国政府に求めてはどうかと」（川崎市の高齢の男性）

「拉致、拉致、拉致。毎日の報道に夜中、独り涙している。こんな日本に、子どもや孫を住まわせなくてはならない。だから、近くにいる日本人一人一人に、本気で私自身のこと、在日のことを話していこうと思っている」（町田市の高齢の女性）

「見えない存在」にされてきた在日朝鮮人を完全に抹殺する報道テロ。「消えたチマ・チョゴリ」が象徴だ。

　その在日の人々が「植民地支配の清算は、私たちがやるしかない。南北両政府にもメッセージを伝えて行こう」（主催者）と、動き始めた。

　それでもなお、日本人、マスメディアは、過去に沈黙を続けるか。

◆日朝交渉報道

外部の圧力で「記者職」剥奪

03年1月24日

「個人的なことは政治的なこと」というフェミニズムの合い言葉に依拠して、今回は私の「個人的なこと」を書かせていただきたい。

私は読売新聞社に入社して今年で満三〇年になるが、一月末で「編集記者職」を解かれ、「営業渉外職」に職種変更される。所属でいえば、メディア戦略局データベース部から、同局メディア事業部への異動だ。

この配転の目的は、ただ一点、私に「読売新聞記者」と名乗らせないこと。具体的に言えば、『週刊金曜日』「人権とメディア」欄に記している私の肩書き『「人権と報道・連絡会」世話人・読売新聞記者』から、「記者」をはずさせることである。これは、私の「憶測」ではない。私に異動を通告した部長が、明言した「事実」だ。

原因もはっきりしている。私が『金曜日』で書いてきた「日朝交渉報道」批判に関して、読売新聞社に外部からかかってきた「圧力」である。

二〇〇二年九月、私は『金曜日』に《「日朝交渉」報道／問うべきは日本の侵略責任》など二本の記事を書いた（本書一四七頁）。同月下旬、私は局次長から呼び出しを受けた。

話の要点は、①日朝交渉に関する私の『金曜日』記事に関し、関係者から社の広報部に「苦情」が来ている②広報部では「記者個人の言論の自由の問題」として対応したが、社内で問題になっている③『金曜日』の肩書きから「読売新聞記者」をはずし、「ジャーナリスト」に改めてもらいたい——というもの。局次長は、「わが社には、社論に反する内容を社外メディアで書くことを禁じた社内規定はなく、今のところ君を処分することはできない。しかし、このままでは、新たな規定が作られることになるかもしれない。そうなれば、他の読売記者も社外でモノを書きにくくなるのではないか」とも言った。

私は一瞬、「他の記者に迷惑がかかるとしたら」と思いかけたが、すぐに考え直した。「社論に抵触するような内容の記事は、ジャーナリストの肩書きで」という指示に応じれば、結局は新たな社内規定が作られたのと同じことになるではないか。私が社外メディアに報道批判の文章を書く際、「読売新聞記者」と明記しているのは、大手メディアに所属しながらメディアのありようを批判している私の立場を、読者にきちんと示す責任がある、と考えてきたからだ。同時に、新聞記者が「会社主義」にとらわれず、自由にモノを言う「新聞記者の言論の自由」を守りたい、との思いもある。私は、そんな気持ちを局次長に伝え、「肩書き変更」の意思はないと答えた。

それから二カ月後、「曽我さん家族インタビュー」記事をめぐって、『週刊金曜日』バッシング」が起きた。その直後、部の上司から「こういう時期だから、『金曜日』の記事は慎重に、日朝問題にはなるべく触れないで」と〝自粛要請〟された。私は、こういう時期だからこそ、「日本拉致《らち》記者クラブ」と化した報道のありようを問うべきだと考え、《拉致報道とバッシング／翼賛メディアの報道統制だ》（一二月一三日付、本書一六三頁）を書いた。

数日後、部長から呼び出された。『金曜日』のことですか」と聞くと、部長は「そうではない」と答え、「単なる人事」の話を始めた。だが、私の担当業務は、誰かが簡単に代行できるものではない。五年近く「明治」以来の紙面をデータベース化する仕事に携わり、その経験で培った専門知識・ノウハウで、実務責任者として重要キーワードの設定などデータベース作り全般をリードしている。

私は、部長が現場の実態を知らないのだと思い、私の異動に伴う業務上の支障を縷々《るる》説明して再考を求めた。さらに二日後、私の業務内容を詳細に記したメールを送り、「これを引き継ぐには最低でも半年以上の実務経験が必要」と再検討を要請した。

その翌日、部長は前言を翻《ひるがえ》し、この人事は「『金曜日』問題」をめぐる社上層部の判断だと、私に「編集記者職」から「営業渉外職」への変更を通告した。業務に支障をきたしてでもやらねばならぬ「対外向け」人事！

私は一〇年前、「ロス疑惑」報道批判と三浦和義さん支援に対する懲罰人事で、取材部門をはずされ、記事を書けなくなった。それは社内の問題だったが、今度は違う。「苦情」という形で圧力をかけてくる「関係者」への屈服。この「関係者」がだれかは想像に難くない。日本新聞協会の新聞倫理綱領には、こうある。

《新聞は公正な言論のために独立を確保する。あらゆる勢力からの干渉を排するとともに、利用されないよう自戒しなければならない》

◆拉致報道と植民地支配

〈被害者の立場〉の二重基準

03年2月7日

「被害者の立場に立てば、実名報道もやむを得ない」——これは、犯罪報道で被疑者の実名原則を主張するメディアの論理だ。最近は、「加害者の人権ばかりが尊重され、被害者の人権がないがしろにされている」として、少年事件でも、「実名による制裁」を主張するメディアがある。

「被害者の無念や遺族感情を思えば、死刑もやむを得ない」——これは、死刑制度に関する議論で、最も多く主張される死刑存続・容認論だ。

〈被害者の立場〉に立って考えるのは、ほんとうに大切なことだ。ただ、実名報道や死刑容認論で言われる〈被害者の立場〉には、疑問符がつく。被害の悲惨さ、「犯人の凶悪性」を強調するだけで、「事件はなぜ起きたのか」の背景追求はなおざりにされ、「犯人憎し」で終わる。〈被害者の立場〉だけに身を置けば、犯罪を生み出した社会の構成員としての責任や、「自分も加害者になる可能性」から目をそらしてしまえるのだ。

だから、情報の送り手も受け手も、容易に〈被害者の立場〉に立つ。立ったつもりで加害者を非難する。そうして、「事件」は終わり、やがて被害者の苦しみも忘れ去られていく。

だが、容易には〈被害者の立場〉に立たない場合もある。自分自身の加害性が問われるときだ。その典型が報道被害。メディアも、報道を信じた読者・視聴者も、なかなか報道被害者の立場に立っては考えない。

もう一つの典型が、侵略戦争や植民地支配による人権侵害だ。それがいかに残虐非道な犯罪であり、被害者がどれほど苦痛を訴えても、〈被害者の立場〉に立って苦しみを想像しようとはしない。それどころか、被害者の叫びを無視し、否定する。

一九九一年八月、一人の韓国女性が名乗り出て、日本軍「慰安婦」＝性奴隷にされ、心身をズタズタにされた過去を証言した。以来、在日も含めてアジア各地の被害女性が、次々とつらい体験を語り始めた。

当初、政府や軍の関与を否定していた日本政府も、敗戦後に関係者が処分し損ねた各種の公文書が次々発掘され、九三年八月、河野洋平官房長官が政府の直接関与を認めた。

それでも、〈被害者の立場〉に立つどころか、「加害の事実」も認めない人たちは、「加害の自覚」を持って歴史を見直そうとすることを「自虐史観だ」と非難し始めた。そうして、アジアから侵略と植民地支配の加害責任を追及されることに、ねじれた「被害者意識」を抱くようになった。

それを肥大させ、「国を愛する心を持て」と居直りのナショナリズム＝ゴーマニズムに転化させたのが、九六年末に発足した「新しい歴史教科書をつくる会」や石原慎太郎都知事ら極右政治家、そして彼らを後押しする右派ジャーナリズムである。

日本人拉致《らち》事件は、そんな人たちにとって、晴れて〈被害者の立場〉に立てるチャンスと見えたのだろう。「慰安婦問題」抹《まっ》殺《さつ》願望という「ナショナリズムの糸」で「つくる会」と結ばれる「救う会」が、拉致被害者・家族の取材窓口の立場を利用し、マスコミ報道を統制・支配した。

こうして「9・17」以降の拉致一色報道・「北朝鮮」非難大合唱は、日本人が「安心」して〈被害者の立場〉に立ち、「在日」も含めた朝鮮人全体を「加害者」として糾弾できる資格が与えられたかのように錯覚させた。

だが、この〈被害者の立場〉も、犯罪報道と同様、「犯人の悪質さ」断罪一本槍で、事件の背景、原因追求には向かわない。それを徹底すれば、日本の「北敵視」政策、朝鮮南北分断、さらには植民地支配へと、歴史に目を向けざるを得なくなるからだ。

しかも、この〈被害者の立場〉は、当の被害者自身の思いより、「反北朝鮮」の政治的意図を優先させる。

一時帰国のつもりで帰ってきた五人を「帰さない」という「家族会」の決定は、「救う会」が誘導したものだった（『週刊金曜日』444号・高嶋伸欣《たかしまのぶよし》氏のレポート参照）。被害者が朝鮮に残してきた家族と「今後」を話し合う機会は、今も奪われている。

さらに、「救う会」は一月二五日、被害者家族の訪朝反対を決めた。翌二六日、「家族会」は同じ方針を確認し、訪朝を希望していた横田《よこた》滋《しげる》さんに「当面、見送り」を同意させた。

ほんとうに〈被害者の立場〉に立って考えているのだろうか。

「つくる会」の「新しい公民教科書」に「北朝鮮による拉致事件を金正日《キムジョンイル》総書記が認めて謝罪した」との記述を盛り込む申請が二〇〇二年末、文部科学省から承認された。「慰安婦問題」にはいっさいふれないままだ。

新聞にも情報公開が必要だ

◆記者の「言論の自由」

03年2月14日

「個人的なことは政治的なこと」として、『週刊金曜日』444号（一月二四日、本書一六六頁）に、一月末で読売新聞の「編集記者職」を解かれた経緯を書いたところ、未知の本誌読者も含む多くの方から、お気遣いと励ましの電話、手紙、メールを頂戴した。この場をお借りし、お礼を申し上げるとともに、その後の経過報告を兼ねて、〈新聞記者の「言論の自由」〉について述べたい。

異動は通告通りに発令され、二月一日から私の職種は「営業渉外職」となった。一月末、部の送別会も開かれた。だが、二月に入ってからも、私は以前と同じ仕事を続けている。

異動通告の際、私は「私の仕事は極めて専門的で、簡単に引き継げるものではない」と部長に説明した。実際、私が発令通りに異動すれば、二〇〇二年一二月に始まったばかりの「昭和・戦後の読売新聞」データベース作りは大きな支障を来たす。このため、会社は「後任が、ある程度仕事に慣れるまで」と、私に超異例の「一カ月間引き継ぎ勤務」を命じた。

それなら異動を延期すればよいのに、そうはしない。外部の圧力に屈し、私に「読売新聞記者」を名乗らせないための「対外向け人事」。こんな新聞社の対応に、ある友人は、「そんなムシのいい話があるか。引き継ぎなんか拒否すれば……」と怒った。

しかし、私は過去の新聞のデータベース化という仕事を大切に思ってきた。日本の近・現代史を知るだけでなく、メディアの歴史を検証するうえでも貴重な資料の宝庫となる。

二〇〇二年秋に完成した「昭和・戦前編」は、新聞がいかに侵略戦争に加担してきたか、を学ぶ絶好の教材となった。職場には、私を信頼し、同じ思いでこの仕事に携わっておられる記者OBたちもいる。残された期間、私は全力を尽くすつもりでいる。

社内には、こんな私の思いを理解し、私が続ける「人権と報道・連絡会」の活動やメディア批判の言論を支持してくれる記者も少なくない。

その一方、『金曜日』などへの私の寄稿に、「メディアを批判するなら新聞社を辞めるべきだ」と言う幹部たちがいる。私は彼らに「日本社会のありようを批判するなら、日本人をやめるべきなのか」と反論してきた。部の送別会でも、異動の背景とともに、私のメディア批判への思いを話した。新聞を「権力の広報機関」ではなく、「権力監視機関」にし、記者の仕事を意義のあるものにしたい、それには、内部からの批判が必要だ、と。

『読売新聞』大阪本社版に、二〇〇三年一月一日から《個が動く会社が揺れる／内部告発の行方》と題した三回連載記事が載った。

国産偽装牛肉の焼却を内部告発した日本ハムの子会社社員、勤務先の違法カルテルを告発した運送会社社員、発がん性の疑いのある新薬発売を告発した製薬会社の研究者、信金の不正融資を告発した職員……。

連載は、これら《内部告発によって組織と対峙《たいじ》した人々の軌跡》をたどり、告発に対して複数の会社が行った配転、解雇などの「報復人事」の実態を明らかにして、「内部告発者保護法」の必要性を読者に訴えた。さらに、《組織の論理を超えて行動する人》たちの告発によって組織が浄化された実例も紹介し、《企業など組織の成熟度が問われる》と結んだ。

なりふり構わぬ利益追求、保身と事なかれ主義が蔓延《まんえん》し、モラル崩壊が進行する企業社会。現代日本を深く蝕《むしば》む「会社主義」の病に立ち向かい、病巣を摘発した人たちに共通するのは、自分の仕事への愛情と人間としての誇りだ。いい記事だった。

読みながら、内部告発を受けて取材する新聞記者のスタンスを考えた。「メディアを批判するなら、新聞社を辞めろ」と言うような記者は、内部告発をどんな姿勢で取材するのだろうか。告発者に「会社を辞めるべきだ」と言うのだろうか。いや、それ以前に内部告発者は、そんな会社主義の編集幹部に支配された新聞社を信頼し、情報を持ち込むだろうか。

日本の新聞社の多くは、記者の社外言論に大きな制約を課している。事前の届出や許可制、「社論」と異なる主張を公表した記者への人事などでの制裁。それが、新聞社の情報公開を阻《はば》み、「批判を受けつけない」権力的体質を作り出している。社会的責任の大きい新聞社だからこそ、情報公開が必要だ。それには、記者の「言論の自由」は不可欠だと思う。

二〇〇二年一二月二日付『読売』社説は、ある講演中止事件にふれて述べた。

《多様な主張を認め合ってこその、言論の自由である。意見が違うからといって、相手の言葉を封じようとしては、民主主義は成り立たない》

◆桶川事件国賠訴訟

メディアも報道の問い直しを

03年3月7日

《事件に遭わなければ、もっと家族で一緒に遊んだりして楽しく暮らしていけたのに……。被害に遭う前は、娘が「父さん、きょうはサンマ焼いてよ」なんて言ってた平凡な家庭です。それが奪われました》

二月二六日午後、桶川《おけがわ》事件国家賠償訴訟の判決を伝えるニュースを見ていて、二〇〇二年一一月、「人権と報道・連絡会」が主催したシンポジウムで被害者の父・猪野憲一さんが語った言葉を思い出した。続けて猪野さんは言った。「娘のために、上を向いて歩いていきたい」。顔を上げ、涙をこらえての闘い。それが、警察の捜査怠慢責任を問う、この国賠訴訟だった。

さいたま地裁は、「名誉毀損事件の捜査怠慢」に関しては警察の責任を認めた。しかし、「捜査怠慢と殺害との因果関係」については「警察官に殺害を予見し得たとは認められない」と、遺族の訴えの核心を退けた。

判決は、名誉毀損事件では警察が加害者に警告していれば、名誉毀損行為が断念された可能性はあった、と認定したが、そうした捜査活動をしたとしても殺害を断念させることができたと認める証拠はない、とした。形式論理の見本のような判決だ。

名誉毀損事件で警察が警告し、中傷ビラやいやがらせをやめさせる可能性があったのなら、それによって殺害を防げた可能性は、もっと高かったはずだ。いやがらせと殺害は別個の行為ではなく、ひと連なりの事件だからだ。にもかかわらず、判決は、名誉毀損と殺害を切り離したうえで、捜査怠慢と殺害の因果関係を示す証拠はない、と述べた。してもいない「捜査の結果」について、いったいどんな証拠を示せるというのか。

「殺害の予見可能性」についても、判決は「警察官は殺害を予見し得なかった」と述べた。だが、それは警察が「身の危険」の訴えに耳を貸さず、捜査を怠った結果ではないか。

埼玉県警自身、これを認めていた。事件から約半年後の二〇〇〇年四月、県警は事件の調査報告書を発表した。報告書は、被害者や家族が何度も「身の危険」を訴えたのに相手にしなかった一連の対応について《事態の重大性を認識せず、告訴事件の業務負担を回避しようとした意識によるもの。被害者の訴えに対する真剣な姿勢が全く欠如》と述べた。発表した西村浩司本部長は「名誉毀損の捜査をしていれば事件は避けられた可能性が高く、痛恨の極み」と陳謝した。

調書を改竄《かいざん》した上尾《あげお》署員三人の刑事裁判でも、浦和地裁判決(同年九月七日)は、《迅速な捜査を行っていれば、おそらくは、殺害という事態は起こらなかった》と指摘した。

警察も裁判所も認めていた「殺害と捜査怠慢の因果関係」。ところが、遺族が警察の責任を問い、国家賠償を求めて提訴したとたん、県警は前言を翻《ひるがえ》して「因果関係」を否定、組織ぐるみの保身に走った。そして、裁判所も国賠訴訟では「身内」をかばい、警察の言い逃れを容認した。

判決を伝えるメディアの論調は、遺族の心情に寄り添ったものが多かった。翌日の各紙社会面は、《無念、晴れなかった》=『朝日新聞』、《法の壁に「涙も出ない」》=『東京新聞』などの見出しで、原告の怒りを伝えた。中には、《被害者とともに、警察の置かれた状況も踏まえた、妥当な判決と言えるだろう》(『読売新聞』社説)と、警察への「思いやり」を示した「半権力的」論評もあったが。

この事件では、警察だけでなく、メディアのあり方も問われた。

事件直後から遺族に襲いかかった「集団的過熱取材」の暴力。警察は捜査の怠慢をごまかすため、被害者を中傷する虚偽情報をメディアに流した。警察を疑わない新聞はそれをチェックできず、週刊誌やワイドショーは「名門女子大生が風俗嬢に」などとスキャンダラスに虚偽報道を流し、被害者の写真を勝手に商品化して稼いだ。

猪野さんは、前記シンポジウムで「娘は犯人と助けてくれなかった警察に殺され、マスコミに傷つけられてもう一度殺されました」と語った。

警察・裁判所に概《おおむ》ね批判的な今回の判決報道には、そうした遺族の思いに触れた現場記者の反省がにじんでいる。だが、それがメディア全体の事件報道への自省につながらないのは、松本サリン事件と同じだ。

《警察不信は消えない》と題した『朝日』社説は、《警察の自浄力には限界がある》として、外部監察制度導入の必要性を訴えたが、メディアによる権力チェックについては、何も触れなかった。不信の消えない警察情報に依存した事件報道のあり方を、なぜ問い直さないのだろうか。

◆教育基本法「改正」答申

危険性を伝えない新聞報道

03年4月4日

米英がイラク攻撃を開始した三月二〇日、小泉首相の「攻撃支持」言明と並び、日本の将来に重大な禍根《かこん》をもたらしかねない出来事があった。中教審（中央教育審議会）が〈教育の憲法〉＝教育基本法「改正」を遠山文部科学相に答申したことである。

答申は、《制定から半世紀以上を経て（中略）教育の根本にまでさかのぼった改革が求められている》として、《21世紀を切り拓く心豊かでたくましい日本人の育成を目指す観点から》教育基本法「改正」を提言した。その最大のポイントは何か。「法改正」をキャンペーンしてきた『産経新聞』が露骨に要約している。

《答申には学校現場で一貫してないがしろにされてきた「国を愛する心」や「伝統文化の尊重」「公共への参画」などが教育理念として正当に位置付けられた》（二一日付「視点」）

同じ『産経』紙面で「新しい歴史教科書をつくる会」副会長の高橋史朗・明星《めいせい》大学教授は《二十一世紀の教育目標として、日本の伝統文化を基盤とした『日本人の育成』を掲げた点は評価できる》と述べている。

これだけで、答申が日本の教育をどんな方向に進めようとしているかがよくわかる。《個人の尊厳を重んじ、真理と平和を希求する人間の育成を期するとともに、普遍的にしてしかも個性ゆたかな文化の創造をめざす》と宣言した同法の基本精神の廃棄である。憲法「改正」や有事法制と連動した「戦争のできる国作り」の一環であることは明らかだ。

政府は、答申を受けて法改正案をまとめ、今国会提出を目指すという。

イラク攻撃報道一色となった二〇日夕刊と二一日の朝刊各紙。その窮屈な紙面の中でも、『産経』（朝刊のみ）は、九面トップと一二面全ページを使い、《戦後教育の転換》などの見出しで答申内容を大々的に報じ、歓迎の論陣を張った。

二〇〇〇年一一月に「責任ある自由を柱に新教育基本法を」と中教審を先取りした『読売新聞』も、夕刊四段の初報に続き、朝刊も六面四段と二三面全ページを使い、《戦後教育抜本見直し》《「個と公」など本誌提言と一致》などの見出しで詳報、答申要旨も掲載した。

一方、「改正」に批判的な『朝日新聞』は、夕刊二面・社会面四段、朝刊第三社会面トップで報じた。ただ、内容は《盛り上がり欠いた議論／法案提出、先行き不透明》など中教審の議論の経過や今後の見通しが中心。答申への踏み込んだ検討はなく、扱いも「推進派」より小さかった。同じく批判派の『毎日新聞』は夕刊一面五段で報じたが、朝刊には記事はなく、答申要旨も載せなかった。

この答申が、どれほど「主役の子ども」を無視したものであるか。「子どもの権利条約」(児童の権利に関する条約)に照らしてみよう。

条約一二条は、「児童に影響を及ぼすすべての事柄について自由に自己の意見を表明する権利」を子どもに保障している。教育基本法「改正」は、子どもに重大な影響を与えるものだが、これについて子どもに意見を表明する場は保障されたのか。

第一四条は「思想、良心及び宗教の自由についての児童の権利を尊重する」。また、第三〇条は「種族的、宗教的若《も》しくは言語的少数民族」が存在する国において、少数者の子どもたちが「自己の文化を享有」する権利を保障している。

「日本の伝統・文化の尊重」や「国を愛する心」を持てという答申は、子どもの内心に踏み込んで、思想、良心、宗教の自由を束縛するものではないのか。そればかりか、日本の学校で学ぶ在日外国人の子どもたちに、「たくましい日本人」になれと、同化を強要するものではないか。

私は、中教審委員や答申を賛美した『産経』『読売』の記者たちに聞いてみたい。あなた方は、日本が一九九四年に「子どもの権利条約」を批准したことを知っていますか、と。

『朝日』『毎日』の批判にも、「子どもの権利」の視点はなかった。両紙は二三日付社説でこの問題を論じたが、『朝日』は《改正論議は不毛だ》、『毎日』は《改正は喫緊《きっきん》の課題ではない》など、正面から「改正」の危険な本質を伝えようとはしなかった。

答申を前に三月七日、都内で開かれた「教育基本法を考える市民公聴会」で、一九歳の学生が発言した。

「今の子どもたちにとって、日本は愛すべきものとして映っているとは思えません。自然を破壊し、階層差を広げ、政治は腐敗し、歴史の清算もできず、いつもアメリカのいいなりになっている日本。それでもこの国を愛せというのですか」

改革すべきは〈大人の社会〉だ。

◆「恵庭ＯＬ殺人」事件

「可能性」の積み重ねで有罪判決

03年4月18日

「有罪、有罪です。懲役一六年」。三月二六日午前一〇時過ぎ。札幌地裁八階二号法廷から飛び出してきた記者たちが、一斉に携帯電話に叫んだ。報道陣にも意外だったのだろう、声や表情に困惑の色がにじむ。廷外で朗報を待っていた被告の支援者から、「エーッ」と驚きの声が上がった。

二〇〇〇年三月、北海道恵庭《えにわ》市で起きた女性会社員殺害事件で殺人などの罪に問われた元同僚女性に対し、札幌地裁（遠藤和正裁判長）は懲役一六年（求刑・同一八年）を言い渡した。私は公判記録や裁判報道を読み、公判も何度か傍聴して無罪を確信していた。信じがたい判決だった。

私はこの事件について、『週刊金曜日』でたびたび捜査への疑問や報道の問題点を指摘してきた。被告Ｏさんは、事件直後からの警察の見込み捜査、犯人視報道に対して冤罪《えんざい》を訴え、裁判でも一貫して無実を主張している。

四五回に及んだ審理で、検察側は被告と事件を結びつける直接的な証拠を何一つ示せなかった。それどころか、ずさんな捜査実態、被告に有利な証拠の隠蔽《いんぺい》などが法廷で次々明るみに出た。捜査段階で警察情報を鵜《う》呑みにして犯人視報道を繰り広げたメディアも、公判が進むにつれ、検察側が描いた「事件の構図」のほころびを伝えるようになっていた。

刑事裁判では、犯罪事実について「合理的な疑いを差し挟む余地のない」立証が要求される。この事件で弁護側が指摘した「合理的な疑い」は多数・多岐にわたる。有罪を立証・認定するには最低限、以下のような「疑い」の解消が求められていた。

①検察は、被害者が被告の車の中で殺されたとするが、その車内から被害者の指紋、血痕や体液、争った形跡が一切発見されないのはなぜか②被害者より体格・体力の著しく劣る被告が、抵抗の痕跡《こんせき》もなく被害者を殺し、雪上に靴跡も遺体を引きずった跡も残さずに運ぶことは可能か③一〇リットルの灯油をかけて火をつけ、すぐ現場を離れた場合、遺体が炭化するほど焼損するか④被告が犯行後、被害者のロッカーに戻したとされる携帯電話が事件翌日、被告が会社内にいた時間帯に一分余り「電源断またはエリア外」になったのはなぜか⑤事件当夜、現場付近に十数分間停まっていた不審な車二台の目撃証言（検察は隠していた）をどう説明するのか⑥被告が警察・メディアに常時監視・尾行されていた時期に、監視の目を盗んで被害者の遺品を焼却することは可能か⑦逮捕の根拠とされた「被告以外

の従業員全員のアリバイ認定」が、四人も未確認だった事実をどう説明するか。

他にも動機、殺害方法、犯行時刻、犯行に要する時間など、検察立証には重大な疑問が指摘されていた。

これらの「疑い」に、判決は驚くべき手法で対処した。「疑い」の大半を「可能性がある」という言葉で退けるか、または黙殺したのである。

同日の『北海道新聞』夕刊に掲載された判決要旨には、「被告が犯人である可能性を疑わざるを得ない」「可能性はある」「可能である」「可能性が高い」「十分にあり得る」「推認できる」「説明可能である」といった表現が、実に十数カ所もあった。

判決後の記者会見で、房川樹芳《ふさかわきよし》・主任弁護人は「すべて可能性だけの認定。状況証拠の積み重ねですらない。判決は、検察官が言っていないことまで可能性という言葉で説明した。唖然《あぜん》とするしかない」と述べた。

メディアも、判決報道としては超異例の批判的論調。『北海道新聞』は《立証水準引き下げ》の見出しで解説記事を掲載、道内発行の各紙夕刊に掲載された専門家談話は、判決に疑問を述べるものが大半を占めた。

《判決は「合理的な疑い」が残るのに「有罪の印象」で被告を犯人にしたのではないか》（渡辺修・神戸学院大教授＝『朝日新聞』）

《裁判官は検察側の主張を是とする「推定のなだれ現象」を起こしているように感じる》（飯野海彦・北海学園大助教授＝『毎日新聞』）

《被告人が犯人ということを前提にして、それを妨げる事実はないという形の認定だ》（井戸田侃《いとだあきら》・大阪国際大教授＝『北海道新聞』）

遠藤裁判長は審理が終盤に入った二〇〇二年四月、裁判を引き継いだ。だが、その時すでに事件当時の報道で、「有罪の印象」を抱いていたと思われる。量刑理由で《実名報道による社会的制裁を受けたこと》を情状の一つに挙げたことからも、それが「推認」できる。「有罪推定」犯人視報道の追認。この裁判官が無罪推定の法理を知らない「可能性」はきわめて高い。

◆「国鉄改革」報道検証

権力と一体化の無残なモデル

03年5月9日

長編記録映画『人らしく生きよう―国労冬物語』（ビデオプレス制作）を、ご覧になっただろうか。冒頭、神奈川県川崎市の「国鉄新鶴見人材活用センター」跡地のシーン。以前ここに収容された国労闘争団の最年長者、佐久間忠夫さんが淡々と語る。

「嫌がらせして見せしめで、権力の言うことを聞かない人間はやがてはこうなって職にはつけないという見せしめをやられたと思うんだよね」

運転士歴二五年の佐久間さんに草むしりをやらせた「人材活用」センター。四月、その佐久間さんに初めてお会いした。「国鉄闘争女性応援団」が主催した「反国労キャンペーンから20年――マスメディアを問うシンポジウム」でのこと。つらい、腹の立つ体験のはずなのに、にこやかに話された。その笑顔に「人らしく」生きる証《あかし》しを見る思いがした。

二〇〇二年末、この集会にパネリストとして参加を求められてから、「国鉄分割・民営化」に関するさまざまな資料、本、報道に目を通した。メディアが国家の政策に呼応し、これほど大規模な人権侵害報道を行った例はないのではないか。そう思った。

中曽根政権下の一九八一年三月、いわゆる「土光《どこう》臨調」が発足してから、JRがスタートする八七年四月までの六年間に、メディアは何をしたのか。その概略を振り返ろう。

第一に、問題の本質をそらした国鉄赤字キャンペーン。土光臨調が始まると、政府と臨調のリークをもとにした大々的な「赤字報道」が繰り広げられた。国鉄の公共交通の役割を無視し、大都市中心の私鉄との単純な比較で赤字経営を断罪した。赤字の大きな原因が新幹線建設費だったことも隠し、民営化と地方路線切り捨てやむなしの世論を形成した。

第二に、「職場荒廃、人員余剰」キャンペーン。八二年一月、『朝日新聞』が「ブルトレのカラ出張・ヤミ手当」を〝スクープ〟すると、『読売新聞』『産経新聞』が加わり、「ヤミ手当・ポカ休（予告なしの休暇）・ブラ勤（仕事のない勤務）」摘発報道合戦が始まった。関連記事はこの三社だけで五カ月間に二〇〇本以上。国鉄労働者の低賃金や職場実態を無視した一方的非難は、「親方・日の丸」「人余り職場」への反感を煽《あお》り、民営化と人員削減は当然とのムードを作った。

第三に、国労への集中攻撃。「職場荒廃」批判報道の矛先は、やがて国労に向けられ、「職場規律の乱れは国労の職場支配が原因」とする報道が繰り返された。赤字の責任も国労に転嫁され、「国鉄改革を妨害する国労」のイメージが広範に流布《るふ》された。

「国鉄不祥事」「国労非難」なら何でも記事になる。そんな集中過熱報道が展開された後の八二年七月、臨調の「分割・民営化」答申が出され、国鉄解体へのレールが敷かれた。

実は、土光臨調のメンバーには『朝日』『読売』『産経』『日本経済新聞』『時事通信』『NHK』の幹部が参加していた。臨調・メディア合作の国鉄改革！　それは、何をもたらしたか。

地方路線は次々廃止され、過疎化に拍車がかけられた。解消されるはずの赤字は増え続け、結局二三兆円の借金が国民負担＝税金で処理された。約二八万人の国鉄職員のうち八万人がリストラされ、輸送の安全性も切り捨てられた。膨大な国鉄資産は新たな利権を生み、汐留《しおどめ》貨物駅跡地などが底値で大企業に売却された。

だが、メディアは、こうした「国鉄改革」の暗部を伝えはしなかった。

二〇万人いた国労組合員は、ＪＲへの採用差別攻撃で二万人に激減した。抵抗した組合員は職場を追われ、解雇された。中曽根元首相は九六年、雑誌の取材に「国労が崩壊すれば、総評（日本労働組合総評議会）も崩壊するということを明確に意識してやった」と豪語した。

当時の国労批判の一つに「勤務中に入浴」という報道があった。佐久間さんはシンポジウムで、「風呂に入らなければ家に帰れない。仕事で汚れるのだから、勤務時間に入浴するのは労働者の権利です」と語った。

パネリストの鎌田《かまた》慧《さとし》さんは、「記者は労働現場を取材せず、人権意識もなく、自分の記事がどういう意味を持つかも考えなかった」と指摘した。

同じく辛淑玉《シンスゴ》さんは、「今の反北朝鮮キャンペーンは、国労つぶしで成功したやり方がモデル」と話した。

権力加担に無自覚な報道。反国労キャンペーンは、権力との一体化の道を歩むメディアの無残なモデルだ。

「国鉄改革」は、人権無視リストラ社会のモデルにもなった。だが、私たちには別のモデルがある。今も裁判で闘い続ける佐久間さんら、国労闘争団の「人らしく生きよう」だ。

◆「記者職剥奪」問題

「外部の圧力」は「想像の産物」か

03年5月9日

私が『週刊金曜日』444号（一月二四日、本書一六六頁）に書いた《外部の圧力で「記者職」剥奪《はくだつ》》の記事に対し、読売新聞東京本社広報部長の楢崎憲二氏が、《読者の混乱を招いた「記者」の肩書き》と批判されている（同452号〈三月二一日〉）。

楢崎氏は、私の日朝交渉報道批判の記事に関する「社外からの苦情」について《山口氏がほのめかす背景などなにもなく、「圧力」とか「関係者」とかは氏の想像の産物というほかかない》と断じ、《読売記者を名乗る者が、読売の社説批判を公表することで、読売の読者に混乱を与えている》と述べた。

読者に混乱？　苦情電話の主たちは《読売新聞記者という肩書きで、読売新聞の社説を批判している。おかしい。納得できない》と言ってきたという。この苦情には別に「混乱」などない。記者が自社の社説を批判するのはおかしい、と言っているだけだ。その妥当性には異論があるが、趣旨はごく単純明快ではないか。

問題は「苦情」の意図だ。記事を「納得できない」と、掲載誌でなく読売新聞社に言ってくるのは、読売新聞社として「何とかしろ」ということではないのか。

そんな電話が数本あった。私はそこに組織的動きを感じるが、それだけなら単なる「苦情」で終わったかもしれない。しかし、楢崎氏は私の上司にそれを伝え、上司は私に読売記者と名乗らないよう求めた。私がそれを断ると、「記者職」から「営業渉外職」に配転した（なぜか楢崎氏は、この人事について一言もふれない）。その結果、「苦情」は現実に「圧力」として機能した。これが「想像の産物」か。

楢崎氏はまた、《「大手メディアに所属しながら大手メディアのありようを批判している私の立場」》は、《ごく普通の読者》にとっては《奇異に映るだけ》と言う。だが、読売新聞と『金曜日』を併読する読者は、メディア批判を中心とした私の連載を読んで「読売に、こんな考えの記者がいるのか」と受けとめてくれている。「普通の読者」は、「人権と報道・連絡会」世話人の立場も明記した私の報道批判を、読売の「社論」と混同したりするだろうか。

楢崎氏はさらに、《自社の社論形成、紙面展開にどう関与したのか》を書かなければ、《読者への責任はまっとうできない》とも言う。だが、私は一月二四日付記事に、「ロス疑惑」報道批判などに対する懲罰人事で取材部門をはずされ、記事を書けなくなったと書いた通り、すでに一〇年余も、私は「紙面展開」に直接、関与できなくなっている。

読売新聞社の社論は「だれが、どのように」形成しているのか。一九九四年一一月に発表された「読売憲法改正試案」は、その二年前に社外有識者による「憲法問題調査会」が行った提言を土台に、社内十数人のチームが作ったものだ。その過程で、一般の社員が意見を述べ、「社論形成に関与」する場は設けられただろうか。他の社論も大半は論説委員会などが「形成」し、その結論に沿って「紙面展開」されてきた。

だが、当然ながら読売新聞社員全員が、憲法・教育基本法「改正」、植民地支配の正当化、英米のイラク武力攻撃、人権侵害の犯人視報道などに賛成しているわけではない。少なくとも私は、それらに反対だ。その意見を自分の「立場」を示して公表することがなぜ、《読者を欺くもの》なのか。楢崎氏の主張に「社内の立場」を感じても、「ジャーナリストの立場」をうかがえないのが残念だ。

◆「三浦さん万引き」報道

冤罪被害者への理不尽な攻撃

03年5月23日

五月七日夕、三浦和義さんが都内の書店で「雑誌を万引きした」として逮捕された「事件」で、メディアは再び三浦さんに対して重大な人権侵害を行った。仮に「容疑」が事実であった場合でも、テレビがニュースで繰り返し取り上げ、全国紙が社会面で報じるような事件ではない。しかも、「容疑」は事実ではなかった。

七日夜から八日朝にかけ、テレビ各局は、「ロス疑惑」関連の映像を流しながら「三浦容疑者、万引きで逮捕」と何度も報じた。八日のワイドショーは、「あの三浦容疑者が」と面白おかしく「事件」を取り上げた。

新聞も、各紙が八日朝刊の全国版社会面で《三浦元社長、万引き容疑／「レジ面倒」雑誌清算せず》(『朝日新聞』)などと報じた。記事の扱いは、『朝日』三段、『産経新聞』三段横見出し、『毎日』『日本経済新聞』二段、『読売新聞』『東京新聞』一段。

報道は、いずれも完全に三浦さんを万引き犯人と断定したものだった。

たとえば、『朝日』記事はこうだ。

《警視庁によると、三浦容疑者は当初の調べに「6階のレジで支払うつもりだった。有名なおれが万引きするわけないだろう」などと否認していたが、その後「書店のレジに並ぶのが面倒くさかった」と容疑を認めたという》——どの読者も、「万引き」を事実と信じ、「なんと傲慢《ごうまん》な」と思っただろう。この「有名なおれが……」発言は各紙に掲載された。

だが、各紙記事を注意深く読んでいくと、これがなぜ「万引き事件」になるのか、首を傾《かし》げてしまう。

『読売』は《雑誌を手にしたまま六階のCDショップに向かった男を警備員が取り押さえ、警視庁赤坂署員が窃盗の現行犯で逮捕した》と書いた。これだけ読むと、いかにも万引き犯だ。しかし、複数の他紙記事によると、警備員が三浦さんを呼びとめたのは、「CD店のレジの前」だった。また、その時、現金も約二五万円持っていた。つまり、「六階のレジで支払うつもりだった」という主張に矛盾はない。三浦さんは、その事情を釈放後、自分のホームページに次のように詳しく書いている。

《当該書店のレジが込んでいた等のことから、階上のレジでも本の代金を支払えるものと考えたことで、階上のレジに行き、本をレジ台に置き財布を出して支払おうとしたところを、階が異なることから私服姿のガードマンに万引き犯と思われたようで今回の経緯に至りました》

要するに、「同じ書店内」との勘違い。取り調べでも、三浦さんはその経緯を説明した。財布を出して代金を払おうとする三浦さんをCD店のレジ付近にいた人たちが見ていたことも確認され、検察は「立件できる事件ではない」と八日、釈放した。

むしろ不自然なのは、警備員の行動だ。九日付『朝日』によると、この警備員は早い段階から三浦さんに気付き、「気になっていた」そうで、「レジで代金を払わずに店外に出て、同じビルの上の階に向かった」三浦さんの「背後にぴったりついて追った」という。だが、警備員はなぜ三浦さんが書店を出る段階で声をかけず、CD店のレジで代金を払おうとした時に「取り押さえ」、警察に通報したのか。「有名なおれが……」発言も、警備員が「発信源」だったようだ。三浦さんは「僕はそんなことを言わないし、言うはずもない」と否定している。この警備員は、「有名な」三浦さんを捕まえたかったのだろうか。

警察も、通常なら任意取り調べで十分な「容疑」で逮捕したうえ、メディアに広報し、三浦さんが万引きを認めたかのようにリークした。

メディアはそれを鵜呑《うの》みにし、嬉々《きき》として実名犯人視報道した。中には、「ロス疑惑の銃撃事件では無罪が確定しましたが、それも信じられなくなります」などと悪質なコメントを流したワイドショーもあった。

八日夜、三浦さんは報道各社に「僕自身、不注意な点があった」としたうえで事実経過を記したファックスを送った。しかし、釈放を伝えた九日各紙朝刊は、「容疑を認め反省している」と、三浦さんが万引きそのものを認めたかのように報じた。これはもう、意図的な誤報というべきだ。

今回の報道は、「公人などを除き、微罪は実名報道しない」と定めた各社の報道基準にも違反している。三浦さんは私人である。「有名人」だとしても、それは警察・メディア合作冤罪《えんざい》の結果だ。メディアは、自らが「有名」にした報道被害者を一生「さらし者」にしたいのだ。三浦さんは、反省なきメディアに対し、再び民事訴訟で反撃することを考えているという。

◆裁判員制度

予断を招かない事件報道を

03年6月6日

裁判員制度――殺人など重大な刑事事件の裁判に一般市民から選ばれた「裁判員」が加わり、職業裁判官と対等な立場で審理して、有罪・無罪や量刑を決める新しい裁判制度だ。

その二〇〇四年法制化を目指し、政府の司法制度改革推進本部が三月に出した試案（たたき台）の取材・報道に関する部分に対し、「表現の自由を制約する恐れがある」として、メディア界が強く反発している。

五月一五日には、日本新聞協会(新聞協会)、日本民間放送連盟（民放連）が、試案に対する批判的「見解」を発表、一六日に行われた「推進本部」のヒヤリングでは、報道機関代表がこぞって試案の見直しを求める意見を述べた。

試案のうち、報道機関が再検討を求めているのは、①裁判員等の個人情報の保護②裁判員等に対する接触の規制③裁判員等の秘密漏洩《ろうえい》罪④偏見報道禁止等の規定の四項目。

①から③は、裁判の取材に関する問題だ。試案の趣旨を要約すると、①裁判員に関する個人情報はすべて非公開、その公表も禁じる②担当事件に関して裁判員に接触することを禁じる③裁判員が評議の経過や内容を漏らしたり事実認定などに関する意見を公表したりしたときは、懲役または罰金に処する――という内容。

これに対して新聞協会「見解」は、①個人情報をすべて非公開にするような制度設計にしないよう見直しを②裁判後まで接触禁止の網をかけるべきではない③守秘義務が課せられる内容の範囲や期限を明確に――などと要請した。民放連や日本雑誌協会は、より強く「報道の自由」を要求、②に関して「公判中の接触」も求め、③の守秘義務についても「裁判終了後までも裁判員の意見表明を規制すべきではない」と主張した。

④の「偏見報道禁止」に関する規定は、日常の事件報道全般に関するもの。試案の要点は「裁判の公正を妨げないため、報道機関は事件の報道に当たり、裁判員に事件に関して偏見を生じさせないよう配慮せよ」という内容だ。これに対して新聞協会「見解」は、「表現の自由や適正手続きを定めた憲法の精神に触れる疑いがある」と、全面削除を求めた。

以上の論点について、私も「見解」を述べたい。「試案」の趣旨には理解できる部分もある。だが、「言論の自由」の立場から、それは法律で決めるべきことでなく、メディアの自主規制に委《ゆだ》ねられるべきだ、と思う。

ただ、現在のメディアのありように目を向けると、こんな「正論」を述べているだけではすまない。警察情報を鵜呑《うの》みにした実名による犯人視報道。被疑者・被害者の私生活を興味本位に暴き立てるプライバシー侵害。事件関係者に対する「集団的過熱取材」。裁判員制度のもとで、こんな取材・報道が行われたらどうなるか。次のような状況が思い浮かぶ。

――市民の多くが犯人視報道の影響を受けていて、予断や偏見をもたない裁判員を選ぶ「選定手続」が容易に進まない。ようやく選ばれた裁判員にメディアが競って「接触」を図り、ワイドショーなどで審理内容が興味本位に報じられる。裁判後も、被告や他の裁判員に対する中傷まじりの「意見」が週刊誌に掲載される。

こんな事態にならない、という保証はあるだろうか。新聞協会「見解」は、次のように述べている。

《確かにメディアは捜査当局の発表に流されたり、無実の市民を容疑者扱いしたりするなどの誤りも過去に例がないわけではない。しかし、裁判員制度の下では、先入観を捨て、あくまでも法廷に現れた証拠と法に基づいて判断するよう裁判員を適切に導くのが、裁判官をはじめとする法律専門家の役目であるはずだ》

過去に例がないわけではない？　これはまさに現在の日常報道の問題だ。しかも、裁判官さえ報道に影響され、しばしば「法廷に現れた証拠と法」に基づかない判断を下している。

その典型が「ロス疑惑」一審判決だが、つい三月にも、「恵《え》庭《にわ》事件」の一審判決が「報道による社会的制裁」を量刑判断で明記し、報道による「先入観」を自己暴露したばかりだ。

その点、五月二三日付『朝日新聞』社説は「試案」を批判しながらも、同時に《犯罪報道のあり方を見直すこと》を提唱。《報道側が自らルールを作り、裁判員への節度ある取材を心がけること》《偏見報道の問題も、報道機関が自主的な取り組みで応えることが必要》などと指摘した。

『朝日』はメディア界全体に呼びかけ、この主張を実現してほしい。その最初の課題は、裁判員の予断を招く犯人視報道をやめることだ。

◆有事＝戦時三法成立

「大政翼賛」の道を歩む大新聞

03年6月20日

「有事法制三法」と称する戦時体制法が六月六日、成立した。もし今、子どもに憲法九条の意味を聞かれたら、どう答えればよいのだろうか。

これまでも、「陸海空軍その他の戦力は、これを保持しない」という規定と、自衛隊の関係を説明するのは至難の業だった。今度は「国権の発動たる戦争」を永久に放棄するという規定と、政府が「国権の発動」として戦争を行う「有事法制」の整合性を説明しなければならない。

私には、そんな説明は不可能だ。だが、「備えあれば憂いなし」という「子どもだまし」で、衆院の九割、参院の八割の議員(大人?)をいとも簡単に丸め込んだ小泉首相なら、悩むこともなく答えそうだ。「そう、憲法が間違っていたんだよ。だからなるべく早く、憲法の方も戦争ができるように変えるからね。備えあればうれしいな!」とかなんとか。

この「有事三法」成立で小泉首相が論功行賞を出すとしたら、候補者はだれだろう。そのままでは飲み込みにくい政府案を、中身は変えず「基本的人権の明記」という砂糖でくるみ、飲みやすくした民主党か。タイミングよく核不拡散条約脱退を宣言し、核保有まで示唆して「北の脅威」を煽《あお》りやすくした金《キム》正日《ジョンイル》政権か。

いや、なんといっても最大の〝功労者〟は、マスメディアだろう。

「北の脅威」を毎日、あきれるほど繰り返し、「備えあれば憂いなし」の標語を補強して「有事法制」の本質をカムフラージュした。さらに、世界最大の大量破壊兵器保有国・アメリカが、「大量破壊兵器の破棄」を口実にイラク人民を大量破壊兵器で虐殺しても異議を唱えず、「武力攻撃事態」の本質を伝えなかった――。

小泉首相は「大政=体制翼賛」化したメディアを高く評価したに違いない。

とりわけ大きな役割を果たしたのは、『朝日新聞』と『毎日新聞』だろう。もともと改憲論の『産経新聞』や『読売新聞』が賛成しても、大勢に影響はない。だが、『朝日』『毎日』は違う。「護憲」「中立」のイメージがある。その両紙が民主党案を基本的に支持したことは、「有事法制」に〝市民権〟を付与したに等しい。

『朝日』は四月二七日付社説で、《民主党案は土台になる》と主張した。それを読んだ、さいたま市の女性から、《「備えは要る」とのことですが、その「備え」がアジアの国々、特に北朝鮮に対して脅威になりませんか。(中略)日本が戦争のできない国であり続けることは、何か不都合なことがあるのですか》との投書が寄せられた(五月八日付「声」欄)。

これに対し、一二日付社説は、《いざという時は万一にもないと言い切れるでしょうか。とりわけ北朝鮮問題をかかえ、最小限の備えさえ必要ないとは考えにくいと思うのです》などと答えた。小泉流「備えあれば憂いなし」論と、どこが違うのか。

『毎日』も五月一日付社説で、《国民の権利の保障と文民統制をより明確化したことは評価できる》と民主党案を評価。さらに一四日付社説では、《今回の修正協議で、民主党は野党第1党としての責任を果たし、与党側は粘り強い折衝と譲歩でそれに応えた》と政治談合を賛美した。

六月七~八日、各紙社説は「有事三法」成立について論評。『朝日』は《政治の質が問われる》、『毎日』は《議論の肉付けはこれからだ》として、それぞれ「残された課題」を論じた。『読売』は《法治国家の体裁がやっと整った》と歓迎し、《北朝鮮に毅然《きぜん》として対応するメッセージにもなろう》《集団的自衛権の問題も決着すべき時期に来ている》と述べた。

本土の「翼賛紙」と違い、沖縄の二紙は「有事法制」の本質を明確に指摘した。『琉球新報』は《侵食される平和憲法／米追従の武力外交改めよ》と題し、《憲法の精神に立ち返れ》と主張。『沖縄タイムス』は《「戦時」招かない努力こそ》と題して、《戦時下ではすべてが軍事優先であり、軍隊は結局は住民を守らない》という「沖縄戦の尊い教訓」を訴えた。

韓国では、『朝鮮日報』九日付社説が述べた。《日本帝国主義の記憶に新しいアジア周辺国が、少なからず不安と懸念を表明してきた「有事法制」を、盧《ノ》大統領の訪日一時間前に日本国会で可決したのは、現在の日本の指導層が韓国と盧政権をどのように見つめているのか、実感させる内容だ》（日本語ホームページより）

韓国でもこうだ。『読売』が言う「北朝鮮へのメッセージ」が、もしブッシュの「先制攻撃」に向けた日本の準備宣言と受けとめられたら……。まさに「有事」を招く戦争誘発法だ。

◆裁判員制度と報道再論

「国民の関心」は「知る権利」か

03年7月4日

刑事裁判の審理に市民が参加する「裁判員制度」をめぐり、私は六月六日付『週刊金曜日』（462号、本書一八二頁）で、「裁判員の予断を招く犯人視報道」をやめるよう事件報道の見直しを呼びかけた。

それは、単に新たな報道法規制を回避するという防御的意味からだけではない。メディアが、ジャーナリズム本来の責務に立ち戻るための提案でもある。人権尊重のブレーキがはずれ、脱線した事件報道。それを「権力チェック」という本来の軌道にのせるには何が必要か。「裁判員制度」との関連で、改めて考えてみたい。

政府の司法制度改革推進本部が出した試案は、「事件報道に当たっては、裁判員らに事件に関する偏見を生じさせないよう配慮しなければならない」と、「偏見報道禁止」を掲げた。

この規定に対し、日本新聞協会の「見解」は、「事件・裁判に関する報道を規制するものになりかねない」として全面削除を求め、こう述べた。

《メディアの取材・報道には「国民の知る権利」に応《こた》えるという重大な使命がある。特に、裁判員制度が対象とする重大事件に関する報道は国民の関心が強く、そしてその関心は自然なものである》

ここで問題になるのは、「国民の知る権利」の中身だ。「見解」はそれを、事件への「国民の関心」と要約する。だが、この定義では、一般市民が被疑者となった事件と、政治家など公人が関与した事件が区別されない。

これは、一般刑事事件で「国民の関心に応える」と称して被疑者の名前やプライバシーを公表し、警察情報を鵜呑《うの》みに犯人扱いしてきた「犯罪報道の犯罪」を正当化する論理だ。

この定義だと、「知る権利」は、「有罪の立証があるまでは無罪と推定される」近代法の原則や基本的人権と衝突するものとなる。だが、「知る権利」とは本来、そんなものではない。

日本における「知る権利」は、国家権力による言論弾圧・報道統制が侵略戦争の惨禍《さんか》をひき起こす一因となったことへの反省を原点に、戦後開拓され、確立してきたものだ。それは単に表現の自由を保障した憲法二一条の「個人の自由権」に依拠するだけではない。より包括的に「主権が国民に存することを宣言」した憲法の基本原理そのものに由来する。

主権者である「国民」は、常に国政を監視し、その検討に必要な情報を入手する権利がある。日本における「知る権利」の開拓者・奥平康弘《おくだいらやすひろ》氏は「この権利概念の中核にあるのは、国政に関する情報にアクセスし、国政を知る権利であるはずだ」と喝破した（『知る権利』岩波書店、一九七九年）。

私企業である報道機関が取材・報道に法的保護を受け、記者会見や法廷の優先取材などの便宜を供与されるのは、こうした「知る権利」の代行者として、情報にアクセスする必要が広く認められているからだ。

犯罪の傾向や態様、それに対応した刑事政策、警察の権力行使は「国政に関する情報」と言える。また、政治家・公務員などの公人の犯罪容疑に関する情報もそれに該当する。

だが、一般刑事事件で「だれが被疑者か」や、被疑者＝犯人を前提にした事件に関する情報は、「国民の関心」事ではあっても、「知る権利」の対象とは言えない。メディアはそれを拡大解釈し、「知る権利」を被疑者の人権と対立するものに貶《おとし》めてきた。

「権力監視」を主眼とすべき事件報道が、「権力情報の垂れ流し」と堕《だ》し、事件関係者のプライバシーを「報道商品」化することによって、深刻な報道被害を生み出してきたのだ。

政府の試案が、裁判員に予断を与える「偏見報道」禁止の名目で報道規制を打ち出した背景には、こうした人権侵害報道に対する市民の批判・反感がある。だが、試案が法制化されれば、今度は一般市民の事件と一緒くたに、「知る権利」の対象である公人の事件報道まで制約されてしまう。そこに、試案の「偏見報道禁止」規定の真の危険性があるのだ。

この新たな規制案を打ち破るには、メディア界全体で自主的に報道倫理綱領を定め、裁判員に予断を与えるような一般刑事事件の実名犯人視報道をやめるしかない。『金曜日』六月二七日号で浅野健一氏が紹介したドイツ報道評議会の報道倫理綱領《事故、犯罪にかかわった被害者、被疑者・被告人の姓名と写真は、市民の知る権利の対象でない限り、一般的に正当化されない》が、そのモデルとなるだろう。

そうして取材・報道のエネルギーを、「知る権利」の本来の対象に振り向ける。裁判員制度の導入を、報道規制の危機から、「知る権利」に奉仕する報道改革への好機に転換したい。

◆新聞労連ＪＴＣ

ジャーナリズムを死なせない

03年8月1日

「日本のジャーナリズムは死んだ」そんな言葉をよく耳にする。「9・11」以降のアフガン、イラクに対する「帝国」の戦争と日本政府の加担。「9・17」以降の居直りナショナリズム。そのどさくさにまぎれた有事法制の成立。それらに対し、マスメディアは批判の機能を喪失したばかりか、積極的に加担するに至った。

では、「ジャーナリストも死んだ」のか。新聞、テレビなどの大手メディアでは、記者たちも今、「瀕死《ひんし》の重態」に陥っているように思われる。

だが、それを何とか持ちこたえさせ、再生させようという努力が、報道の現場で続けられている。七月下旬、都内に開かれた新聞労連の第一六回ＪＴＣ（ジャーナリスト・トレーニングセンター）記者研修会で若い記者たちとふれあって、新聞の未来に希望をつなぐことができた。

ＪＴＣは「ジャーナリズムとは何か、新聞記者とは何かを問い直し、新聞社の枠を超えて自立・自律したジャーナリストを養成する」目的で設置された。一九九三年以来、年に一～二回、合宿研修会を開いており、私も事務局をお手伝いしている。

二〇〇三年は一月に「沖縄で有事法制を考える」研修を実施。七月は「もうひとつの視点」というテーマで、幅広く取材と報道のあり方を考えた。

池田小事件の被害者遺族から、救急連絡を妨げた取材ヘリの騒音、「我が子と過ごす最後のかけがえのない時間をかき乱した取材攻勢」などへの怒りを聞いた。「何のための事件報道か」と思わずにはいられなかった。

「9・17」以降の報道については、作家の徐京植《ソキョンシク》さんから「在日朝鮮人が投げ入れられた新しい困難」、日本が「民族丸ごと記憶を喪失した」植民地支配の歴史を話していただいた。「第二次朝鮮戦争への流れを作ることにマスコミは加担しないでほしい」という言葉は、参加した若い記者たちに重く受けとめられたようだ。

「9・11」後のニューヨークで「戦争に沈黙しない人々」の姿を記録したビデオの制作者・青野恵美子さんからは、ビデオ上映後、話を聞いた。米国大手メディアの権力翼賛報道に抗し、地域の人々の声を伝える草の根ジャーナリズムの担い手たち、それを追う青野さんの眼差しは、「もうひとつの視点」の確かなモデルだ。

記事を通じて「介護タクシー」に市民権を定着させた西日本新聞の井口幸久記者の体験報告も、地域に根ざした報道のモデル。小泉流「構造改革」の虚構を暴く、雇用と福祉を結んだ「新しい幸せの形」の報道だ。井口記者は「自分の目を信じて書いていくしかない。新聞には、まだまだ世の中を変えていく力がある」と、「自分の視点」の大切さを語った。

何のため、だれに向かって記事を書くのか。分科会の討論、連日深夜に及んだ交流会の議論では、現場の記者たちが「会社人間」の上司の下で、「報道される側の人権を守り、読者に信頼される報道」を目指して悩み、苦闘していることを知らされた。

一日一六時間にも及ぶ超・長時間勤務。増える一方の紙面を少ない人員で埋める、心身を削り取られるような過重労働。意義の見出せない犯人探しの特ダネ競争、紙面を埋めるだけの役所発表記事。多くの記者が「日々の仕事に追われ、モノを考える時間も気力も持てない」と言った。

それでも、「遺族の了解なしに被害者の顔写真を載せるのはやめたい」「一過性の報道でなく、出来事の背景に迫る記事を書きたい」など、さまざまな思いや努力が語られた。

今回の研修会参加者には、『若い記者たちへ——松井やよりの「遺言」』（樹花舎、二〇〇三年）が贈られた。その中に、次のようなメッセージがある。

《日本の国内だけでなく、横に広いグローバルな動き、流れをきちっと見てほしい。過去をきちっと見ながら未来を見てほしい。そして、下というのか、グラスルーツ、草の根の被害者の立場で物事を見てほしい》

だが、そんな視点の記事は掲載されにくい。それを批判すれば立場が不利にもなる。「上司はここで話し合っているようなことに耳を傾けてくれないし、社内には議論する雰囲気もない」というのが現場の共通した悩みだ。再び、松井さんの遺言。

《人間は何のために生きているのかってことを考えながら取材するときには、非常に細かいことに気を遣う必要はないんじゃないか、勇気をもってできるんじゃないかなということ。私が若いときに一番考えたのは「世の中を変えたい」ということ》

この言葉に共感する若い記者たちの志に、新聞の未来が託されている。

◆五八回目の「8・15」

「終戦の詔書」の問い直しから

03年8月22日

雨の八月一五日、靖国神社へ行ってみた。日本を再び「戦争ができる国」にする有事法制、自衛隊を戦地に派遣するイラク特措法。その下で迎えた敗戦記念日。「新たな戦前」が始まろうとしているのだろうか。

土砂降りの靖国神社。若者たちがチラシを配っていた。《大東亜戦争の正しい認識を》の見出し、「日本国の事を憂い、日本国の未来に希望を持ち、英知を一緒に育む仲間を」と呼びかける文面。中学生も参加する「学生による憂国サークル」という。

「学徒出陣60年　大東亜戦争戦没全学徒慰霊祭」への参加を呼びかける若者グループもあった。彼らのチラシは「かけがえのない命を国に捧げた先輩たちへの感謝と祈りと、日本人の誇りを」と訴えていた。

旧日本海軍の軍服をびしょぬれにし、ラッパを吹き鳴らして行進する高齢の一団、「国立追悼施設反対」を叫ぶ右翼。だが、私が目を奪われたのは、どこにでもいるTシャツ・短パンの若者や、若い親子連れの多さだった。まるで新宿の雑踏のように靖国神社境内を歩いていた。「八月一五日」も初詣や花火大会のようなイベントの一つなのか、それとも……。

この日の『産経新聞』社説は、《いつになく浴衣姿が街角に溢《あふ》れ、日本情緒が漂う平成十五年の八月十五日である》と書いた。「浴衣姿」は天候予測のミスだろうが、言いたいことはわかる。《憲法改正論が国民の多数意見となり、自衛隊の海外派兵が実現し、国旗国歌法が制定され、教育基本法の改正も遠からず実現する状況になっている》。それに、社説筆者は「日本情緒」を感じたのだ。タイトルは《「押し返す保守」の時代》。

『読売新聞』社説は、《「A級戦犯」とはなんなのか》と題して「東京裁判の法原理的不当性」を論じた。刑死したA級戦犯も「公務死」として追悼せよと主張する。戦争責任をA級戦犯に押しつけた天皇ヒロヒト、この「無責任の象徴」を免責した東京裁判の法原理的不当性には触れない。そして、A級戦犯靖国合祀《ごうし》を批判する近隣諸国を「偏狭、強烈な愛国主義・反日ナショナリズム」とあげつらった。

「9・11」と「9・17」を追い風に、勢いを増す居直りの日本ナショナリズム、それを煽《あお》る右派メディア。一方で、それに反対してきたはずの勢力は、少なからず「拉致《らち》と核＝北朝鮮の脅威」論に足を絡め取られている。『朝日新聞』も『毎日新聞』も、有事法制に賛成してしまった。だからか、「8・15」でも歯切れが悪い。

《新たな戦争の時代に》と題した『朝日』社説は、《超大国が平和や民主化を掲げてミサイルを撃ち込む。そんな矛盾に満ちた時代》の日本の役割を論じた。ところが、「北朝鮮の核開発」に触れ、《戦争の惨禍《さんか》は誰よりも北朝鮮に対して伝えなければならない》という。現に核を持ち、ミサイルを撃ち込んでいる米国にこそ「戦争の惨禍」を伝えるべきなのに。

《もっと悩んだほうがいい／単純な賛否で平和は来ない》と題した『毎日』社説は、《平和に積極的に関与するため本気で常任理事国になる覚悟が必要ではないか》という。それ以前に必要なのは、国連無視のイラク攻撃に賛成するブッシュ追従政権を本気で批判し尽くす覚悟ではないか。

そんな覚悟を持った市民によるさまざまな集会がこの日、各地で開かれた。その一つ「市民文化フォーラム」主催の8・15集会に参加した。一九六五年以来、「平和主義の灯を消すな」と開かれてきた集いだ。二〇〇三年のテーマは、《「有事体制」下の平和構想——「希望の世界地図」を創るために》。「国連中心」「日米同盟」に替わる座標軸、「北東アジアという地域の視点」から新たな平和秩序を構築しよう、との提唱に共感した。それには、侵略戦争の反省抜きに「大東亜共栄圏」から一気に「対米追従」に転じた「戦後」の検証が不可欠だ。

検証の出発点は、やはり「8・15」だと思う。小森陽一著『天皇の玉音放送』（五月書房、二〇〇三年）の付録CDで、「終戦の詔書《しょうしょ》」全文を聞いてみた。その欺瞞《ぎまん》、厚顔に改めて憤りを覚えた。

植民地支配・日中戦争無視、敗戦の否認、戦争責任回避、「大東亜戦争」正当化、「聖断」「国体護持《こくたいごじ》」の強弁。そうして「総力ヲ将来ノ建設ニ傾ケ」「国体ノ精華ヲ発揚シ世界ノ進運ニ後《おく》レサラムコトヲ期スヘシ爾臣民其《なんじしんみんそ》レ克ク朕《ちん》カ意ヲ体セヨ」と命じた。

日本の降伏＝アジアの光復から五八年。「戦後」は、まさに「朕カ意」を体現する歴史だった。「新しい北東アジアの平和秩序」という「希望の地図」を描くには、まず「終戦の詔書」を破り捨てる作業が必要だ。

◆万景峰号バッシング

震災八〇周年、蘇る虐殺の構造

03年9月5日

《「帰れ」「帰れ」抗議の連呼／万景峰号入港／家族会「全員返せ」》（『読売新聞』八月二五日付夕刊）

《「疑惑の船」総ざらい／万景峰号に是正命令》（同二六日付朝刊）

「万景峰《マンギョンボン》92」号が入港した八月二五日、新潟西港周辺は「日朝関係の現在」を象徴する異様な状況となった。

新潟県警は一五〇〇人の厳戒態勢。国土交通省など関係省庁が約四〇〇人を動員し、約八時間半に及ぶ船内立ち入り検査。約八〇団体の右翼四〇〇人が街宣車一〇〇台で走り回る。拉致《らち》被害者「家族会」「救う会」メンバーらが「帰れ、帰れ」とシュプレヒコール。メディアは約三〇〇人が集結、ヘリコプター、船も投入し、騒然たる状況を大々的に報道した。

同日付『朝日新聞』社説は、《この船は日本国内に潜む工作員との連絡に使われていた疑いが持たれている》とし、ミサイル用の工作機械が《この船で北朝鮮に運ばれていたこともわかっている》と述べた。翌二六日付『毎日新聞』社説は、《万景峰号は、不正送金やミサイル部品の不正輸出などがとりざたされる「疑惑の船」である》とした。同じ日の『産経新聞』社説は、《今回、不正が発覚しなかったとはいえ、万景峰号が〝疑惑の船〟であることに変わりはない》と断じた。『読売』社説も他紙同様の「疑惑」を列挙し、《他の「北」船にも厳正な対応を貫け》と主張した。

まるで「犯罪船」扱いである。

「疑惑」の大半は、公安情報の受け売りだ。『読売』社説は、「ミサイル部品搬送」の論拠に、五月に「北朝鮮の元技師」が行った米議会証言を挙げた。これは当時、「動かぬ証拠」と大報道されたが、その後、韓国国家情報院の調査などで、証言者の身分と情報内容の誇張が確認された。

「9・17」以来、「拉致」「核」で朝鮮を加害者、日本を被害者に描き続けるメディア。蔓延《まんえん》する「被害者意識」と「反北」感情。それが何をもたらすか。歴史に学ぶ必要がある。

《府下近県に亘《わた》り鮮人三百名を殺す／批判を欠いた各地の自警団／横浜で殺された鮮人百四五十名に上る／一夜に八十余名神奈川で殺さる》

一九二三年一〇月二一日付『読売』社会面の見出し（原文のまま）の一部。関東大震災直後に起きた朝鮮人大虐殺事件の第一報だ。それまで五〇日間、報道を差し止められていた。

記事は、《九月一日大地震に次ぐ大火が全市を包むや忽《たちま》ち鮮人が大挙殺到の風説が立って批判を欠いた全市民は恐怖のどん底に陥り自警団は皆日本刀竹槍等凶器を以《もっ》て武装し通行人を誰《すい》何《か》したが返答のあいまいな者は皆なひどい目に逢った》との前文で、各地の惨状を詳細に伝えた。

本文を読むと「ひどい目」どころではない。「朝鮮人が襲ってくる」「井戸に毒を投げた」「放火した」「爆弾を投げた」などのデマが流され、煽《あお》られた民衆が各地で朝鮮人を襲った様子が生々しく書かれている。続報には、警察や軍幹部が流言をばらまき、虐殺を煽ったとの記事もあった。

約六六〇〇人が犠牲になったといわれる朝鮮人虐殺事件から八〇年。その忌まわしい過去は、いまだ「清算」されていない。それどころか今、虐殺をひき起こした朝鮮人蔑視《べっし》、倒錯した被害感情が復活しつつある。

「9・17」後、朝鮮学校や生徒を標的にした脅迫、暴行事件は数百件に及ぶ。朝鮮総連などを狙《ねら》った爆発物や銃によるテロが続発し、万景峰号入港前にも福岡市と岡山市で起きた。

行政による「締めつけ」も強まっている。東京都や新潟市などが次々と朝鮮総連関連施設の固定資産税減免措置中止を決定。文部科学省は大学入学資格問題で、朝鮮学校卒業生に対する新たな差別措置を決めた。

それらを正当化する口実に使われる拉致問題。「北朝鮮による拉致事件被害者家族連絡会」著『家族』(光文社、二〇〇三年)を読んだ。家族を奪われる悲しみ、憤り、家族を取り戻す闘い。その苦難は想像を絶する。被害者家族の金正日《キムジョンイル》政権への憤怒は当然と思う。

だが、それは植民地支配下の朝鮮人の思いと重なるのではないか。万景峰号で朝鮮を訪ねる在日の高齢者にも、家族を引き裂かれた人は多い。

《非情な犠牲を強いられた拉致被害者も、日本の植民地支配に運命の変転を余儀なくされた在日朝鮮人も、とてつもない統制に押し込められている北朝鮮の民衆も、そして飢えて難民となった在日帰国者も、みな、国家暴力の被害者であるのに》

辛淑玉《シンスゴ》さんの『鬼哭啾啾《きこくしゅうしゅう》――「楽園」に帰還した私の家族』(解放出版社、二〇〇三年)に記された、呻《うめ》きのような言葉。これを無視する者は、加害の側にいる。

◆ブッシュの戦争

大メディアが伝えなかったこと

03年9月19日

世界最大の大量破壊兵器保有国が、「大量破壊兵器の脅威」

を掲げ、「解放してやる」はずのイラク民衆の頭上に最先端の大量破壊兵器をばらまいた「ブッシュの戦争」。その開始から半年、ブッシュは今、「テロの脅威から守る」はずの自国の若者を日々高まる「死の脅威」にさらしている。

イラク駐留米兵の死者が八月二六日、戦闘終結宣言(五月一日)以降で一三九人に達し、宣言前の戦死者数を上回った(二七日付『読売新聞』)。

同じ日、イラクの民間人犠牲者を調査している英米の研究者団体「イラク・ボディ・カウント」は、推定犠牲者数を「最大七八三〇人」と発表した(二八日付『しんぶん赤旗』)。

「フセインの大量破壊兵器」は見つからず、「ブッシュの大量破壊兵器」の不発弾がイラク人を殺傷し続けている。爆弾「テロ」はヨルダン大使館、国連事務所、シーア派モスクにも拡大、犠牲者は増える一方だ。

狼狽《ろうばい》するブッシュは九月七日、八七〇億ドルの追加予算を米議会に要求する一方、「欧州、日本、中東諸国にも貢献を求める」と演説した。米国の財政赤字は過去最悪の四八〇〇億ドルに膨れ上がる見込みという。

九日付『読売』社説は、日本は《米国の苦境を座視してはなるまい》《ヒトとカネと、どちらの面でも復興に関与すべきである》と述べ、さらなる戦争加担を小泉政権に求めた。

日本新聞協会の『新聞研究』七月号に、「外信部長座談会／総括・イラク戦争報道――新聞は何をどう伝えたのか」が載っている。全国紙・通信五社の戦争報道責任者が自社の報道姿勢、取材態勢、従軍取材と情報操作、テレビと新聞の役割など、さまざまなことを語り合ったものだ。

この座談会で語られなかったことがある。降り注ぐ爆弾の下にいた人々のこと、その惨禍《さんか》、苦しみをどう報道したか。それはそのまま「新聞が伝えなかったこと」と重なる。

《イラク戦争が私たちの目に見えにくかったのは、メディアの側にその責任があった。(中略)爆撃する側の報告が圧倒的に多く、その爆撃がもたらす被害を検証する仕事は、もっぱらバクダッドのフリーランスのジャーナリストに託された》(広河隆一写真集『アメリカはイラクで何をしたか』＝あごら285号)

重傷を負って横たわる子ども。「精密誘導爆弾」に破壊され、瓦礫《がれき》と化した民家。遺体を囲み、頭を抱える遺族。息子の墓前で泣き崩れる母親。広河さんの写真集はページを繰るたび、「これが戦争だ」と訴えかける。

空襲下のバクダッドで取材を続けたジャパンプレスの山本美香記者は、その体験記『中継されなかったバクダッド』(小学館、二〇〇三年)に、こう書く。

《私の手を握りしめ「見てくれ、日本に伝えてくれ」と家族の死を涙ながらに訴えたイラクの人たちの声が耳から離れな

い。どうしても忘れることのできない悲しい出会いばかりだった》

大手メディアは、そんな「出会い」を回避した。それでも、日本テレビ・今泉浩美記者の『従軍日誌』（日本テレビ、二〇〇三年）は、戦争とは何か、を懸命に伝えている。

「戦争をしたくて兵士になったわけではない」「裕福とはいえない家庭の出身者」の多い米軍の実態。「着弾点のことは考えないようにしている」米兵の複雑な心理。そしてイラク兵の無残な遺体。今泉記者は書く。

《「戦争の痛みを伝える」とは、戦争の醜さをいかに身近に感じられるようにするか、ということなのだ》

同じ従軍記でも、朝日新聞・野嶋剛記者の『イラク戦争従軍記』（朝日新聞社、二〇〇三年）は妙に軽い。彼は《「米国の正義とは何か」と尋ねることに意味があるのか》と米兵への質問を封印。「戦場で見た彼らの公共心や愛郷心の強さ」に感心し、《すっかり「親・米兵」になってしまった》と書く。《従軍が終わるころには、いつまでもこの暮らしを続けたいとさえ思った》彼も「着弾点のことは考えないように」したのか。

それと対照的なのが、赤尾邦和著『イラク高校生からのメッセージ』（講談社文庫、二〇〇三年）だ。爆撃開始直前までバクダッドに滞在した大学生の著者は、高校生四〇人余りの「戦争を迎える最後の時に、世界に向かって叫んだ声」を伝え、イラクで出会った人々の素顔、暮らしを描いている。

《私がまたイラクにもどったとき彼らがみんな生きていますように》と祈る著者。私もまた、彼が出会った人々の無事を願わずにはいられなかった。戦争の何を、どう伝えるべきか。朝日記者の従軍記や外信部長座談会にはなかった答が、二〇歳の学生のイラク体験記に記されている。

◆司法制度改革と報道

自主規制の制度作りを急げ

03年10月3日

裁判員制度の導入を骨格とした「司法制度改革」の法案作りが、来年の通常国会提出を目指して着々と進められている。政府の司法制度改革推進本部は、九月中旬に開いた「裁判員制度・刑事検討会」の集中審議の議論を踏まえ、一〇月にも法案の原案を公表する見通しだ。

ここにきて、裁判員制度をめぐる議論の焦点は、①裁判官と裁判員の人数比②メディアの取材・報道規制——の二点に絞られつつあるという。

メディア規制に関しては、政府の司法制度改革推進本部試案が打ち出した「偏見報道禁止規定」「裁判員への接触規制」などをめぐり、検討会集中審議でも意見の対立が続いた。

九月一三日付『毎日新聞』によると、日本新聞協会（新聞協会）は集中審議を前に、「判決まで原則として裁判員への直接取材はしない」などとする取材・報道指針の文書を提出した。審議では、出席委員一〇人のうち三人が「偏見報道禁止規定」の削除を主張したが、他の委員の多くはそれに同調しなかったという。このままでは、個人情報保護法に続き、新たなメディアへの法規制は必至の情勢だ。

にもかかわらず、メディア業界の動きは依然、緩慢だ。『朝日新聞』の五月二三日付社説は、《偏見報道の問題も、報道機関が自主的な取り組みで応《こた》えることが必要》と提唱していたが、具体的な動きは見えてこない。

私の参加する「人権と報道・連絡会」は九月二六日、「公正な裁判とメディア報道」をテーマに「第一九回人権と報道を考えるシンポジウム」を開いた。その中で、メディア業界の幹部たちに、ぜひ耳を傾けて欲しいと思ったのは、松本サリン事件の報道被害者・河野義行さんの言葉だ。

政府の試案に対する新聞協会見解（五月一五日付）は、偏見報道禁止規定の削除を求める根拠として、《メディアの取材・報道には「国民の知る権利」に応えるという重大な使命がある》《メディアは事件報道を通じ、国民の必要な情報を提供し、平穏な市民生活を守るうえでも重要な役割を担っている》などと述べていた。

河野さんは、「マスコミは知る権利と言うが、そんなかっこいいもんじゃない」と、自身の報道被害体験を通して事件報道を厳しく批判した。

――事件翌日の家宅捜索で、メディアは「毒ガス発生源は第一通報者宅」「薬品調合に失敗」「犯行をほのめかす」と警察情報を垂れ流し、犯人扱いした。周辺取材で「黒い部分」を探し、「薬品会社に勤めていた」「危険物取扱の免許を持っている」などの情報を「怪しいやつ」のニュアンスで伝えた。警察情報で「フロンを押収」と書いたのは灯油。「薬品調合容器」とされたのは漬物の樽《たる》。報道はすぐに誤報とわかったのに、謝罪したのは一年以上も後だった……。

こんな報道が「国民の必要な情報」か。河野さんが逮捕され、裁判員制度で裁かれていたら、どうなっただろうか。「裁判員への影響を考えれば、報道規制をすべきだという議論が出ても仕方がない」。そう批判しながらも、河野さんは「しかし、私は法規制には反対」と言った。法規制は、「メディアの本来の役割である権力監視・批判の機能を奪うから」だ。

河野さんの言葉に、私はメディアに属する一員として、恥ずかしくなった。メディアには「法規制反対」を唱える前にやるべきことがある。

パネリストの一人、新聞労連委員長の明珍美紀《みょうちんみき》さんは「知る権利に応える使命とは、公権力が隠しているものを暴くこと。事件報道のあり方を見直し、報道被害者の声を聞いて、メディア業界全体で自主的なルールを作ることが求められている。一日も早く報道評議会を作るよう新聞協会に働きかけていきたい」と述べた。

シンポジウムのゲストとして講演した英国報道苦情委員会（PCC）の創立メンバー、ロバート・ピンカーさんは、メディアの自主規制制度の役割を強調し、次のように話した。

「自主規制には二つの目的がある。報道の自由を守ること、報道機関による報道の自由の悪用から市民を守ること。自主規制は、民主主義社会では自ら決めたルールがより大きな道徳的権威を持つという前提に支えられ、外部から押し付けられた法的基準より大きな有効性を発揮する」

欧州独立報道評議会の責任者でもあり、各国のメディア事情に詳しいピンカーさんは、個人情報保護法に象徴される日本のメディア法規制の動きにふれ、「日本のメディア業界は岐路に立たされている」と指摘した。

日本のメディアは、座して「報道の自由の死」を待つつもりなのか。

◆長崎「男児殺害」事件

家裁決定が問う報道のあり方

03年10月17日

あの大報道は何だったのか。

二〇〇三年七月、長崎市で四歳男児を誘拐・殺害したとして補導された一二歳少年について、長崎家裁は九月二九日、少年を児童自立支援施設に送致する保護処分を決めた。公表された処分決定理由の要旨を読み、事件当時の報道に改めて疑問を感じた。

家裁決定は、少年に「他者との意思疎通難」などの発達障害があったとし、それが（直接結びつくものではないが）事件に影響したこと、家庭と学校が障害に応じた指導に当たれなかった問題点などを指摘した。

決定は、家庭・学校などの環境の変化や思春期の性的混乱などにもふれ、「殺害」に関しては、「防犯カメラを発見したことにより動転」したことを直接的な要因と認定した。

これらの判断は、約二カ月間の精神鑑定結果に基づくものだが、決定も指摘した通り、事件と発達障害を短絡させることは、同様の障害を持つ人への偏見、人権侵害につながる。患者・家族団体は九月二四日付で報道各社に対し、診断名の報道や扱いに十分な注意を払うよう警告した。

　そのことを踏まえたうえで、改めて事件直後の報道を考えてみたい。

　少年が補導された七月九日以降、センセーショナルな報道がメディアを埋め尽くした。同日夕刊から数日間、新聞は一面、社会面トップで扱い、テレビもニュース番組とワイドショーで大きく事件を取り上げた。

《12歳聴取「まさか」／言葉失う教育関係者／低年齢化、法の想定外／社会に対する犯行／不気味さと深刻さ》（『読売新聞』九日夕刊）

《「普通の子」凶行と落差／「精神面に少し幼稚さ」／遺族「一生かけて、罪償って」》（『朝日新聞』一〇日朝刊）

　まだ、事件の概要、事実関係がほとんどわかっていない段階で、大量の情報がメディアから発信された。

　各紙は「少年の供述」情報を競って報じた。『朝日』一一日夕刊は、《「殺すつもりはなかった。騒がれたので突き落としてしまった」などと話したという》と書いた。『読売』一七日朝刊は、少年の供述として《「ハサミで体を傷つけると、想像以上に騒ぎ出した。このまま親のところに戻すわけにはいかないと思った、手すり越しに落とすしかなかった」》と、そばで聞いていたような記事を載せた。

「防犯カメラに気づいて動転し……」という家裁決定の認定は、それらの報道を事実上否定したものだ。

『週刊新潮』『週刊文春』（各七月二四日号）は、「テレビ・新聞が報じない」を売り物に、「残虐犯行」「性的虐待」に関する克明な「捜査関係者の話」を掲載した。両誌は少年の補導前に発売された七月一七日号で、《犯人は「地元の中学生」!?》（『新潮』）、《疑惑の「中学生」の「風評」》（『文春』）という記事を載せていた。

　これが示す通り、事件発生直後から各メディア入り乱れた犯人探し競争が始まり、防犯カメラに映った少年の情報が警察から漏れた後は、標的を中学生に絞った「集団的過熱取材」が、地域に疑心暗鬼をもたらした。

　補導後は、記者たちが少年の名前を挙げて周辺取材に奔走。七月一三日付『長崎新聞』によると、偽の警察手帳を使ったり、嫌がる生徒を追いかけたりする強引な取材に、住民や中学校から「子どもが怯《おび》えている」などの批判の声が相次いだという。

　そうした取材で広まった少年と両親の名前や写真は、別人のものも含めてインターネット、携帯電話を飛び交い、拡散した。法務省が削除を求めたネット掲示板の書き込みは、一週間で一〇〇〇件を超えた。政府の青少年育成推進本部副本部長・鴻池祥肇《こうのいけよしただ》大臣（当時）は補導の二日後、「親を市中引き回しの上、打ち首にすればいい」と語った。ネットではすでに「日本中引き回し」が行われていた。

《幼児を全裸にして投げ落とした残忍な犯人像と、小学校を卒業してわずか三カ月余の少年がどうしたら結びつくのか》(『毎日新聞』七月九日夕刊)。そんな視点から、警察情報と少年の周辺取材を中心に行われた初期報道は、少年と親へのバッシングをひき起こした。事件の社会的背景を冷静に考えようという企画記事も掲載されたが、それも初期の限られた情報がベース。家裁決定に示された問題点とのズレは否めない。

では、こうした事件ではどのように報道すべきなのか。「人権と報道・連絡会」は、一〇月二〇日の定例会で、事件の報道に当たった記者の報告を基に話し合う。その内容も含め、次回改めて「報道のあるべき姿」を考えてみたい。

◆長崎「男児殺害」事件再論

限界・弊害を露呈した初期報道

03年10月31日

長崎「男児殺害」事件報道について、私は一〇月一七日付『週刊金曜日』(480号、本書一九七頁)で長崎家裁決定にふれ、いくつか問題点を指摘した。①中学生を標的にした犯人探しと地域取材被害②少年の周辺取材による実名とプライバシー拡散③警察情報による不確かな「少年の供述」報道④少年と両親への「さらし者」攻撃——などだ。

では、こうした事件ではどのように取材・報道すべきなのか。「人権と報道・連絡会」は一〇月定例会で、『長崎新聞』の峠憲治報道部長をゲストに討論した。峠さんは、立場上答えにくいと思われる質問にも、率直、誠実に意見を述べてくださった。

「中一の犯行に我々もたいへんな衝撃を受けた。どう報道すべきか、とまどい悩んだ。走りながら考えていくしかないと取材を進めた」

私は『長崎新聞』の記事をホームページで読んでいたが、同紙の一連の報道には峠さんの言葉通り、悩みながらの試行錯誤が感じられた。

七月一三日付では《報道陣の取材活動過熱/住民から批判の声》の見出しで、メディアによる取材被害を報じた。「自らを戒めようと載せた」そうだが、取材合戦の真っ只中でこうした記事が掲載される例は珍しい。

八月二二日には「緊急シンポジウム——いま12歳を考える」を主催。「思春期の子どもをいかに理解し、対応すればよいのか」について、教育、臨床心理学などの専門家たちの討論内容を紙面で詳しく紹介した。

九月末には少年の両親にインタビューし、一〇月二日付《3人で一生かけ償う》などの記事で詳報した。週刊誌が描いた少年像・家族像を修正し、「補導直後は生きる気力を失い、死ぬ場所を探していた」などの母親の言葉を通じて「加害者家族の苦しみ」も伝えた。峠さんは、「少年側からの話は事件の本質に迫るのに必要な記事だった。加害者の親も、ある意味で被害者だと感じた」と語った。

私は峠さんの話に、「地元紙として、この事件の意味、社会的背景を伝えよう」という強い意思を感じた。

しかし、七月一〇日から掲載された《12歳の衝撃》という緊急連載記事も含め、同紙の初期報道もまた、警察情報や少年の周辺取材による断片的情報で「事件像」を描くことの限界や弊害を免れていないと思う。

「おとなしく成績優秀」「キレやすい」「行動不可解」といった見出しが喚起する「異常性」のイメージ。少年と家族のプライバシーに踏み込んだ取材、報道。「触法少年　刑事責任問えず」の見出しなど、「少年法の限界」を強調するようなトーン……。

これは、七月の各紙の緊急連載にも共通する。『毎日新聞』は《12歳の死角》、『朝日新聞』は《12歳　長崎事件の少年》、『読売新聞』は《12歳の衝撃》などのタイトルで、事件の背景を探り、伝えようとした。

だが、九月二九日の長崎家裁決定は、それらの報道にはなかった重要な問題を指摘した。防犯カメラに気づいて動転した「衝動的反応」、男性器への異常なこだわり、発達障害や思春期の環境変化に応じた適切な指導を得られなかったこと、などだ。

この家裁決定も短期間の精神鑑定によるもので、少年の行動をどこまで解明できたか、疑問が残る。『毎日』一〇月一五日付「記者の目」欄で、横田信行記者は、「何でも特異性に結び付けようとしている自分」への反省とともに、家裁決定にも《専門家でも、信頼関係を築いて真相を究明するには、もっと長い時間が必要だったと思う》と疑問を呈している。

そう、事件の真相を究明するには、「長い時間」が必要だ。それを事件直後に限られた情報でやろうとすること自体、無理がある。無理を通そうとして、少年の周辺を根掘り葉掘り取材する。その結果、少年は特定され、名前や写真が拡散する。週刊誌やワイドショーは、無責任な噂話も「報道商品」として売る。事実上の実名報道で、少年法は有名無実と化す。結局、初期報道のイメージだけが残り、事件は風化していく。

私はこうした問題点を挙げ、「せめて家裁決定が出るまで、取材・報道を抑制できないか」と質問した。峠さんは「趣旨はわかるが、今のメディアの状況では、ウチだけ書かないわけにはいかない」と答えた。

そんな「今のメディアの状況」を変えなければならない。メディア界全体で事件取材・報道の目的やあり方を議論し、何をすべきか、すべきでないかのガイドラインを作る。それをメディア全体で守る仕組みを確立する。それが、メディアが学ぶべき今回の「事件の教訓」ではないか。

◆「石原発言」報道

極右の妄言を批判しない新聞

03年11月14日

妄言居士《もうげんこし》（暴言誇示）・石原慎太郎都知事が、また新たな妄言を吐いた。

「韓国併合」について、「決して武力で侵略したんじゃない」「彼ら（朝鮮人）の総意で、日本人の手助けを得ようと選んだ」「これは彼らの先祖の責任」と。一〇月二八日夜、拉致《らち》被害者支援団体の集会でのこと。さらに三一日、都庁での記者会見で、日本の植民地支配は仏、米などに比べて「まだ人道的で人間的だった」と述べた。

この「空疎な小皇帝」（斎藤貴男氏）はいったい、どこでそんな奇怪な「歴史認識」を形成してきたのか。

たとえば一八七五年九月の「江華島《カンファド》事件」。日本の軍艦「雲《うん》揚《よう》号」が朝鮮の江華湾に侵入、「砲撃を受けた」として江華島を攻撃、永宗島《ヨンジョンド》の民家を焼き払った。日本は「事件の責任は朝鮮側」として艦隊を派遣して賠償を求め、翌七六年、「日朝修好条規」という名の不平等条約を締結させた。

たとえば一八九五年一〇月の「閔妃《ミンビ》暗殺事件」。朝鮮支配をめぐる日清戦争の講和後、日本公使・三浦梧楼《みうらごろう》は親露派の閔妃（国王高宗《コジョン》の妃）殺害を計画、日本軍守備隊を使って王宮を襲撃し、閔妃を斬殺《ざんさつ》した。

たとえば一九〇五年一一月の「第二次日韓協約」締結。日本の「韓国保護国化」を決めた同協約は、韓国の閣議に伊藤博文が武官を伴って乗り込み、王宮内外で日本兵が示威、閣僚を威《い》嚇《かく》する状況下、調印された。

これを知った重臣一〇人が相次いで抗議自殺、朝鮮全土で義兵が蜂起《ほうき》し、日本軍と戦った。「併合」の一九一〇年までに闘争に参加した義兵は、日本側資料でも一四万人に上った（海野福寿『韓国併合』岩波新書、一九九五年）。

以上は、「韓国併合」史のごく一端だ。歴史学の常識に属する事実だが、石原氏はたぶん、知らないのだろう。もし知っていて「併合は朝鮮人の総意」と言ったのなら、恥知らずだ。しかも、朝鮮半島をアジア侵略の兵站《へいたん》基地化し、抵抗した人々は容赦なく弾圧・殺傷した日本の植民地支配を「人道的、人間的」だったと言う。

彼はこれまで、元「軍慰安婦」女性を「金を稼ぐために娼《しょう》婦《ふ》になった有償ボランティア」と侮辱（九七年）、知的障害者に「人格はあるのか」「安楽死につながる」と生存権を否定（九九年）、「三国人が騒擾《そうじょう》事件を起こす」として関東大震災の朝鮮人虐殺を正当化（二〇〇〇年）、中国人を犯罪者扱いした「民族的DNA」発言（〇一年）、「悪しき有害なるものはババァ」発言（同）等々、下劣な品性丸出しの妄言・暴言を繰り返してきた。

こんな無知かつ無恥な人物に二〇〇三年四月、三〇八万人が投票した。今、日本社会はこんなことになっている。その責任の一端は、妄言を妄言と批判しない報道にある。今回の妄言も、新聞は正面から批判しなかった。翌日の新聞各紙報道を見てみよう。

《日韓併合「人間的だった」／石原都知事、集会で発言》＝『朝日新聞』

《「日韓併合は朝鮮人が選んだ」／石原都知事が発言》＝『毎日新聞』

扱いは、いずれも社会面三段。コメントも批判もなしの「客観報道」だ。それでも、発言を紹介しただけ、まだまし。『読売新聞』は、《「北朝鮮の船は東京に入れぬ」》との一段見出しの記事。問題の発言は数行に要約して毒を抜いた。『産経新聞』『日経新聞』『東京新聞』は、集会を報じながら、発言にはふれもしなかった。

外務省審議官宅不審物事件の「爆弾が仕掛けられて当たり前」発言（九月）では、『朝日』などが「テロ容認発言」と批判した。だが、もっと重大な今回の暴言を「侵略正当化発言」と批判する新聞は見当たらなかった。

八月一三日付『産経』に石原氏と作家・阿久悠氏の対談記事が掲載されている。その中で「日本の将来は」の問いに、石原氏はこう語った。

「だんだん溶けているね、この国は。テポドンでもノドンでもいいから、一発北朝鮮から撃ち込んでもらったらシャンとするかもね。いや、これ半分本気、半分冗談だけど」

お気楽で無責任な挑発的暴言。溶けているのは自分の頭の中だろう。

日本のメディアは、二〇〇〇年のハイダー現象（オーストリア自由党の進出）、〇二年のルペン旋風（フランス国民戦線の躍進）を「欧州に極右台頭」と報じた。だが、この「極右党首」二人の主張も、日本の都知事に比べるとよほど控えめだ。それなのに、石原氏を「極右」とは呼ばない。いったい何を恐れているのか。
真に恐るべきは、石原発言の虚妄に気づかず、侵略的差別的ナショナリズムの猛毒に冒され、「はっきりモノを言う政治家」などと支持する「アホでマヌケな日本人」の増加だ。

◆反リストラ産経労の闘い

ビデオが暴く企業と裁判の退廃

03年11月28日

ドキュメンタリー・ビデオ『リストラとたたかう男――フジ産経グループ記者・松沢弘』（ビデオプレス）を観た。企業とは何か、マスコミとは何か、裁判所とは何か、労働組合とは何か、そして人間とは……。スクリーンに釘づけにされた七〇分間、さまざまな問いが脳裏をめぐった。

「人権と報道・連絡会」は一一月定例会で、松沢さんと、ビデオを制作した佐々木有美、松原明の両監督をお招きし、ビデオ上映会を開いた。

松沢さんは『日本工業新聞』論説委員だった一九九四年一月、超御用化した産経労組に代わるまっとうな労働組合として「反リストラ産経労」を結成した。会社はその翌月、松沢さんを通勤に往復五時間もかかる千葉支局に配転。さらに同年九月、「業務命令違反」を理由に懲戒解雇した。

この解雇処分の無効などを求めた訴訟で、東京地裁は二〇〇二年五月、解雇権の濫用《らんよう》を認め、解雇無効を確認、未払い賃金の支払いを命じた。ところが、同年九月に始まった東京高裁の審理は、証人調べも行わず、わずか三回で結審。二〇〇三年二月、会社側主張をすべて認める逆転判決を下した。

ビデオは、松沢さんのインタビューを軸に、地裁での勝訴から高裁判決、その後の最高裁に向けた闘いと生活を克明に記録。それ以前にジャーナリストの千代丸健二さんが撮影した映像、学生時代、記者時代の写真も織り込み、「人間・松沢弘」の生き方をくっきりと描き出している。

松沢さんの闘いは、「たった一人の反乱」ではない。同じように不当解雇やリストラと闘う労働者たちが、「自分のこと」として裁判傍聴やフジ産経グループへの抗議行動に参加してきた。カメラは、時事通信社を解雇され、企業枠を超えた反リストラ産経労書記長として松沢さんとともに闘う山口俊明さんら、闘う仲間たちの姿も生き生きととらえている。

それは同時に、巨大マスコミ企業と、その横暴を追認する裁判のありよう、「人らしさ」の対極にある「権力」も浮き彫りにした。人の一生を左右する判決を事務的に読み飛ばす高裁裁判長の肉声、松沢さんらが抗議に訪れた日枝久《ひえだひさし》・フジテレビ会長の豪邸、株主総会で松沢さんの発言を打ち切る日枝会長の無表情……。

長編ドキュメンタリーの傑作『人らしく生きよう――国労冬物語』で、理不尽・不条理と闘う人たちの真っ直ぐで優しい「人らしさ」を描いた佐々木、松原両監督の眼差しは、今度の作品でも透徹して温かい。

逆転敗訴の夜、金物店を営む松沢さんの母親が帰宅した息子を迎えるシーンでは、親子がそっと示しあう気遣いの美しさに心を揺さぶられた。

ビデオ終盤、二〇〇三年七月の最高裁要請デモ直後、脳梗塞《のうこうそく》で倒れた山口書記長を松沢さんが見舞うシーン。ベッドから起き上がろうともがく山口さん。彼を乗せた車イスの背を押す松沢さん。二人を瞬時に結んだ電流が、私の体にも流れた。胸が熱くなった。

ビデオ上映後、裁判の実態などについて、松沢さんにお話しいただいた。

一審判決は、解雇処分を決めた賞罰委員会に「事案の直接の関係者」が加わっていたのは適正手続違反として、解雇権濫用を認定した。だが、高裁判決は、団交を拒否した労務担当役員も処分を申請した上司も「事案の直接の関係者」には当たらず、「解雇は無効ではない」とした。

松沢さんは「高裁は最初から結論を決めていた。判決はそれに理屈をつけただけ。実質審理は何もなかった。会社が処分理由とした『業務命令拒否』について具体的な検討もせず、『一連の振舞いが懲戒解雇事由に相当することは明らか』と決めつけた。組合を作って会社に逆らうような奴は許さない、という村上敬一裁判長の思想による判決」と話した。

千葉支局配転直後、都労委に申し立てた不当労働行為救済は、九年半以上たった今も結論が出ていない。

「不当解雇され、生活手段を奪われた労働者に、裁判による司法救済も、都労委による行政救済もない。こういう憲法秩序が崩壊した世の中で、私たちには何ができるのか」

そう自問して、松沢さんは言った。

「最高裁でも負けるかもしれない。でも、それで終わりではない。死ぬまで闘い続ける。それしかない」

松沢さんの闘いは、金と権力が支配する社会への人生をかけた告発だ。だが、マスメディアは理不尽な解雇も判決の不当性もきちんと伝えない。

このドキュメンタリーは、報道されない松沢さんの闘いを記録し、伝えることによって、退廃したマスメディアの現実も照らし出している。

◆死刑制度と報道

応報感情を煽るだけでいいのか

03年12月12日

日本で死刑執行が再開されてから今年で一〇年……と書くと、「えっ？　死刑はずっと続いたのでは」と疑問を持たれる読者もいるかもしれない。

一九八九年一二月、国連総会で「死刑廃止国際条約」が採択された。死刑廃止を求める世界的な流れの中で、日本でも同年一一月から執行停止状態が続いた。しかし九三年三月二六日、後藤田正晴法相（当時）の下で三人が処刑され、約三年四カ月ぶりに執行再開。以後一〇年間、法務省はほぼ半年に一度、死刑執行を続けている。

この間も、世界の死刑廃止の流れは止まらず、「アムネスティ日本」の調査によると、廃止国は一一二、存置国は八三（二〇〇三年一月一日現在）。「先進国」で死刑制度を維持しているのは、日本と米国だけになった。

九三年の執行再開は、『読売新聞』が翌日の朝刊一面トップで特報、テレビが朝のニュースのトップ、各紙が夕刊一面トップで後追いした。以降数年、死刑執行は大ニュースとして扱われ、一両日中に速報された。

しかし、執行が「日常化」するにつれて報道は縮小し、ここ数年は社会面三～四段程度で、執行と確定判決の概要を伝えるだけになった。二〇〇三年九月、一年ぶりに行われた大阪拘置所での執行も同様の扱いだった。

その一方、死刑判決は大々的に報じられる。一審の死刑判決は、二〇〇〇年が一一件、〇一年が九件、〇二年が一五件と続き、〇三年もすでに一二件（「死刑廃止国際条約の批准を求めるフォーラム90」調べ）。そのつど「被害者の思い」が大きく取り上げられ、読者は「人を殺したのだから、死刑は当然」と、「応報感情」を共有する方向に誘導されてきた。

それは死刑判決報道にとどまらない。一一月二八日、仙台地裁で行われた「北陵クリニック事件（筋弛緩剤《きんしかんざい》事件）」公判では、検察の無期求刑について、《「納得できない」／被害少女の母会見》（二九日付『朝日新聞』）などと「極刑を望む被害者家族の声」が各紙に報じられた。被告が一貫して無実を訴えている事件であるにもかかわらず、だ。

日本には、最高裁で死刑が確定した後も無実を訴え続け、再審で無罪をかちとって死刑台から生還した人が四人いる。そのうちの二人、「免田事件」の免田栄《めんださかえ》さん、「島田事件」の赤堀政夫さんが、一一月二四日に東京都内で開かれた「死刑廃止を願う市民集会」（アムネスティ日本など主催）で、死刑廃止を強く訴えた。

確定から三二年間、「処刑の恐怖」に苛《さいな》まれる日々を過ごした免田さんは、「私の裁判に関わった裁判官は七〇人いるが、真実を見抜いたのは二人だけ。獄中で七〇人の死刑囚を見送った。その中には、私と同じように無実を訴える人が何人もいた」と話した。逮捕から三五年間の獄中生活を強いられた赤堀さんも、自白調書にむりやり署名させられた体験にふれ、「たくさんの人が無実を叫びながら獄死し、処刑された。どうか死刑執行をやめてください」と訴えた。

集会には、犯罪被害者遺族も参加した。二〇年前に弟を殺された愛知県の原田正治さんは、獄中の加害者と面会、直接謝罪の言葉を受けることによって「癒《いや》し」を感じたという。〇一年には「交流を続けたい」と法相に執行停止を嘆願したが、その数カ月後、処刑された。「執行で何一つ癒されることはなかった。加害者と話し合う権利を大事にしてほしい」――そう思う「被害者感情」もある。

死刑廃止の流れは、アジアにも広がっている。韓国では金大《キムデ》中《ジュン》政権発足の九八年以来、一件も執行がない。〇一年には国会に死刑廃止法案が提出され、審議中だ。台湾では〇三年五月、総統府が死刑廃止を含む人権基本法案を策定、近く立法院に上程される見通しという。集会には、韓国、台湾の死刑廃止運動のリーダーが駆けつけ、こうした動きを報告した。

日本各地のさまざまな廃止運動も報告された。東京拘置所の刑場、大阪拘置所での執行の模様も紹介された。二六〇人が参加、六時間に及んだ集会で、私は多くのことを知った。

だが、翌日の各紙を見てがっかりした。集会を報じたのは、全国紙では『朝日』だけ。記事は四十数行あったが、見出しは二段相当と小さな扱いだった。事件報道で被疑者のプライバシーを詳細に報じるメディアは、それを「知る権利」に応《こた》えるため」という。だが、死刑に関しては「知る権利」はないがしろにされている。

多くの人が死刑の実態、問題点を知らないまま、事件・裁判報道で「応報感情」を煽《あお》られている。日本が死刑廃止の世界的潮流に取り残されている原因の一つは、報道にある。

◆「どうなる？　2004年　年を越す10の課題」

有事体制作りのもとで進む権力肥大と人権侵害

03年12月19日

人権擁護法案が一〇月、廃案になった。これは三つの意味で日本の人権状況を象徴する。第一に、人権侵害救済の法制度が確立していないこと。第二に、その確立を謳《うた》う法案が肝心の「権力の人権侵害」に甘い欠陥法だったこと。第三に、「法務省に人権委員会を置く」という法案構想が、名古屋刑務所暴行事件など「身内の人権侵害」で破綻《はたん》したことである。

高圧放水、革手錠などによる受刑者暴行死傷事件で起訴された刑務官たちは、三月以降の初公判で「職務を遂行しただけ」と主張、問題の根深さを露呈《ろてい》した。続いて、過去一〇年間に全国四刑務所で約一〇〇人が変死したことが、衆院法務委員会の調査で判明した。

法務省は三月、行刑改革会議を設置、受刑者の処遇改善に着手した。だが、その後も府中刑務所イラン人受刑者暴行・差別事件の賠償命令（六月）、長野刑務所の「受刑者犬扱い」事件（九月）と問題が続いた。京都拘置所では、「HIV用」と書かれた洗面器を強要されたとして被告が人権救済を申し立てた（七月）。

この「人権感覚」は警察も同レベル。HIV感染を理由とした警視庁の職員採用拒否に、東京地裁は、「違法」の判決を下した（五月）。警察の違法体質は、捜査でも問われた。日弁連（日本弁護士連合会）は「オウム捜査で違法な捜索・差し押さえを行った」と警視庁に警告（四月）。警察はイラク反戦デモにも「政治性」を発揮、三月以降、一〇人を「いきなり逮捕」し、勾留した。

事件報道が煽《あお》った厳罰化世論を背景に「犯罪者隔離」政策も進んだ。「改正」少年法に基づき、福島地裁は一五歳の少年に初の懲役判決（一一月）。七月の長崎少年事件では、鴻池祥肇《こうのいけよしただ》・防災担当相が「親は市中引き回しの上、打ち首に」と暴言を吐いた。一方、精神疾患患者の「保安処分」を法制化した心神喪失者医療観察法が成立（七月）。そのきっかけとなった池田小事件では、大阪地裁が「刑事責任能力」を認定、死刑判決を言い渡した（八月）。

死刑をめぐっては、超党派の「死刑廃止議員連盟」が六月、終身刑導入などによる事実上の執行停止法案をまとめた。だが、自民党内の存置派の反対で国会提出に至らなかった。

刑事裁判では、「ロス疑惑」銃撃事件の無罪確定（三月）、「横浜事件」再審開始決定（四月、横浜地裁）と冤罪《えんざい》被害者の苦闘が実った。

一方、恵庭《えにわ》女性殺害事件で「犯人の可能性」論による有罪判決（三月、札幌地裁）、渋谷・女性管理職殺人事件（東電OL殺人事件）でネパール人被告の上告棄却（一〇月、最高裁）と、「証拠なき有罪判決」が続いた。この判決の土台には、一審無罪判決後の外国人被告再勾留（二〇〇〇年六月、最高裁決定）という人権侵害がある。以後、同様の外国人被告再勾留が三件続いている。

「司法の犯罪」を問う国家賠償訴訟では、最高裁が「新潟・遠藤事件」（ひき逃げ冤罪）の賠償請求を棄却、「身内」をかばった（七月）。

司法制度改革では、市民参加の裁判員制度導入をめぐる議論が本格化。裁判迅速化、密室取り調べの可視化（録画・録音）などの課題とともに、報道規制問題が浮上した。裁判員への取材制限、偏見報道規制は、個人情報保護法（五月成立）に続き、メディア法規制の危険をはらむ。

一方では、住基ネットが八月に本格稼動し、「官に甘い」個人情報保護法、「有事法制」の国民保護法などとともに、国家による市民のプライバシー管理、私権制限が進行している。

総じてこの一年、「戦争ができる国づくり」に向けた権力の肥大と人権の縮小が進んだ。

それをチェックすべきマスメディアは、朝鮮、イラク、有事法制などで「体制翼賛化」が進行、警察依存の人権侵害報道を続けて法規制を招いている。一日も早く、報道被害を防ぐ自主的なメディア責任制度を確立し、権力監視を主眼とする報道に方向転換すべきだ。

年越しの五つの課題

①権力による人権侵害を摘発できる「人権擁護法」の新規立法

②刑事拘禁施設収容者の処遇改善、人権侵害救済申し立て制度など抜本的行刑改革

③死刑制度調査会設置を含む死刑執行停止法の国会上程、早期成立

④市民重視の裁判員制度、取り調べの録画など被告人の人権を守る司法制度改革

⑤報道被害を防止・救済する自主的なメディア責任制度の確立

第2部◆翼賛化するメディアと記者職剥奪

拉致一色報道が隠す〈未清算の過去〉——日朝交渉はいかに報じられてきたか

（初出＝『検証・「拉致帰国者」マスコミ報道』）

はじめに

二〇〇二年一一月六日付『朝日新聞』声欄に、水戸市に住む六八歳の在日朝鮮人の次のような投書が掲載された。

《日朝平壌《ピョンヤン》宣言が発表されて一カ月半。この間、宣言の歴史的な意義についての議論が前面に出ることなく、マスコミは拉致《らち》問題に焦点をあて報道することだけが目に付きます。拉致事件は私たち在日朝鮮人にとっても大変なショックです。被害者やご家族に申し訳ない気持ちです。同時に「犯罪国家」「自由のない独裁国」「飢餓の国」「平気でうそをつく」「金が欲しくて正常化を望んでいるだけ」「あんな国と国交を結ぶ必要がない」……朝から晩までそんな風に語る報道に、やるせない思いでいっぱいです。朝鮮学校に通う子供たちが、伝統のチマ・チョゴリの制服を脱ぎ、焼肉屋がテレビのニュース番組を避け、居酒屋で「あんな国はつぶれりゃいいんだ」などという声にも我慢をし、ただ耐え続けているのが私たちなのです。民族的蔑視《べっし》と差別に憤りを覚えながら、憎しみが憎しみを呼ばない理性を持ちたいと、国交正常化の行方を見守っているのです》

在日朝鮮人へのいやがらせは、日朝首脳会談当日の九月一七日から始まった。

一七日、大阪の朝鮮初級学校に「生徒を殺すぞ」という脅しの電話。一八日、仙台市の東北朝鮮初中高級学校のホームページに「拉致するぞ」の書き込み。横浜市の神奈川朝鮮初中高級学校の女子児童が登校中のバスで男性に蹴《け》られる事件が起き、同校には「朝鮮に帰れ」などのいやがらせ電話。一週間後の二四日には、全国各地の朝鮮学校やその生徒に対する脅しやいやがらせは計二九一件に達した(以上、『反天皇制運動PUNCH!』一〇月一五日号より)。

一九四五年八月一五日の日本の降伏=朝鮮の光復から五七年。ようやく開かれた日朝首脳の会談が、なぜこんな事態、在日朝鮮人に「ただ耐え続けている」しかないと思わせるような状況を引き起こしているのか。

その主要な原因は、先の投書もふれた通り、「拉致問題だけに焦点を当てた報道」にある。本稿では、まず日朝国交正常化交渉の経過と日朝首脳会談の概要を整理したうえで、拉致一色に塗りつぶされた報道の問題点を検討し、それを通じて、真の日朝国交正常化=日朝人民友好への道を考えてみたい。

日朝国交正常化交渉と「9・17日朝首脳会談」の問題点

1 日朝国交正常化交渉の経過

▼「日韓」のみ先行した国交正常化交渉

今回の日朝首脳会談について考えるにあたり、まずこれまでの日朝国交正常化交渉の経過を簡単に振り返ってみる。

日本の敗戦は、一九一〇年の「韓国併合条約」以来、日本の植民地支配下に置かれていた朝鮮を日本の支配から解放するものであった。一九四五年七月二六日に発表されたポツダム宣言は、朝鮮を日本から分離し、独立させると明記していた。

ところが、第二次世界大戦末期から始まっていた米ソ冷戦が、朝鮮に新たな困難と悲劇をもたらした。米ソは解放されたはずの朝鮮の進路を朝鮮人民に委《ゆだ》ねず、北緯三八度線で朝鮮半島を南北に分断、北はソ連軍、南は米軍が占領した。

朝鮮人民は、南北の統一のもとでの独立を求め、粘り強い闘いを続けた。しかし、一九四八年五月、米軍政下の南朝鮮で南北両地域人民の強い反対を押し切って単独選挙が実施され、同年八月に「大韓民国」(李承晩《イスンマン》政権、以下「韓国」)が成立。続いて九月には、北半分でもソ連の強い影響下で「朝鮮民主主義人民共和国」(金日成《キムイルソン》政権、以下「朝鮮」)が成立し、南北分断国家が形成された。その分断は、やがて二年後の一九五〇年六月、朝鮮戦争という民族最大の悲劇をもたらす。

一方、日本はサンフランシスコ講和条約(一九五一年調印、五二年発効)で主権を回復した。本来、サンフランシスコ講和会議には、すでに独立していた南北朝鮮の両政権が招請されるべきであった。だが、米国の主導下、社会主義諸国を排除して開かれた講和会議には、朝鮮だけでなく韓国も日本政府の強い反対で参加を阻《はば》まれた。戦後も「韓国併合」を正当化し続ける日本政府は、韓国を「講和・賠償」の対象とすることを拒んだ。

しかし、対ソ・対中国「冷戦」と朝鮮戦争の「熱戦」を進めるため、「米・韓・日」による「北朝鮮軍事包囲網」を築く必要に迫られていた米国は、日本政府に韓国との早期国交正常化を強く求めた。それに押されて一九五二年二月の第一次会談以来、七次に及ぶ日韓会談が重ねられた。交渉は、日本側代表の植民地支配を正当化する「妄言《もうげん》」などでたびたび中断したが、一九六五年六月、日本が韓国に五億ドルを供与する「経済協力」で合意、「日韓基本条約」「日韓請求権協定」などを結んで日韓の国交が始まった。

植民地支配の歴史的経緯からすれば、国交正常化は本来、韓国・朝鮮同時に取り組まれるべきものだった。それが韓国とだけ進められたことが、その後の緊張した日朝関係を生み出す基本的な要因となったのである。

▼ホゴにされた「三党共同宣言」

日本政府が長年の朝鮮敵視政策をようやく見直し始めたのは一九八九年、竹下登首相が国会で「過去の関係について深い反省と遺憾の意を表明したい。この立場に立って関係改善を進めていきたい」と述べてからだ。

翌九〇年九月、金丸信・自民党元副総理と田辺誠・社会党副委員長を団長とする自社両党訪朝団が朝鮮を訪問、朝鮮労働党との「三党共同宣言」を発表した。宣言は、日本政府は過去の植民地支配だけでなく、戦後四五年間に朝鮮人民が受けた損失に対しても謝罪し償うべきだ、と明記した。

この三党宣言を受け、日本の敗戦から四六年たった九一年一月、ようやく日朝国交正常化に向けた第一回交渉が開かれた。

この第一回交渉で、朝鮮側は「交渉の基本は過去の清算」とし、植民地支配に対しては賠償と請求権の双方で補償するよう求めた。

ところが、日本側は「補償問題は植民地統治に限った財産請求権として処理する」とし、「戦後の償いには応じない」と三党宣言を事実上ホゴにした。謝罪と賠償ではなく、「経済協力」で「過去の清算」を済ませた「日韓方式」を日朝交渉にも適用しようとしたのだ。そのうえで、日本側は「IAEA(国際原子力機関)による核査察の受け入れ」を交渉の議題にすることも求めた。

以後、途中約八年間の中断をはさみ一一回に及ぶ交渉で、日本側は「核査察受け入れ」を国交正常化の前提として主張。さらに、第三回交渉(九一年五月)では、大韓航空機爆破事件にからむ「李恩恵《リウネ》」問題を、また再開された第九回交渉(二〇〇〇年四月)以降は、「拉致《らち》疑惑、ミサイル、核査察」の包括協議を交渉の前提にするよう要求した。

これに対して朝鮮側は「過去の清算という基本問題を解決したうえで他の問題の処理を図るべきだ」との姿勢を崩さず、交渉は二〇〇〇年一〇月に決裂、以後再び中断した。

この一〇年間の交渉経過を新聞報道などでたどってみると、国交正常化交渉難航の根底には、植民地支配をめぐる日朝双方の認識の違いがあったことが浮かび上がってくる。

第二回交渉(九〇年三月)で、日本側は朝鮮側の求める賠償を拒み、「植民地統治に限った財産請求権としての処理」を求める根拠として、日本の植民地支配の合法性を主張した。すなわち、韓国併合条約をはじめとする植民地支配にいたる諸条約・協定の締結は、いずれも合法的になされたものであり、賠償の対象とはならない、と。

これに対して朝鮮側は、植民地化にいたる諸条約・協定は、日本軍の武力によって強制された、国際法上も違法なもので「当初から無効」と反論。第八回交渉(九二年一一月)では、「大韓帝国の外交権と内政権を剥奪《はくだつ》した第二次日韓協約(一九〇五年)と第三次日韓協約(一九〇七年)には高宗《コジュン》(国王)の官印がなく、法的に成立しておらず、これらの協約を前提に結ばれた併合条約は当初から無効だった」と主張。「財産請求権の枠内での処理」を求める日本側の法的根拠は崩れたとして、改めて「謝罪と賠償」を迫った（九二年一一月五日付『読売新聞』から）。

日本側が「交渉の前提」として次々に持ち出した「核査察」などの条件は、実は朝鮮側が「謝罪と賠償」をあきらめるのを待つ「時間稼ぎ」だったというべきだ。もし、日本側が「謝罪と賠償」に応じる姿勢を見せていれば、次は朝鮮側が日本側の要求に対応せざるを得なくなり、「拉致問題」も含めて別の展開になった可能性も考えられたのである。

▼「財産請求権での処理」への固執

日本側が三党共同宣言で一度は合意した「謝罪と償い」を翻《ひるがえ》し、「財産請求権での処理」に固執した背景には、日朝国交正常化交渉の開始とほぼ同時期、九〇年代初めに、韓国の元「従軍慰安婦」や強制連行された人々、日本軍に徴兵・徴用された被害者らが、次々と起こした賠償請求訴訟がある（このいわゆる「戦後補償裁判」は二〇〇一年末現在、中国、台湾など他のアジア各地からの分も含めて六九件に達している）。

これらの訴えに対して、日本政府は「六五年の日韓基本条約と請求権協定で、すべて解決済み」との見解を繰り返し、賠償を拒んだ。その結果、韓国内に日韓基本条約の見直しを求める声が出始めた。そんな中、日朝交渉で朝鮮側の求める「謝罪と賠償」に応ずれば、韓国政府からも日韓基本条約の再検討を迫られかねない……。

実際、九五年一〇月には、韓国の与野党国会議員一〇六人が、日韓基本条約を破棄し、新条約を結ぶよう求める決議案を国会に提出。九六年二月には、韓国の市民団体「韓日過去清算全国運動本部」が、日韓基本条約の改正案を発表、改正要求の署名運動を始めた。

日韓基本条約の見直しにつながるような事態は絶対に避ける。それを至上命題とする日本政府は、日朝国交正常化第一〇回交渉（二〇〇〇年八月）で、「過去の清算」の具体的方法として、六五年の日韓基本条約を例に挙げ、「経済協力方式」を正式に提案した。

これに関連して、同年一一月、韓国の与野党議員二七人は、日朝国交正常化に際して日本が植民地支配に対する謝罪と賠償を行うことを求める議決案を国会に上程した。韓国内でも、日朝交渉は日韓基本条約を見直す機会として大きな注目を集めていたのである。

2 「9・17日朝首脳会談」

▼一気に動き出した日朝交渉

二〇〇〇年一〇月の第一一回交渉決裂以来、中断していた日朝交渉が、二〇〇二年八月二五日〜二六日、平壌《ピョンヤン》で開かれた外務省局長級協議で、再開に向けて動き出した。

この時点で公表されたのは、日本が中断前に主張していた「双方の諸懸案の解決を包括的に促進する方式」に朝鮮側が同意したことだけだった(日朝共同発表文)。だが、この方式は、交渉中断前に日本側が主張していた「拉致《らち》、ミサイル、核開発」問題を「過去の清算」とともに包括的に協議するというやり方であり、それに朝鮮側が同意したことは、朝鮮側の大きな譲歩を意味するものだった。

日本のメディアの論調は、朝鮮側の譲歩の意味を理解したものとは思えない。八月二七日付の各紙社説は、《拉致事件の解決をあいまいにしたまま、国交正常化交渉が進むようなことがあってはなるまい》=『読売』、《拉致問題で「政治的意思」を示すのは北朝鮮である》=『毎日新聞』、《対話継続では合意したものの、拉致問題をはじめ具体的な進展はないままだ》=『朝日新聞』など、ほぼ共通して「拉致問題解決が交渉再開の課題」と強調するだけだった。

だが、この時点では、すでに両国外務省間で「拉致問題」も含めて「首脳会談による政治的決着」の方針が確認されていたのであろう。三〇日午後、「小泉首相訪朝」が発表され、状況は一気に大きく動いた。

▼首脳会談と「日朝平壌宣言」の概要

九月一七日、小泉首相は平壌《ピョンヤン》市内で会談し、国交正常化交渉の再開を中心とした「日朝平壌宣言」に署名した。その後の「拉致問題」一色報道ですっかりかすんでしまった感のある平壌宣言だが、日朝首脳会談の意義と問題点を理解する基本となるものなので、その骨子を確認しておこう。

①双方は、国交正常化を早期に実現させるため、一〇月中に正常化交渉を再開する。

②日本側は植民地支配によって朝鮮の人々に多大の損害と苦痛を与えたことに痛切な反省とおわびの気持ちを表明。国交正常化後、無償資金協力などの経済協力を実施する。双方は、一九四五年八月一五日以前に生じた事由に基づく両国と両国民のすべての財産・請求権を相互に放棄するとの基本原則で協議する。

③双方は国際法を遵守《じゅんしゅ》することを確認し、朝鮮側は日本国民の生命と安全に関わる懸案問題が再び生じることがないよう、適切な処置をとる。

④双方は、北東アジアの平和と安定のために協力すること、朝鮮半島の核問題の解決のため国際的合意を遵守することを確認。朝鮮側は、ミサイル発射のモラトリアムを二〇〇三年以降も延長する。

この「宣言」に署名した首脳会談に先立ち、朝鮮側は「日本人拉致問題」について「八人死亡、五人生存」という安否情報を示した。

一八日付『毎日』に掲載された「首脳会談のやりとり要旨」によると、小泉首相は拉致事件に強く抗議し、「継続調査、生存者の帰国、再びこのような遺憾な事案が生じない、適切な措置を取ることを求める」と述べた。

これに対して金正日《キムジョンイル》総書記は、「七〇年代、八〇年代初めまで特殊機関の一部が妄動主義、英雄主義に走ってこういうことを行ってきた」「責任ある人々は処罰された。これからは絶対にしない。この場で遺憾なことであったことを率直にお詫《わ》びしたい」と述べた。さらに金総書記は、いわゆる「不審船」問題についても、「特殊部隊が訓練として行っていた」と認めたという。

「9・17日朝首脳会談」は、金総書記が日本人拉致事件に国家機関が関与したことを認め、しかも一三人のうち八人が死亡したと通告したことで、その他の合意事項の意味がすべて吹き飛ぶほどの衝撃を日本社会に与えた。後で詳しく述べるが、当日のテレビ、翌日の新聞朝刊以降の首脳会談報道は、拉致問題一色、朝鮮非難一色に塗りつぶされた。

▼首脳会談と「日朝平壌宣言」の問題点

拉致問題での感情的な朝鮮非難報道だけでは、今回の首脳会談がもつ重要な意味を見失ってしまう。会談の意味や問題点は、拉致問題も含め、もっと冷静に検討・分析し、きちんと評価する必要があるだろう。今回の会談は、日朝関係はもちろん、朝鮮という国家のあり方そのものの重大な転換をはらんでいるからだ。そして、その大転換は主として金政権の重大な決断によって生まれた。

決断の第一は、朝鮮が日本人拉致、不審船（工作船）問題を国家機関の行為として認めたことだ。これは、朝鮮が国家として他国の主権を侵害したことを自ら認めたものであり、いわゆる「テロ国家」の非難を甘受する覚悟なしにはできなかったといえるだろう。

金総書記自身は「最近になって知った」と直接の関与を否定したが、国の最高権力者としての責任は回避のしようがない。（ちなみに、この金総書記の弁明について、ある在日朝鮮人青年は「戦争は軍の一部がやったことで、自分には責任がないという態度をとった昭和天皇と同じ」と自嘲《じちょう》気味に語った）。

第二は、「過去の清算」について、日本側が要求してきた「日韓方式」すなわち、財産・請求権の相互放棄と経済協力による処理を朝鮮側が受け入れたこと。首脳会談で、小泉首相が「わが方としては、補償は受け入れることができない」と言明したのに対して、金総書記は「首相が言われた通り、日本側の方式に従い、協議をしていきたい」と答えた。

これは、ある意味で「拉致」を認めたこと以上の重大な路線転換だ。一九六五年の日韓基本条約締結の際、朝鮮政府声明は「経済協力」による過去の清算を次のように非難した。

《朝鮮人民は、日本帝国主義が朝鮮に与えたすべての人的・物的被害に対して賠償を要求する当然の権利を持っており、日本政府にはこれを履行すべき法的義務がある。したがって、「請求権および経済協力」に関する協定を通じて、日本政府と朴正熙《パクチョンヒ》一味との間でやりとりするのは私的な金銭取引にすぎず、決して賠償の支払いではない》（高峻石《コジュンソク》『現代朝・日関係史　解放朝鮮と日本』社会評論社、一九八七年より）

この基本姿勢は、九一年の第一回日朝国交正常化交渉に引き継がれ、以後の交渉でも一貫して守られてきた。

朝鮮が「経済協力」ではなく、「謝罪と賠償」を求めてきた主張の根拠は、主に二点ある。

①植民地化にいたる諸条約・協定は、日本軍の武力によって強制された違法なもので、これらの協約を前提に結ばれた併合条約は当初から無効②過去の日朝関係は、宗主国と植民地という関係だけでなく、侵略した日本とそれと戦った朝鮮人民との「交戦関係」でもあり、朝鮮には交戦相手の日本に賠償を求める権利がある――。とりわけ、「交戦関係」論は、故・金日成《キムイルソン》主席がパルチザンを率いて祖国を解放した、という「遊撃隊国家」の建国物語と不可分の主張だった。

金総書記が「日本側の方式に従う」と述べたことは、日本の植民地支配に関する建国以来の基本的な認識・評価の放棄、変更を意味する。その重要性に関する認識が、日本のメディア、世論には欠如している。

その一方、日朝首脳会談のこうした合意が日本人・日本社会にもたらすであろう深い意味も、きちんと受けとめられていない。

韓国の日刊紙『ハンギョレ新聞』は、朝鮮が「経済協力方式」を受け入れたことに関して、《韓半島の南に続いて北も不幸な過去を正面から清算する機会を永遠に失ってしまいそうだ》と指摘した（『週刊金曜日』二〇〇三年一〇月一八日号・尹健次《ユンコォンチャ》論文より）。同じことが、日本にも言える。

確かに、平壌《ピョンヤン》宣言で日本側は植民地支配について「反省とおわび」の気持ちを表明した。しかし、その「謝罪の言葉」は、これまで日本の歴代首相が述べてきたことの機械的な繰り返しに過ぎない。「過去の植民地支配によって、朝鮮の人々に多大の損害と苦痛を与えた」というなら、その「損害と苦痛」の実態や責任の所在を日本側自身が調査して明らかにし、きちんと賠償するのがスジだ。「日本人拉致《らち》」問題では、日本政府は朝鮮側に「被害者への賠償、犯人引渡し」などを要求する方針と伝えられてもいるのだ。

首脳会談で、朝鮮側は「日本人拉致」について具体的に言及し、謝罪した。しかし、日本側は、「朝鮮人拉致」すなわち、強制連行や「慰安婦」問題には、ふれもしなかったし、その調査や責任問題にも言及しなかった。

敗戦から五七年、天皇制日本が行ったアジア侵略戦争について、その加害責任をあいまいにしたまま、被害各国への賠償を新たな経済侵略の機会にすりかえてきた日本。そんな中で、植民地支配への謝罪と賠償を突きつけられた日朝国交正常化交渉は、日本が国としても日本人一人一人としても、日本が行った侵略戦争、それがひき起こした惨禍《さんか》、それに責任をとってこなかった戦後のありようと正面から向き合う最後の機会だった。それを回避し、「日韓方式」で決着させようとしてきた日本政府にとって、今回の首脳会談の合意内容は、一方的な「勝利」を意味するものだろう。しかし、私たちは「過去を正面から清算する機会」をこのまま失ってもいいのだろうか。

▼緊張緩和、朝鮮敵視政策の転換へ

今回の首脳会談では、双方が「北東アジア地域の平和と安定を維持、強化するため、互いに協力していくことを確認」した。朝鮮側は、ミサイル発射のモラトリアムを二〇〇三年以降も延長する意向を表明、両国が朝鮮半島の核問題の包括的な解決のために国際的合意を遵守《じゅんしゅ》することも確認した。

このことは、緊張が続いてきた日朝関係を和らげる画期的な意味をもつ。それだけでなく、朝鮮半島の平和・南北の和解と統一に向けても重要な役割を果たすものと、韓国では好意的に受けとめられているという。日本にとっても、戦後一貫してとり続けた「朝鮮敵視政策」を改める転機になり得る。

その意味で、首脳会談は、主に朝鮮側の譲歩、重大な路線転換によって、日朝関係と朝鮮半島情勢に新たな一歩を記したといえる。

賠償を伴わない「過去の清算」という大きな問題点はあるが、それをもって、首脳会談の積極的な意味まで否定してしまうのは誤りであろう。要は、開かれた扉を再び閉じないようにしながら、残された課題、問題点を解決していく双方の国、人民の努力だ。

しかし、「9・17」以降の日本の世論は、首脳会談の意義や問題点を冷静に受けとめることができず、拉致問題をめぐって朝鮮非難一色に染まっている。そんな世論を作り出してきたのが、かつて侵略戦争に加担し、その責任をとらずに戦後をやりすごしてきた新聞をはじめとするマスメディアである。

〈過剰と欠落〉——拉致・朝鮮非難一色に塗りつぶされた日朝首脳会談報道

1 ナショナリズムを煽る朝鮮断罪報道

▼「拉致・八人死亡」の衝撃

首脳会談翌日、九月一八日の各紙朝刊は、一面から社会面まで、「拉致《らち》」の特大活字に埋め尽くされた。とりわけ社会面は、それ自体は当然な被害者家族の悲嘆を大見出しにし、読者の感情に訴える情緒的な紙面に編集された。

《死亡「余りに残酷」／なぜ「真実教えて」／これまでの我慢すべて無駄に》＝『朝日』

《待ち続け残酷宣言／涙の家族「死亡信じない」／人間として許せぬ》＝『読売』

《娘死んでたなんて／「最期の時知りたい」／宣告「地獄のよう」》＝『毎日』

首脳会談と宣言の意味を包括的に論ずべき社説も、《許し難い残酷な国家テロだ／拉致究明なき正常化はない》＝『毎日』、《酷《むご》い、あまりにも酷い／「正常化交渉」前に真相究明を》＝『産経新聞』、《あまりにもむごい》＝『東京新聞』など、情緒的表現が目立った。

テレビのニュース、特別番組、ワイドショーでは、被害者家族の涙、悲嘆にくれる映像が何度も何度も繰り返して流された。

被害者家族が、「八人死亡」という予想外の通告にショックを受け、怒り、悲しむ姿は、私もテレビで見ていてつらかった。「自分は知らなかった」という金総書記の弁明にもしらじらしさと憤りを覚えた。状況が変化すると自分の責任を棚に上げ、「一部の不心得者」にすべての責任をかぶせるのは、権力者の常套《じょうとう》手段だ（その典型例が、昭和天皇である）。

だが、その報道の仕方には問題がある。「被害者感情」に身を寄せて「加害者」を糾弾するという、日ごろの事件報道と同じ「勧善懲悪《かんぜんちょうあく》」のわかりやすい手法。しかし、被害者とその家族以外の日本人、とりわけメディアには、そう簡単に「被害者の立場」だけでものを言うことは許されない。なぜならば、日本には、もう一つの「国家による拉致問題」が未解決のまま残されており、その被害者・家族が日本に住んでいるからだ。私たちは、在日コリアンの「感情」にも目を向け、身を寄せなければならない。

日朝首脳会談一週間後の九月二四日付『読売』大阪本社版「気流」欄に、《悲痛な思いの在日コリアン》のタイトルで、五三歳女性の投書が掲載された。

《金総書記が拉致を認め、拉致された人たちの生存状況に言及した時、日本人だとか在日外国人だとかいう枠を超えて不信感や憤り、悲しみが交錯しました。被害者の家族の心情は、言葉で表現できる状態ではなく、私はそのご家族にどうしても謝罪しなければ、という気持ちでいっぱいになりました。両国の正常な関係を結ぶ第一歩でこんな痛みを味わわされることは本当に残酷です》

小泉首相が、過去の植民地支配について「反省とおわび」を表明したことに、どれだけの日本人が、自分も「どうしても謝罪しなければという気持ち」になっただろうか。そんな日本人の謝罪意識を喚起する報道はなされず、一方的な「被害者意識」に浸らせるだけの報道がひたすら繰り返された。

▼「異常な国」報道と朝鮮人蔑視

「拉致問題」は、首脳会談の重要な要素ではあっても、すべてではない。しかし、「9・17」以降の報道は、拉致被害者とその家族の様子や声を伝えることをメーンにしつつ、もう一つの報道テーマとして「拉致国家・朝鮮」断罪に大きなエネルギーを注いだ。

「危険な国」「異常な国」「無法者の国」＝『朝日』、「テロ国家そのもの」＝『読売』、「謀略国家」＝『毎日』、「非人間的な国家」＝『産経』――これらは一八日以降の各紙社説や論説が、朝鮮に対して使った形容だ。

テレビのワイドショーや週刊誌は、こうした形容を「裏付け」するかのように、「金正日《キムジョンイル》の正体」「金王朝の秘密」などと、「朝鮮の異常性」を面白おかしいタッチで「再現映像」や読み物に仕立て、毎日、毎週のように流した。

こうしたメディア総ぐるみの「反北朝鮮」キャンペーンが、情報の受け手にどんな意識、感情をもたらしたか。それは、首脳会談直後からの在日朝鮮人に対する相次ぐ暴行・脅迫事件が如実に物語っている。

一連の報道は、表向き金政権だけを非難するように見えるが、その語り口やニュアンスには、「在日への攻撃」を誘発する要素が見え隠れする。報道する側の意識の底に、朝鮮という国全体、ひいては韓国、在日コリアンも含めた朝鮮民族全体に対する根強い差別意識、蔑視《べっし》の感情がとぐろを巻いているのだ。

それは、日本が朝鮮を指導していくのだ、といわんばかりの次のような物言いにもあからさまに表れている。

《この国を「普通の国」へ誘導していくことが隣国である日本の責任であり、国際社会への貢献でもある》（九月一八日付『毎日』政治部長署名記事）

《人権感覚にほど遠い国なのである。だからこそ、日本政府はその異常さを踏まえ、普通の国に変わるよう、国交交渉を通じて促していく必要があるのだ》（同二〇日付『朝日』社説）

敗戦後五七年間、侵略・植民地支配に対して謝罪も賠償もしてこなかった日本は「普通の国」か。強制連行された元「慰安婦」や日本軍の戦争責任の肩代わりをさせられた朝鮮人BC級戦犯の賠償の訴えを「すべて決着済み」と一蹴《いっしゅう》する日本政府に、「人権感覚」があるのだろうか。

こうした社説などの筆者にあるのは、自国のありように対する度し難いノー天気である。かつての初代韓国統監・伊藤博文以来、日本の政治家たちが見せてきた、朝鮮に対する傲慢《ごうまん》な「保護者」気取り。

日本のメディアには、隣国にえらそうな「説教」を垂れる前に、自分たちの国、政府に関して反省し、指摘すべき課題が山積している。

拉致《らち》問題をめぐる朝鮮非難一色報道には、被害者を追いかけ回し、日常生活にまでカメラを持ち込むプライバシー侵害、「集団的過熱取材」の問題もあるが、ここでは、そうした拉致被害者に対する人権侵害報道が、日ごろの事件報道と同様、「加害の残酷さ」「被害の悲惨さ」を強調するパターン化した報道姿勢から行われ、被害者に二次被害を与えていることだけ、指摘しておく。

2 「日韓方式」への無批判な報道

▼「日韓方式」を称賛した各紙社説

拉致問題一色の紙面に隠れて目立たなかったが、日朝首脳会談で「過去の清算」が「日韓方式」で行われることになったことへのメディアの評価には、見過ごせない問題がある。

《北朝鮮が求める「過去の清算」については、首相が「反省とおわび」の意を伝えた。北朝鮮がこれまで固執してきた「補償」については、いわゆる経済協力方式を軸に検討することで一致した。経済協力方式は、日韓国交正常化交渉で、日韓両国が財産・請求権を放棄し、日本の計五億ドルの無償、有償援助で合意した経緯を踏まえたものだ。日本の主張が通ったと言えよう》（九月一八日付『読売』社説）

《焦点は大きく分けて四つあった。①植民地支配の清算に向けて道筋をつけられるか。（中略）まず②は、小泉首相のおわびを受けて北朝鮮が従来の賠償要求を取り下げ、日韓条約と同じ経済協力方式で妥協した。金額などはこれからだ。ほぼ満点である》（同一二日付『朝日』社説）

日本政府にとっては「ほぼ満点」であっても、植民地支配で「多大の損害と苦痛」を受けた朝鮮の強制連行などの被害者は、自分たちの「謝罪と賠償」の訴えが無視された、と思ったに違いない。それは、日本人にとっても「過去を正面から清算する機会」を失うことにつながる。「日韓方式」は、そんなに立派なものだったと新聞社の論説委員たちは考えているのだろうか。

▼植民地支配を正当化した「日韓方式」

前述した通り、日韓国交正常化交渉は米国の冷戦政策に押されて始まり、一九五二年の第一次会談以来、一四年間・七次に及ぶ会談が重ねられた末、一九六五年に「日韓基本条約」「日韓請求権協定」などを結んで終わった。

基本的に同じ「西側陣営」に属し、米国の後押しも受けながら、日韓両国の交渉が一四年にも及んだのはなぜか。その原因は、先に検討した日朝交渉と同じく、植民地支配に関する日韓両国の認識の食い違いにあった。

基本的な論争点は二点。一つは、韓国併合条約をはじめとする諸条約・協定の合法性をめぐるもの。もう一点は、財産請求権の相殺か賠償かという対立。それに、韓国の李承晩《イスンマン》大統領が韓国漁業の保護を目的に設定した「李ライン」をめぐる対立が加わった。

この論争・対立の火に油を注いだのが、一九五三年一〇月の第三次会談における日本側首席代表・久保田貫一郎発言だった。

《韓国側が、そのような請求権を出すというならば、日本としても朝鮮の鉄道や港を作ったり農地を造成したりし、大蔵省は当時、多い年で二千万円も持ち出していた。これらを返せと主張して韓国側の政治的請求権と相殺しようということになるではないか。当時、日本が行かなかったら、中国かロシアが入っていたかもしれない。（日本の投資は）日本のためのみではない。朝鮮の経済にも役立っているはずだ》（一九五三年一〇月一六日付『朝日』より）

その後、何度も日本の政治家たちによって繰り返される「妄《もう》言《げん》」の原型だ。この久保田発言で会談は決裂、約五年間中断した。

李承晩政権が一九六〇年の「4・19革命」で倒れた後、一一月に開かれた第五次会談で、日本側は、財産請求権問題を棚上げにしたうえで日本が「経済援助」するという「経済協力方式」を打ち出した。それに飛びついたのが、翌六一年五月、軍事クーデターで政権についた朴正熙《パクチョンヒ》大統領だ。同年一〇月の第六次会談以後、水面下も含めた日韓の交渉の主たるテーマは、「経済協力」の金額となった。

交渉が大詰めを迎えた第七次会談中の一九六五年一月、日本側首席代表・高杉晋一が外務省記者団との会見でこんな発言をした。

《朝鮮統治に対する日本の謝罪を要求する声もあるというが、日本としても言い分がないのではない。日本は善行をするために、朝鮮をより豊かにするために支配した。（中略）日本の謝罪うんぬんは不当な話である。日本は朝鮮に工場・家屋・山林などを置き去りにした。創氏改名にしても、それは朝鮮人を同化して日本人扱いするための措置であって、決して悪事であったとはいえない》（金東祚《キムドンジョ》著『韓日の和解　日韓交渉14年の記録』サイマル出版会、一九九三年より）

首席代表が、こんな認識で交渉に当たっていたのである。記者たちは発言を記事にしなかったが、日本共産党機関紙『アカハタ』がすっぱ抜き、韓国の『東亜日報』が報じて韓国で問題化した。あわてた韓国側首席代表・金東祚《キムドンジョ》は発言をなかったことにするため、高杉代表に弁明の機会を設け、発言を公式に否定させた。その経緯を金東祚は《込みあげる憤怒を抑制して、一種の偽装劇を演出したのである》と、『韓日の和解』の中で告白している。

朴政権が、日本側の暴言を隠蔽《いんぺい》してまで結んだ日韓基本条約には、「高杉妄言」の通り、植民地支配に対する謝罪の言葉はなかった。韓国併合にいたる諸条約・協定に関しては「もはや(already) 無効である」という玉虫色の表現でごまかした。韓国側はこれを「当初から無効」と解釈し、日本側は「韓国成立で無効」と解釈、それぞれ国内に説明した。

同時に結ばれた日韓請求権協定は、日本が有償・無償計五億ドル、民間借款三億ドルを供与することをもって、両国間の請求権問題が「完全かつ最終的に解決された」とした。日本政府は後に、この協定を盾に元「慰安婦」などの賠償請求をすべて拒絶する。

五億ドルの供与といっても、実態は「日本国の生産物並びに日本人の役務で供与」するものと規定され、日本から買い付けることが義務化されていた。日本の大資本にとっては、それまで進出を制限されていた韓国市場に、政府の支払保証つきで参入するというリスクのないビジネスとなった。

また、民間借款では、日本側企業が韓国政府の事業許可を得るため政府高官に「政治資金」という名のリベートをばらまき、韓国資本も日本からの借款を受けるため政府の認可を求めて賄賂をばらまいた。朴政権はそうして得た巨額の裏金を、軍事独裁政権維持の工作資金として思うままに使うことができた。

まさに、日・韓・政・商の汚職複合体が、「日韓方式」によって形成されたのである。

▼「日韓の二の舞」の恐れ

日朝首脳会談で、金総書記が「日韓方式」を受け入れた背景には、深刻な経済危機があると、専門家は指摘している。

東アジア貿易研究会の田中喜与彦氏が『週刊金曜日』二〇〇二年一〇月一八日号に寄せた論文によると、ソ連・東欧圏の崩壊により、朝鮮はそれまで「友好価格」で輸入していた物資を「国際価格」で外貨決済しなければならなくなった。一九九五年の大洪水とその後の旱魃《かんばつ》・洪水の繰り返しは、農業だけでなく他の基幹産業にも大打撃を与えた。食糧難は慢性化し、朝鮮の累積債務はＧＤＰ（国内総生産）に匹敵する規模に達しているという。

金総書記がそうした経済危機、それに伴う政権の危機から脱するために「日韓方式」を受け入れたのだとすれば、状況は「日韓基本条約」の朴政権と重なってくる。もし、「経済協力」とそれに伴うさまざまな資金が政権維持のために利用され、その一方で植民地支配の直接の被害者への賠償が切り捨てられるとしたら、まさに事態は朴政権時の韓国と同じことになるのではないか。

3　報道されない〈未清算の過去〉

▼日本の侵略、植民地支配の歴史と責任

日朝首脳会談をめぐる九月一七日以来の一連の報道は、二〇〇一年「9・11」後の米国メディアが陥った混迷を想起させる。被害の無残さに目を奪われ、事件の背景にあるさまざまな問題や歴史的経過を冷静に伝えるジャーナリズムとしての使命を忘れて、結果的にナショナリズムと報復感情を煽《あお》っていく報道。メディアの限られたスペースが当面の被害状況、それをリアルに印象付ける被害者報道で埋め尽くされ、出来事の根底にある複雑な問題は、伝えるスキマがなくなる。

「過剰と欠落」というのは、マスメディアの陥りやすい陥穽《かんせい》だとしても、現在進行中の日朝交渉報道が落ちた穴は、あまりにも大きく深い。たとえば、『読売』の場合、小泉訪朝発表後の八月三一日から一一月一〇日までの約七〇日間に、データベースで「拉致《らち》」を検索語にして見つかる記事は地方版も含めて一七五四件。それに対して、「植民地支配」では四〇件、「過去の清算」は四八件、「強制連行」は一九件、「従軍慰安婦」にいたっては、わずか二件しかなかった。

日本の戦後教育が、天皇制日本の侵略の歴史を教えてこなかったとしても、いやそれだからこそ、ジャーナリズムには「過去を正面から清算する機会」として、「清算すべき過去」をきちんと伝えていく義務がある。

その欠落の穴を少しでも埋めるために、日本の侵略と植民地支配の歴史、及び加害責任について、ごく概略的に記しておきたい。

日本の朝鮮侵略について語るとき、「不幸な過去の一時期」という言い方がよくされる。まるで自然現象のような無責任な表現だが、その言葉が指しているのは、せいぜい一九一〇年以降の植民地支配の時代に限られている。その「限定」には巧みな政治的意図が隠されている。一八六八年の「明治維新」以来、日本政府が一貫してとってきたアジア侵略政策を不問に付してしまうのだ。

日本の朝鮮侵略は、「韓国併合条約」の三五年も前、「明治維新」から七年後の一八七五年、「雲揚《うんよう》号事件」から始まっている。日本の軍艦が朝鮮の江華島《カンファド》沖で示威行動を繰り返したうえ、江華島の砲台から攻撃を受けたとして砲台を破壊するなど、過剰な「反撃」をした事件だ。日本には何も被害はなかっ

たにもかかわらず、日本は翌年、朝鮮に艦隊を派遣して賠償を要求、その武力脅迫のもとで「江華島条約」という一方的な不平等条約を結ばせた。

　以後、日本は清国、ロシアとの間で朝鮮半島の支配権をめぐって争いを繰り返す。一八九四年〜五年の日清戦争、一九〇四年〜五年の日露戦争は、いずれも朝鮮支配をめぐって行われた「帝国主義戦争」だ。その間、一八九五年には、日本の意のままにならない朝鮮王妃を日本公使らの意を受けた「大陸浪人」たちが、宮殿に押し入って惨殺《ざんさつ》する「閔妃《ミンビ》暗殺事件」をひき起こしている。

　一九〇四年二月、日本の連合艦隊は朝鮮・仁川《インチョン》沖でロシア艦隊を奇襲・撃破し、日本陸軍も仁川に上陸、ソウルに入った。日露戦争開戦直後、こんな状況下で結ばれたのが、韓国政府から外交と財政の実権を剥奪した「日韓議定書」だ。

　続いて一九〇五年には、「第二次日韓協約」で韓国を保護国化、日本は統監府を設置し、伊藤博文が初代統監に就任した。この協約に当時の国王の委任状も官印もなかったことが、戦後「無効条約」として問題化する。

　さらに一九〇七年の「第三次日韓協約」で日本は内政権も握り、この時点で事実上、植民地化を完成。一九一〇年の「韓国併合条約」で日本は名実ともに韓国を併合した。

　その後の日本による朝鮮植民地支配の歴史は、朝鮮を日本のアジア侵略のための「兵站《へいたん》基地化」していく過程だった。農業も鉱工業も日本の経済政策に基づいて再編され、多くの農民が土地を奪われた。日本で米騒動が起きると、朝鮮産米が有無を言わさず日本に移送され、朝鮮人は飢餓《きが》状態で放置された。

　日中一五年戦争が始まると、朝鮮人そのものが「兵站」化されていく。「食糧供出」に続いて「労務供出」が強要された。一九三九年には強制的な徴用が始まり、軍需産業や炭鉱、土木工事の現場に朝鮮人が「強制連行」されていく。連行先は、日本本土だけでなく、遠くサハリンにまで及んだ。一九二〇年に三万人だった日本に住む朝鮮人は、一九四五年には二一〇万人に達した。

　一方で、「内鮮一体」の名のもとに「皇民化」が強制された。朝鮮民族は文化を奪われ、言葉を奪われ、文字を奪われ、ついには名前さえ奪われた。「高杉妄言《もうげん》」が「悪事だったとはいえない」と言った「創氏改名」の強要である。まさに民族抹殺《まっさつ》政策だ。そうして、植民地支配、皇民化に逆らう者、抵抗する者は、容赦なく弾圧され、殺された。思想の自由も、言論の自由もいっさい否定された。

　日中戦争が泥沼化し、「兵力」が足りなくなると、男たちは安上がりの兵士に仕立て上げられ、侵略戦争の弾よけにされて殺された。そして女たちは「皇軍兵士」の性奴隷＝「慰安婦」にされ、戦地を引き回されたうえ、多くの人たちが命を失った。

一九〇五年の「保護国化」以来、実質四〇年に及んだ日本の植民地支配の歴史は、朝鮮人民を日本のアジア侵略の道具として奴隷化し、民族を抹殺した歴史だった。日本が清算を迫られてきた「過去」とは、そういう歴史のすべてである。

▼朝鮮の南北分断に加担した戦後の責任

日朝国交正常化交渉の道筋をつけた一九九〇年の三党共同宣言に明記された「戦後四五年の償い」は、第一回交渉で日本があっさり否定し、今回の首脳会談でも完全に無視された。メディアの報道も当然のごとく、この問題にはふれない。しかし、「日本人拉致」を起こすにいたった朝鮮という国のありようも含め、日本には朝鮮の南北分断に加担した戦後の責任は免れないと思う。以下、日本の戦後責任についても、概略を記しておきたい。

前述した通り、日本の敗戦直後、朝鮮は北緯三八度線で米ソ両軍によって南北に分断占領された。この分断は、「朝鮮人民の奴隷状態に留意し、やがて朝鮮を自由かつ独立のものたらしむる」とうたった一九四三年の「カイロ宣言」、その宣言の履行を確認した「ポツダム宣言」の精神を米ソ両国の大国主義が踏みにじり、勝手に決めたものだった。

北緯三八度線での分断は、もともと日本軍の作戦配置に由来する。一九四五年初め、大本営は、朝鮮駐屯軍を三八度線で南北に分け、北は対ソ連軍、南は対米軍の部隊に再編成した。その配置が、そのまま米ソ両軍の占領地域となり、やがて三八度線は、米ソ冷戦の最前線となっていった。

一九四八年、南北に分断政権が成立すると、日本は米国の冷戦政策に従い、「対北敵視」政策をとった。一九五〇年に始まった朝鮮戦争では、日本は米軍の兵站基地となり、物資でも人的にも全面的に戦争協力し、その「朝鮮戦争特需」で、敗戦以来続いていた経済危機を脱した。朝鮮人約三〇〇万人が犠牲になり、国土の八〇％が焦土と化した朝鮮民族の悲劇の陰で、日本は「経済復興」を成し遂げ、その後の高度成長の土台を築いたのである。

一九五一年のサンフランシスコ講和条約とともに締結された日米安保条約で、日本は政治上も軍事上も、完全に米国の冷戦戦略構造に組み込まれた。憲法九条を踏みにじって創設された自衛隊は、米・韓・日の「対北軍事包囲網」の一翼を形成、朝鮮との間に軍事的緊張関係をもたらした。

朝鮮を無視して進めた日韓国交正常化交渉。一九六五年の日韓基本条約は、韓国を「朝鮮にある唯一の合法的政府であることを確認する」として、朝鮮の南北分断を固定化した。これは、朝鮮敵視政策の完成であると同時に、日朝間の国交正常化交渉、「過去の清算」への扉を長期にわたってふさぐものだった。

戦後一貫した日本の朝鮮敵視政策、米・韓・日の軍事包囲網。それが、朝鮮の「軍事独裁国家」化やミサイルなどの兵器開発、国家機関による海外テロ、さらには日本人拉致《らち》と無関係だと言えるだろうか。

今回の日朝首脳会談後の九月二七日付『読売』(大阪本社版)「気流」欄に、二四歳の在日朝鮮人男性の次のような投書が載った。

《首脳会談でとりわけ衝撃的だったのは、朝鮮側が明かした拉致問題の事実関係と、それに対する金総書記の謝罪の言葉だろう。改めて遺族の方々には心からお悔やみ申し上げると同時に、誠実な補償が行われるべきである、と私は思う。しかし、同時に日本の方々に考えていただきたいことがある。歴史に〈もしも〉と言うのはあり得ないが、「もしも日本による植民地支配がなかったら?」「もしも不幸な過去の歴史をもっと早く清算していたら?」拉致問題は起こりえただろうか。私の祖父母はともに植民地時代に日本に渡ってきたが、日本による補償はもとより謝罪の言葉も聞けずに他界した。そして、何よりその子孫である私たち、在日朝鮮人は今なお、目に見えない差別と闘い、いわれなき言葉(暴言)を受けながら生きているのである》

日本のマスメディアには、こうした視点から日朝の歴史を検証し、伝えていく報道姿勢が決定的に欠けている。

このほか、本稿ではふれられなかったが、日本には、戦後も改められなかった朝鮮人同化政策、指紋押捺《おうなつ》強制、民族教育の妨害などの「戦後責任」も問われている。

おわりに

私は、日朝国交正常化を、「過去を正面から清算する機会」、それもほぼ最後の大きな機会と考えている。しかし、日本では「清算」の前提となる「過去」そのものが、きちんと認識されていない。その大きな原因は、日本の侵略と戦争の歴史を伝えない学校教育とマスメディアにある。その空白をぬって、「新しい歴史教科書をつくる会」や小林よしのりらが「過去の改竄《かいざん》」を進め、少なからぬ若い人たちが「ゴーマン」化している。

今回の日朝首脳会談をめぐる報道は、「過去を正面から清算する機会」を無にするばかりか、日本人全体を「ゴーマン」化させる方向で進んでいる。それは、いつかまた、アジア侵略の歴史を繰り返しかねない危険な道につながっている。

そうした報道の中心になっているのが、「日本人拉致問題」。メディアがそれを取り上げるのは当然だ。問題は、報道の大半が、したがって日本人の大多数が、日本人拉致問題を日朝間の長い歴史から切り離し、一方的な「被害者」の立場に立ってしか考えようとしていないことにある。

国家権力による拉致は、戦争と並ぶ最悪の人権侵害であり、人道に対する犯罪である。被害者と家族及び日本政府が、その罪を犯した朝鮮（金正日《キムジョンイル》政権）を糾弾し、「原状回復」を求めるのは、きわめて当然の行動だ。

朝鮮政府は、拉致問題の徹底的な調査を行い、その結果を公表して個々の被害者と家族に誠実に謝罪し、賠償するとともに、責任者を処罰し、再び同じことが起きないよう原因を究明し、再発防止措置を確立しなければならない。その過程では、最高権力者としての金総書記自身の責任追及も行われなければならないだろう。

だが、日本政府と日本人は、「国家権力による拉致」を糾弾し、その罪を犯した国家の責任を追及する眼差《まなざ》しを、自らにも向けなければならない。日本人拉致被害者と家族の筆舌に尽くしがたい苦しみを知った今、私たちは、かつて日本によって同じ苦痛を味わわされた朝鮮人拉致被害者と家族の苦しみを痛切に思い浮かべることができる。

もちろん、被害者の数の問題ではない。しかし、日本人は、知っておく必要がある。日本によって強制連行された朝鮮人拉致被害者が少なくとも一〇〇万人を超えること、日本の侵略戦争に皇軍兵士として動員され、悲惨な戦地に拉致された朝鮮人が三六万人もいること、そして日本軍兵士の性奴隷にされた朝鮮人女性が十数万人に及ぶことを。それだけの数の悲しみが、日本によって作り出されたことを。そして、いまだにそれらの被害者・遺族に対する謝罪と賠償がなされていないことを。

朝鮮国内でも、「慰安婦」被害者の調査が進められている。一九九二年以来、名乗り出た被害者は二一八人。うち九六人は、日本人拉致被害者と同じように、居住地や旅行中に日本人によって拉致されたと証言している（『日本軍性奴隷制を裁く２０００年女性国際戦犯法廷の記録』第３巻、緑風出版、二〇〇一年）。

こうした被害者の謝罪と賠償の要求が、日朝首脳会談で合意された「日韓方式」によって日朝両政府から切り捨てられるようなことは、決してあってはならない。

最後に、蛇足かもしれないが、朝鮮民主主義人民共和国、金正日政権に対する私の基本的なスタンスを述べておく。

一九七四年に発表された朝鮮労働党の「党の唯一思想体系確立の十大原則」に、次のような文言がある。

《組員は偉大な首領金日成元帥に忠誠をつくし、その権威を絶対化して―それに従わなければならない。神格化、絶対化、信条化、無条件性、これは首領に対する忠誠の基本要求、基本尺度であり、首領に忠実な革命戦士、真実の金日成《キムイルソン》主義のもっとも基本的な品性である》

これは、マルクス主義の立場から「チュチェ思想」を批判した在日朝鮮人哲学者・林誠宏《りんせいこう》の『裏切られた革命　金日成主義批判序説』（創世記、一九八〇年）から引用したものだ。これを読んだとき、私は金日成《キムイルソン》体制とは「社会主義の衣を着た天皇制」だと思った。

権力者に対する個人崇拝の強要、絶対化、神格化が、それに反対・抵抗する人々への権力による抑圧・弾圧を招来し、軌道修正のきかないシステムを形成して、人民を破滅的な事態に導くことは、天皇制日本、ナチス・ドイツ、スターリン主義ソ連が、甚大な人命の犠牲を伴って立証した。

このような制度をとっている政権および権力者を私はいかなる意味でも支持しないし、擁護もしない。しかし、そうした政権とその支配下にある人々は、別個の存在である。それを混同した日本のマスメディアの朝鮮バッシングもまた、私は容認できない。

※本文で引用した以外に、本稿執筆に当たって参照した主な文献・資料

『日韓併合小史』（山辺健太郎、岩波新書、一九六六年）
『韓国併合』（海野福寿、岩波新書、一九九五年）
『日本による朝鮮支配の40年』（姜在彦、朝日文庫、一九九二年）
『無答責と答責　戦後五〇年の日韓関係』（寿岳章子・祖父江孝男編、御茶の水書房、一九九五年）
『韓国現代史入門』（高峻石、批評社、一九八七年）
『「反日感情」韓国・朝鮮人と日本人』（高崎宗司、講談社現代新書、一九九三年）
『朝鮮民主主義人民共和国の神話と現実』（玉城素、コリア評論社、一九七八年）
『韓国―朝鮮報道・再考』（滝川洋・田勝、田畑書店、一九七八年）
『在日韓国・朝鮮人の戦後補償』（戦後補償問題研究会編、明石書店、一九九一年）
『日本が知らない戦後責任　国連の人権活動と日本軍「慰安婦」問題』（戸塚悦朗、現代人文社、一九九九年）
『戦後補償から考える日本とアジア』（内海愛子、山川出版社、二〇〇二年）
『語られなかったアジアの戦後　日本の敗戦―アジアの独立―賠償』（内海愛子・田辺寿夫編、梨の木社、一九九一年）
『戦争と性　近代公娼制度・慰安所制度をめぐって』（川田文子、明石書店、一九九五年）
『女性・戦争・人権』第4号（「女性・戦争・人権」学会学会誌編集委員会、行路社、二〇〇一年）
『週刊金曜日』に掲載された日朝首脳会談に関する各記事

新聞記者の〈言論の不自由〉を考える

（初出＝月刊誌『創』二〇〇三年五月号）

《言論には堂々と言論で立ち向かう。これが私たちの社会の大原則だ。このことを繰り返し強調したい。言論の自由は、表現の自由、思想・信条の自由と一体のものだ。社会全体で守り通していかねばならない。しかし、現実には、この自由を威圧的な手段でねじ曲げようとする動きが絶えない》

これは、関連八事件すべての時効が成立した朝日新聞阪神支局襲撃事件など警察庁指定「116号」事件について、三月一二日付『読売新聞』に掲載された社説の一節だ。

タイトルは、《言論を守る戦いに終わりはない》。ほんとうに、その通りだ、と思う。

だが、言論の自由をねじ曲げようとする「威圧的な手段」は、銃弾や暴力、脅迫だけとは限らない。新聞記者が社外のメディアに発表した言論に関して、その記者本人ではなく、新聞社に「苦情」を言う、という「手段」もある。苦情を受けた新聞社が、その記者を配転し、「記者資格」を奪って「記者」を名乗れなくさせるとしたら……。

などと、他人事のように書いてきたが、これはつい最近、私自身に起きた出来事である。現在の日本のメディア状況を象徴する「事件」として、その詳細を報告したい。

問題とされた『週刊金曜日』連載

私は一九九七年八月以来、『週刊金曜日』の「人権とメディア」欄に、隔週で報道検証の記事を書いてきた。事件報道による人権侵害、いわゆる報道被害にかかわる問題が主要なテーマだが、それに関連して冤罪《えんざい》、死刑制度、性差別・性暴力、報道の自由とメディア法規制、報道倫理とジャーナリストのあり方、さらには皇室報道や日の丸・君が代問題、日本の侵略戦争責任、憲法九条、戦争報道など、その時々の重要な課題とそれに関するメディアの報道姿勢についても、「人権」の視点から報道を検証し、問題点を指摘している。

この連載執筆に際しては、〈「人権と報道・連絡会」世話人・読売新聞記者〉を名乗ってきた。メディアと報道を批判的に検証する自らの立場を、読者に明らかにする責任があると考えたからだ。「読売新聞記者」と書いたからといって、記事の内容が「読売新聞を代表したもの」などと誤解する読者はだれもいないだろう、自分が大手メディアの記者であることを明らかにせずにメディア批判をすることは、アンフェアであるとも思ってきた。

二〇〇二年八月下旬、日朝外務省局長級協議が行われて以降は、「日朝交渉」やそれに付随する諸問題を、メディア自身の問題としてたびたび取り上げてきた。

九月六日号（本書一四七頁）では、《日朝交渉報道／問うべきは日本の侵略責任》と題して、外務省局長級協議に関する各紙の社説、論調を検証。「拉致《らち》問題解決が交渉再開の課題」とする各紙の主張を批判し、日朝交渉が難航してきた原因は、日本側が植民地支配への謝罪・賠償を拒絶し、日韓国交交渉と同じ「経済協力方式」に固執してきたことにあった、と指摘した。

続いて九月二〇日号（本書一四九頁）では、《「能登沖不審船」報道／欠落した「公正・冷静・反省」》と題し、国籍を明示して日本から四〇〇キロも離れた公海上を航行する船を「不審船」と大報道するメディアを「政府の広報機関か」と批判した。

この記事が出て数日後の九月二六日、私は所属するメディア戦略局データベース部の前部長でもある同局次長から、「話がある」と本社に呼び出しを受けた（私の職場は、東京都府中市の読売新聞別館にあった）。

「話」の要点は、①君が『金曜日』で書いている日朝交渉報道に関する記事について、関係者から社の広報部に苦情が来ている②広報部長は苦情に対して、とりあえず「記者個人の社外での言論の問題」として対応したが、読売新聞記者を名乗って社論に反することを社外メディアに発表するのはどうか、と社内で問題になっている③『金曜日』連載の肩書きから「読売新聞記者」をはずし、「ジャーナリスト」に改めてほしい——というものだった。

「関係者」がだれであるかは明かされなかったが、「問うべきは日本の侵略・植民地支配」という私の主張をこころよく思わない勢力であることは間違いない。

「新たな社内規定」問題

読売新聞社の従業員就業規則には、従業員が読売新聞社員の名をもって社外のメディアに寄稿や講演をする場合は「あらかじめ所属部課長を経て会社の了解を得なければならない」という規定がある。私は、『金曜日』連載に関して、「会社の了解」を得ていたわけではなかった。しかし、会社の図書資料室には『金曜日』が置かれ、私がそこに連載していることは当の局次長も含めて社内周知の事柄。それに関してこれまで社内で公式に問題にされたことは一度もなかった。これについて、局次長はこう言った。

「厳密に言えば、君の『金曜日』記事は就業規則違反に当たる。ただ、これまで多くの記者が会社には届けずに雑誌などに書いており、今回、君だけを処分するわけにはいかない。わが社は、他社に比べて社外執筆には寛容なところがあり、社論に反する内容を社外メディアで書くことを禁じた社内規定もない。しかし、君が今のような内容の記事を書き続けていれば、新たな規定が作られることになるかもしれない。そうなれば、他の記者も今までのように社外で書きにくくなる。それは君にとっても不本意ではないか」

私の『金曜日』執筆が原因で、社内に新たな規定が作られるかもしれない、という話には正直なところ一瞬、考えさせられた。そうなれば、他の記者に迷惑がかかる。だが、すぐに思い直した。もし私が「社論に抵触するような内容の記事はジャーナリストの肩書きで」ということにすれば、結局は新たな社内規定が作られたのと同じことになる。また、仮に『金曜日』記事から「読売新聞記者」をはずすとしたら、その理由や経過を読者に説明する必要があり、それは結局、他の記者に「萎縮《いしゅく》効果」をもたらす恐れがある。

翌二七日、私はそうした考えとともに「肩書き変更の意思はない」旨、局次長にメールで伝えた。同じ日、『金曜日』の「日朝首脳会談特集」に、《「拉致《らち》一色」報道が隠す日本側の侵略責任》と題して、「9・17」直後の報道を検証した私の記事が掲載された（本書一五一頁）。この中で私は、日朝首脳会談に関する報道が、拉致問題での「北朝鮮断罪」一色に塗りつぶされ、日本の植民地支配という「過去の責任」、それを謝罪も賠償もせず「北朝鮮敵視」政策を続けてきた「戦後の責任」を無視したナショナリズム煽動《せんどう》報道である、と批判した。

この記事に対しても「苦情」があったのかどうかは知らない。その後、局次長からは「新たな社内規定」問題も含めて、何の音沙汰《おとさた》もなかった。

その場で「昇格人事」を断った

私の『金曜日』執筆が再び問題にされたのは、一一月中旬、『金曜日』が「曽我さん家族インタビュー」記事を掲載した直後だった。メディアぐるみの「『金曜日』バッシング」の中、改めて私が「問題の週刊誌」に連載していることが問題になったらしい。部次長から「こういう時期なので、『金曜日』の記事は慎重に、日朝交渉問題にはなるべく触れないで」と〝自粛〟を求められた。しかし、「9・17」後、大手メディアが「救う会」や政府の決めた方向以外の取材・報道を「自粛」し、それに「逸脱《いつだつ》」した報道をメディア自身が袋叩《ふくろだた》きにする状況こそ、問題にしなければならない。「こういう時期」だからこそ、私は大政翼賛報道の復活につながる危険なメディア状況を批判し続けなければ、と思った。

『金曜日』一一月二九日号（本書一六一頁）では、《日朝交渉報道／日本人が向きあうべき問題は》のタイトルで、「9・17」以降の報道によって在日朝鮮人が味わわされている悲痛な思い、朝鮮学校やその生徒への脅迫・暴力の問題を取り上げ、日本の植民地支配の「生き証人」を抹殺《まっさつ》するに等しいメディアのありようを批判した。さらに、一二月一三日号（本書一六三頁）で、《拉致報道とバッシング／翼賛メディアの報道統制だ》と題して、日本中のメディアが「救う会」などに報道統制され、事実上「拉致記者クラブ」と化している状況を検証した。

その三日後の一六日、今度は部長に呼び出された。『『金曜日』のことですか』と聞くと、「いや違う。単なる人事の話」として、「二月一日付でメディア戦略局事業部次長に」という「昇格人事」の話を始めた。私は九八年以来五年間、「明治」の創刊以降の読売新聞紙面をデータベース化する仕事に携わってきた。その業務で培った知識や経験を生かし、データベース商品を販売する仕事に就いてほしい、という内容だった。

しかし、私の担当業務は非常に専門性が高く多岐《たき》にわたっており、かなりの実務経験を経たうえでなければ簡単に代行できるものではない。自分自身もこの仕事に「新聞記者」として、やりがいを感じている。そんな気持ちを伝え、その場で「昇格人事」を断った。

創刊以来の紙面をデータベース化する事業は、読売新聞社が日本の新聞で初めて取り組んだ事業だ。マイクロフィルムに残された紙面をもとに、読売記者ＯＢを中心とした一次作業者が記事一本一本を丹念に読み、その記事を検索するのに必要なキーワード、分類コードをつけてデジタル化した紙面と結びつける。記事本数は、「明治」だけでも約六〇万本に及ぶ。利用者が、キーワードや分類コード、日付で検索すると、関連記事のタイトル一覧が表示され、読みたい記事の載った紙面がパソコン画面に表れるシステムだ。

九九年秋に完成した「明治の読売新聞」ＣＤ－ＲＯＭは、膨大な紙面から瞬時に記事を探せる利便性が、さまざまな専門分野の研究者などから高く評価され、二〇〇〇年度新聞協会賞を受賞した。その後、データベース化作業は、「大正」「昭和・戦前」と進み、二〇〇二年一二月からは「戦後編」第一期（一九六〇年まで）の作業が始まった。

この事業で、私は実務責任者として作業全体をリードしてきた。一次作業者が各記事に適切な分類コード・キーワードをつけるための分類コード表の作成、一年ごとのキーワードモデル集作り。利用者が年表からテーマ別に記事を検索するため索引年表作り。差別、冤罪《えんざい》、人権にからむ記事の扱いやその表記モデルの作成。その他、作業の進行状況に応じた各種資料作りや日程の調整。その一方、「ヨミウリ・オンライン（ＹＯＬ）」上のホームページに、「明治」「大正」データベースを使って月三～四本のトピックスを連載。その一部は『明治世相こぼればなし』など、三冊の「読売ぶっくれっと」として出版されている。

この異動話は、部長が以上のような私の仕事の専門性や実態を知らないからではないか。そう思って二日後、私の業務内容を詳細に記したメールを部長に送り、「後任が私の仕事を引き継ぐには、少なくとも半年以上の実務作業経験が必要」と人事の再検討を求めた。

仕事より「社内の立場」優先の外圧人事

その翌日、部長は私の職場を訪れ、「『金曜日』とは関係ない」との前言を翻《ひるがえ》して、「この人事は、『金曜日』連載問題をめぐる社上層部の判断であり、すでに決定されたことだ」と異動を通告した。さらに、私の社内での立場が「編集記者職」から「営業渉外職」に変更されることも明らかにした。

私は、「この人事が強行されれば、始まったばかりの戦後編の作業に重大な支障を来す。せめて後任の方が仕事に慣れるまで、半年でもいいから延期できないか」と再考を求めたが、部長は「すでに決定済み」を繰り返すばかりだった。

要するに、外部から圧力を受け、それに屈して、私に『金曜日』などで「読売新聞記者」を名乗らせないための「対外向け人事」だった。一緒に仕事をしてきた記者OBの中には、私の異動人事を知って、「君がいなくなった後、どうするつもりなんだろう」「局や部の本来の業務より、上部の命令の方が大事なんだね」とあきれる人もいた。

異動は通告通り、二月一日付で発令された。しかし、局幹部たちも、始まったばかりの「昭和・戦後」データベース作りへの影響が心配になったのだろう。一二月末、私に二月いっぱい元の職場で後任への引き継ぎ勤務に当たるよう求めた。それなら、異動を延期すればよいのに、そうしない。私から「記者」の肩書きを奪うという至上命令があるためだ。

姑息《こそく》でムシのいい話だと腹が立ったが、自分自身、この仕事を大切に思ってきた。日本の近・現代史を当時の雰囲気のままに知るための貴重な資料作りであり、メディアの歴史やあり方を考えるうえでも、重要な研究データとなる。実際、二〇〇二年秋に完成した「昭和・戦前」編は、日本が侵略戦争に突き進む歴史の生々しい資料集であり、同時に新聞がいかに戦争に加担したかを知るための生きた「反面教師」ともなっている。

私は憤りを抑え、「残された時間にやれる仕事」に全力を注いだ。経験のない後任記者には困難と思われる仕事を優先して進め、その負担が最小限になるよう努めた。特に「一年ごとのキーワードモデル集」作りは、実務経験なしにはとうてい不可能であり、自宅にも資料を持ち帰って二月末、何とか戦後編第一期の一九六〇年分まで完成させた。ただ、一月から始める予定だったホームページの連載「昭和・戦前編」は断念するほかなかった。

私は一〇年前に取材部門を追放された。しかし、配転された部署で就いたデータベース作りにやりがいを感じ、少しでも利用者が使いやすいものを作ろうと努力してきた。職場には私を信頼し、同じ思いでこの仕事に情熱を注ぎ込んでこられた記者OBも多い。そんな仕事を大切にする人々の思いを知りもせず、仕事より自分の「社内の立場」を優先して外圧人事を進めた幹部たちを、私は「何と情けない会社人間たちか」と思う。

社外メディアで発言することの意味

新聞記者が、自分の名前や社名を明らかにして社外メディアで発言することの意味、新聞記者の言論の自由について、私の経験を振り返りながら考えてみたい。

私が、社外メディアで名前を明らかにしてメディアを批判したのは一九八六年、『法学セミナー』増刊『資料集・人権と犯罪報道』（日本評論社）に〈「市民のための新聞」作りに向けて――匿名報道主義における顕名基準試論〉を発表したのが最初だった。その後、『法学セミナー』などに報道検証記事を書くようになったが、「読売新聞記者」であることは明記しなかった。

それについて、社内の同世代の記者から、「メディアを批判するなら、自分が読売記者であることを明らかにすべきだ」と言われた。もっともだと思ったが、正直に言って、まだそこまでの「勇気」は持てなかった。私にそう言った記者は「いまさらブル新（ブルジョワ新聞を略した「左翼」用語）を批判する気はない」という「全共闘世代」だったが。

初めて社名も明記したのは、八七年に浅野健一著『犯罪報道の犯罪』の講談社文庫版に解説を書いた時だった。当時、共同通信記者として報道批判の先頭に立っていた浅野さんの闘いの書を論じるのに、自らの立場を明らかにしないではいられなかった。

八九年に浅野さんたちと作った『天皇とマスコミ報道』（三一新書）では、入社五年目の宇都宮支局時代に、皇太子一家来県取材と敬語報道で取材拒否した体験を含め、「天皇Xデー」で大騒ぎしたうえ、「崩御」と神格化したメディア、読売社内の状況などを批判的に書いた。これに対して、当時の地方部次長から「社内事情を外に書くのは困る。編集局長が怒っている」と「口頭注意」を受けた。

その後、生活情報部で仕事をしていた九三年三月、突然、情報調査部で「読売年鑑」を編集する仕事への異動を命じられた。当時、私は定年以降の生き方をテーマとしたシリーズ連載を取材・執筆中だったが、部長は「申し訳ない。私には断れない上からの人事です」と言った。その結果、定年シリーズ連載も中断された。部長は私の仕事を評価し、「近々、部のデスクに」と言ってくれていたが、その「昇格人事」もホゴになった。

この人事の背景には、「ロス疑惑」報道で虚報を書き散らし、三浦和義さんから訴えられた記者たちの「逆恨み」があったことも知った。社内には、「被告にされた記者は運の悪い被害者」という同情的雰囲気が強かった。その裏返しで、『法学セミナー』連載や三浦さんとの共著『情報の銃弾――検証「ロス疑惑」報道』（日本評論社、一九八九年）で「ロス疑惑」報道を批判していた私に、「読売の禄《ろく》を食《は》んでいるくせに」と、会社主義丸出しの非難が向けられた。そうした人たちが「山口に記事を書かせるな」と会社幹部に働きかけ、報復人事が実行された。

それ以降も、私はさまざまな社外メディアに「読売新聞記者」と明記して記事を書き、講演し、共編著も含めて数冊の本を出版してきた。社内には、それらの記事や本を読んでいる人も少なくない。わざわざコピーして社の幹部に渡す「ご注進記者」もいるし、「新聞を批判するなら記者を辞めるべきだ」という幹部や同世代の記者もいる。

その一方で、「ひそかに応援しているよ」と年賀状をくれる先輩記者や、私が社名まで明らかにしてメディア批判を続けていることに「勇気づけられます」という若い記者もいる。

社外の人からは「読売記者がこんなことを書いていいのか。読売は案外、度量が大きいね」と奇妙な誉め方をされることもある。その「度量」も限界に来たのか。今回の人事は、「日朝交渉」報道批判が会社幹部にとって、許しがたいものだったことを示している。

自らへの批判を許さない「権力としてのメディア」

日本新聞協会の新聞倫理綱領は、《新聞は公正な言論のために独立を確保する。あらゆる勢力からの干渉を排するとともに、利用されないよう自戒しなければならない》と述べている。今回の私に対する「外圧人事」は、明白にこの綱領の精神に反している。

二〇〇三年一月、読売新聞大阪本社版に、内部告発をテーマにした連載記事が載った。国産偽装牛肉、違法カルテル、発がん性が疑われる新薬発売、不正融資などを告発した勇気ある人々を追った記事で、内部告発に対して会社側が行った報復の実態も伝え、内部告発者保護法の必要性を訴えた。記事は、内部告発によって会社組織が浄化された実例も紹介し、保身と事なかれ主義が蔓延《まんえん》する現代日本の企業社会の病巣を抉《えぐ》り出した。

読みながら浮かんだのは、「新聞を批判するなら、記者を辞めろ」と言う人たちは、新聞社に前記のような内部告発情報が寄せられた場合、どう対応するのだろうか、という疑問だ。「組織を批判するのなら、辞めるべきだ」と告発者に言う？　そんな会社主義は、「知る権利」に奉仕し、権力チェックをするジャーナリスト精神とは、とうてい相容れない。

今、メディアにも保身と事なかれ主義が蔓延し、言うべきことも言えない記者が多くなっている。私は新聞労連のＪＴＣ（ジャーナリスト・トレーニングセンター）の活動にも加わっているが、研修に参加する若い記者たちは、「上意下達《じょういかたつ》」「問答無用」が日常化し、取材・報道姿勢やジャーナリズムをめぐる議論が「青臭い」と切り捨てられる職場状況に絶望している。「社論」（だれが決める？）に抵触しそうな取材は、最初から避けるようになり、少数派の声はめったに新聞に載らず、「権力からの情報」が大量に垂れ流される。

そのうえ、社外での言論活動には、届出や許可制の制約が課され、無害なアルバイト原稿は黙認しても、社論と異なる主張をした記者には陰湿な人事制裁が行われる。

これは決して、読売だけの話ではない。

こうしたメディアの社内民主主義の欠如、記者の言論の不自由が、メディアの情報公開を阻《はば》み、市民に必要な情報を開示しないことによって、報道による人権侵害をはじめとする「報道加害の構造」を温存させてきた。

何度も重大な過ちを犯しながら報道被害が繰り返されるのは、こうした情報非公開体質、批判を受けつけない独善的体質に、大きな原因がある。他者は批判しても、自分たちに対する批判は許さない「権力としてのメディア」。

言論の自由は、メディア企業、新聞社のためにあるのではない。市民の「知る権利」を守るためにある。それを根本で支えるのは、記者一人一人の言論の自由の行使だ、と確信する。

〈居直りのナショナリズム〉に負けない

（初出＝季刊誌『ひとりから』二〇〇三年一二月号）

日本の〈降伏〉＝アジアの〈光復〉から半世紀余。日本とアジアの人々に〈幸福〉をもたらすはずだった「戦後」が今、「新たな戦前」に暗転しようとしている。取り返しのつかない惨禍《さんか》をひき起こした日本の侵略ナショナリズム。それが、〈居直りのナショナリズム〉として復活しつつある。

マスメディアがそれを煽《あお》り、増幅している。権力を監視するジャーナリズム精神は、今や息も絶え絶えだ。

そうした状況を、私はマスメディアに属する者の一員として、「読売新聞記者」であることも明らかにし、社外メディアで批判してきた。二〇〇二年秋、『週刊金曜日』に書いた日朝交渉報道批判の記事に、社の外部から圧力がかかった。二〇〇三年二月、私は「記者職」を剥奪《はくだつ》され、「営業渉外職」に配転された。その結果、読売新聞社で私がジャーナリストとして活動できる場はなくなった。私は退職を決断した。

——しかし、私はジャーナリズムに絶望したわけではない。

始まった新たな戦前

二〇〇三年八月一五日、靖国神社に行ってみた。

土砂降りの雨の中、若者の一群がチラシを配っていた。中学生も参加する「学生による憂国サークル」だという。「大東亜戦争の正しい認識を」の見出しで「日本国の事を憂い、日本国の未来に希望を持ち、英知を一緒にはぐくむ仲間を」と同世代に呼びかけるビラだった。

別の若い一団は「学徒出陣60年　大東亜戦争戦没全学徒慰霊祭」への参加を呼びかけていた。「かけがえのない命を国に捧《ささ》げた先輩たちへの感謝と祈りと、日本人への誇りを」。彼らのチラシは、こう訴えかけていた。

旧日本海軍の軍装をまとい、ラッパを吹き鳴らす高齢者の集団、迷彩色の制服で整列し、「国立追悼施設反対」を叫ぶ右翼の集団。それらに交じり、Tシャツ・短パンの若者、赤ん坊を抱いた若い親子連れの姿もあった。まるで、渋谷か新宿の雑踏を散歩するように、あるいは初詣を楽しむかのように。靖国神社は今や、「右翼」だけのものではなくなった。

この日の『産経新聞』の社説タイトルは《「押し返す保守」の時代》だった。《日本情緒が漂う平成十五年八月十五日である》として、嬉しげな筆致で時代状況を次のように描いた。

《憲法改正論が国民の多数意見となり、自衛隊の海外派遣が実現し、国旗国歌法が制定された。教育基本法の改正も遠からず実現する状況になっている》

今、そこかしこに〈ナショナリズムの風景〉がある。

書店をのぞけば、平積みになっているのは「愛国心」「日本」

の煽動《せんどう》本か、「反・北朝鮮」本ばかり。『諸君！』『正論』『Ｖｏｉｃｅ』『ＳＡＰＩＯ』には、自民族中心主義・国家主義の「論客」が毎号、各誌に名を連ねている。『Ｖｏｉｃｅ』二〇〇三年一〇月号の特集タイトルは、《北朝鮮に騙《だま》されるな――「戦後の終わり」が始まった》。つまり、「新たな戦前」が始まった？

スポーツ会場には、「日の丸・君が代」が溢《あふ》れる。サッカーＷ杯、アテネ五輪予選。顔に「日の丸」をペイントした若者たちが何の屈託もなく「君が代」を歌う。「ニッポン、ニッポン」と声を合わせて盛り上がる。イベントの中のナショナリズム。昂揚する「日本人」の一体感。それが「ぷちナショナリズム」か。「日の丸・君が代」への「抵抗感」――アジアの人々に「侵略のシンボル」を思い起こさせるかもしれない、という思いは、もう若者たちには無縁になったようだ。

その一方で、在日朝鮮人への暴力と脅迫の横行。関東地方の朝鮮学校に通う子どもの五人に一人が「嫌がらせ」などの被害を受け、チマ・チョゴリを着ていた女生徒の二人に一人が被害にあったという（『世界』同月号、藤田裕氏の報告）。とりわけ二〇〇二年の「9・17」日朝首脳会談以降、被害は日常化した。「お前ら北に帰れ」「拉致《らち》するぞ」。その暴力を振るうのは、被害者と同世代の日本の子ども、若者たち。

インターネットの世界も同じ状況だ。「2ちゃんねる」系サイトを中心に、朝鮮民主主義人民共和国（以下、朝鮮）、在日朝鮮人、さらにはアジア諸国からの在日外国人に対する口汚い罵倒《ばとう》、差別、排外主義の書き込みが溢《あふ》れかえっている。

加害者の汚名を逃れて被害者へ

どうして、こんなことになったのか。

歴史への無知と「ねじれた被害者意識」。それに支えられた〈居直りのナショナリズム〉の暗雲が、日本を覆いつつある。

九〇年代前半、バブルが崩壊した混迷日本に、新しい「富国強兵」論ともいうべきネオ・ナショナリズムの主張が登場した。グローバリゼーションというアメリカの世界一国支配。その世界状況に対応し、「日本国家と民族の再浮上」を掲げた弱肉強食の経済ナショナリズム。バブル経済の責任を取らず、そのツケを庶民とアジアに回そうとする国家戦略の代弁。

続いて、「健全なナショナリズムの復権」が語られ出した。九〇年代に入り、アジア各地から侵略と植民地支配の責任追及・戦後補償要求の声が高まった。天皇ヒロヒトを筆頭に、侵略戦争の責任をとることを放棄し、「繁栄」してきた戦後日本。その「戦後責任」も問われた。それに対し、批判をまっすぐ受けとめ、反省するのではなく、「不当に非難・攻撃された」と居直る「被害者意識」が生まれた。そんな「ねじれた被害者意識」を抱いた藤岡信勝、西部邁、西尾幹二、小林よしのりらゴーマンな「知識人」たちが、「新しい歴史教科書をつくる会」に集まり、歴史の偽造、記憶の抹殺《まっさつ》に乗り出した。

「加害の事実」さえも認めたくない彼らは、「加害の自覚」をもって歴史を見直そうとする営みを「自虐史観」だと非難した。そうして、勇気を持って名乗り出た元「慰安婦」女性たちや、その事実を記載した教科書に攻撃の矛先を向けた。

「慰安婦は商売だった」「ボクらのおじいちゃんは正しかった」「大東亜戦争は正義の戦争だった」……。

右派ジャーナリズムがそれを後押しし、煽《あお》り立てた。ナショナリズムはメディアの「売れる商品」になった。

奥野誠亮、石原慎太郎ら極右政治家の妄言《もうげん》・暴言が、「はっきりモノを言う政治家」と受け入れられる土壌が生まれた。

ねじれた被害者意識は肥大して、「国を愛する心を持て」を合言葉とした〈居直りのナショナリズム〉に転化・膨張した。

「9・17」日朝首脳会談で、金正日《キムジョンイル》総書記が「国家機関の関与による日本人拉致《らち》」を認めた。「居直りのナショナリスト」たちは、拉致問題で日本は「加害者の汚名」を逃れ、晴れて「被害者の立場」に立てると思ったのだろう。「新しい歴史教科書をつくる会」の面々、彼らと「ナショナリズムの糸」で結ばれる「北朝鮮に拉致された日本人を救出する全国協議会」(救う会)幹部、「拉致議連」の極右政治家たちが大手メディアの表舞台に露出し、「被害者日本」を声高に言い募った。

彼らはまるで日本人全体が「拉致被害者」であり、その「被害者の立場」から「在日」も含めた朝鮮人全体を「加害者」として糾弾できる資格を得たかのようにふるまい始めた。

新聞、テレビなどの大手マスメディアの「拉致問題」一色報道、「北朝鮮非難」大合唱が、この〈居直りのナショナリズム〉を後押しし、いっきに日本中に蔓延《まんえん》させた。

日朝首脳会談・日朝平壌《ピョンヤン》宣言で確認されたのは、日本人拉致問題だけではない。日本の植民地支配への「反省とおわび」が、(おざなりなものであったとはいえ) 日本の首相によって初めて公式に表明されたのだ。しかし、メディアはその歴史的な意義を伝えようとせず、報道は拉致問題一色、「日本人の被害感情」をかきたてるキャンペーンに塗りつぶされた。

「北敵視」報道は、『読売』『産経』など右派メディアばかりではなかった。これまで相対的にリベラルと評されてきた『朝日』『毎日』の紙面にも、朝鮮を「異常な国」「危険な国」「無法者の国」と決めつける報道が溢《あふ》れた。《この国を「普通の国」へ誘導していくことが隣国である日本の責任》(『毎日』九月一八日付)——こんな伊藤博文ばりの保護者気取り、支配者意識丸出しの主張が、大手紙に掲載された。

日本の侵略・植民地支配、さらにはその責任をとらないできた「戦後責任」について、メディアは見事に沈黙した。

「明治維新」直後から始まった日本の朝鮮侵略。朝鮮の支配権をめぐり、朝鮮を戦場にした日清戦争、日露戦争。日本の支配に反対する朝鮮王妃を日本公使が直接関与して殺害した「閔《ミン》妃《ピ》暗殺」。武力脅迫のもとで押し付けた「韓国併合」。朝鮮全土を日本のアジア侵略の「兵站《へいたん》基地」とし、朝鮮民族全体を侵略の道具＝奴隷化、抵抗する者は容赦なく弾圧、殺傷した植民地支配。強制労働、強制連行、「慰安婦＝性奴隷」制度、「皇軍兵士」として弾除けにした侵略戦争への動員……。

これらの「植民地支配の過去」、小泉首相がおわびし、日本人全員が反省すべき歴史は、まったく省みられなかった。

拉致事件についても、「犯人＝北朝鮮」断罪の繰り返しばかりで、それがなぜ起きたのか、事件の背景、原因を歴史的に問う報道はなされなかった。それを徹底して追及すれば、当時の朝鮮半島の軍事的緊張が「拉致」の背景にあったこと、それに関与した戦後日本の「北敵視」政策、さらには朝鮮戦争、朝鮮半島の南北分断、それをもたらした植民地支配へと、日本の責任にも目を向けざるを得なかったはずだ。

その代わりに、興味本位で下劣、センセーショナルな「金王朝の内幕」「元工作員の告白」「喜び組の美女軍団」報道が、ワイドショー、週刊誌で繰り広げられた。「悪の独裁国・北朝鮮」は、最も売れ筋のメディア商品となった。粗雑な「北朝鮮本」が乱造され、書店で平積みになった。その数は、九月から一二月の四カ月間だけで四〇冊を超えた。

一〇月中旬、拉致被害者五人が一時帰国すると、その一挙手一投足にカメラが向けられた。家族の食卓、友人たちとの再会、温泉旅行まで、メディアの「集団的過熱取材」が追いかけ回した。「温かい家族、ふるさとが、北の洗脳を溶かす」――そんなメディアの思い込みが映像化され、「家族愛・郷土愛」が「愛国心」と結びつけて語られた。一二月、「新しい歴史教科書をつくる会」の集会に招かれた拉致被害者「家族会」の代表は、聴衆に「国を愛する心の大切さ」を訴えた。

拉致被害者の「一時帰国」は、「救う会」と政府の主導で「永住帰国」にすり換えられた。帰国した被害者と朝鮮に残った子どもたちとの間で新たな「家族の分断」が生まれた。当事者本人の意思も確かめず、「日本人の子どもは日本に帰るべきだ」という自民族中心主義の暴論がメディアを席巻した。

「救う会」が拉致被害者の取材窓口となり、報道を統制した。「救う会」の意に沿わない報道をしたメディアは、拉致被害者の取材を断られる。メディア側は、情報がもらえなくなるのを恐れ、「救う会」や政府の見解を無条件・無批判に報道した。なぜ、拉致被害者が朝鮮に残った家族と話し合える機会をつくろうとしないのか。「永住帰国」は約束違反であり、日朝交渉再開の障害にならないのか。そんな当然の疑問に言及することも、メディアのタブーとなった。タブーを破ったメディアは、メディア業界からも激しいバッシングを受けた。こうして、メディアの翼賛的自己規制、報道統制が実現した。

「一時帰国」から一年余、新たな「家族の分断」が、何の展望も見えないまま、固定化されつつある。「明日にでも、この一時間後にでも、進展があってほしい」（蓮池薫《はすいけかおる》さん）との拉致被害者の願いを阻《はば》んでいるのは、いったいだれか。

最後のターゲット、憲法九条

「被害者意識」にとりつかれたナショナリズムは、国家権力によって容易に侵略戦争の道具に利用される。権力は、謀略を使ってでも侵略の口実にできる「被害」を捏造《ねつぞう》する。ジャーナリズム精神を喪失したメディアが、その拡声器となる。それが「侵略と戦争の二〇世紀」の苦い教訓ではなかったか。

第一次世界大戦後のナチス・ドイツ。戦争賠償による疲弊《ひへい》を培養基に、ナチスが英仏とユダヤ人に対する「被害者意識」を煽《あお》り、「強いドイツ」のナショナリズムを形成した。第二次世界大戦の端緒《たんしょ》となるポーランド侵攻で、ドイツは工作部隊をポーランドに送り込んでポーランド側による先制攻撃を偽装させ、その「報復」と称して侵略戦争の口火を切った。

天皇制日本の中国侵略、アジア太平洋戦争も同じだ。日本軍による満鉄爆破を中国軍の仕業としてでっち上げた「満州事変」。時の権力は「日本＝被害者」としてメディアに「暴戻《ぼうれい》支《し》那《な》」のキャンペーンをはらせ、日中全面戦争に突入した。日中戦争が泥沼に陥ると、「日本を包囲する米英」「ＡＢＣＤ包囲陣」への被害者意識を煽《あお》り、「鬼畜米英に対する聖戦」「アジア解放」の「大東亜戦争」に日本人を動員した。

第二次大戦後は、アメリカがベトナム侵略戦争で同じ戦略をとった。「共産主義の侵略の波」が太平洋を渡って押し寄せてくる、と「ドミノ理論」で「被害者意識」を煽動《せんどう》、「トンキン湾事件」をでっち上げ、「北爆」開始の口実にした。

二〇〇一年「9・11」後のブッシュ政権の行動は、その最新例だ。史上初の「本土攻撃」被害で被害者意識がかきたてられた。メディアが「テロへの報復」を叫び、星条旗が町に溢《あふ》れた。アメリカのナショナリズムはいっきに燃え上がった。アフガニスタン攻撃に反対する市民は「非国民」にされた。だが、ブッシュ政権中枢は「9・11」自爆攻撃を事前に知っていて放置したのではないか。そんな疑惑が「9・11」直後から一部メディアで報じられ、今もくすぶり続けている。

そして現代の日本。「9・17」後、急速に蔓延《まんえん》した〈居直りのナショナリズム〉を小泉政権は最大限に利用している。

二〇〇二年一〇月に再開されるはずだった日朝国交正常化交渉は、「拉致問題の解決なしに交渉に応じない」とする日本側、「永住帰国は約束違反」とする朝鮮側、双方の主張が対立したまま、糸口もなく無期延期の状態が続く。

交渉相手をアメリカに転換しようとしたのか、金正日《キムジョンイル》政権は再び「瀬戸際外交」を始め、一二月、「核施設再開」を表明、二〇〇三年一月には核拡散防止条約（ＮＰＴ）脱退を宣言した。一方のブッシュ政権は三月、国際世論の抗議を無視して一方的なイラク攻撃を始め、「次は北朝鮮だ」と脅迫した。小泉政権は、こうした「北東アジアの緊張」をフル活用した。

拉致問題で始まった「反北朝鮮」キャンペーンは、ブッシュの「悪の枢軸」論と連動し、〈居直りのナショナリズム〉を基盤にした「北朝鮮制裁」論に発展した。食糧援助反対、送金停止などの経済制裁を求める主張、万景峰号《マンギョンボン》寄港反対論、朝鮮総連に対する公共機関による制裁と暴力による攻撃。

テポドン、核開発による「北の脅威」が確かな根拠もなく論じられ、それを口実にミサイル防衛論、日本核武装論が公然と語られるようになった。日本の軍事費は朝鮮の二〇倍。アメリカのそれは一五〇倍。そのうえになお、「日本は核ミサイルを持て」と、「救う会」の佐藤勝己会長は発言した。

安倍晋三・官房副長官（現・自民党幹事長）、石破茂・防衛庁長官ら日本のネオ・コンたちが、それに力を得たかのように、軍事力増強の強硬発言を繰り返した。こうして朝鮮を仮想敵国に仕立てた危機意識が急速に醸成《じょうせい》された。

冷戦下の歴代自民党政権が渇望して成しえなかった有事法制＝戦争体制。それが「北朝鮮の脅威」に煽られたナショナリズムによっていっきに実現した。民主党が大筋で賛成すると、『朝日』も『毎日』も、それに乗り、「大政翼賛」体制が出来上がった。六月、「有事法制」関連法が可決、成立。

日本は憲法九条をもったまま「戦争ができる国」になった。

かつて、吉田茂首相は朝鮮戦争特需を日本経済復興への「天《てん》佑神助《ゆうしんじょ》だ」と臆面《おくめん》もなく言った。小泉首相もまた、「北朝鮮の脅威」を有事法制への「天佑神助」とほくそえんでいるのだろうか。あとは、戦地イラクに自衛隊を派遣し、戦闘・戦争の実績をつくるだけ？

小泉政権の次の標的は、教育基本法改悪だ。すでに「日の丸・君が代」法制化で、愛国心教育に反対する教師は教育現場から次々に排除され、文部省が配布する「心のノート」によって、「愛国心教育」は現実のものとなっている。それを法的に仕上げる教育基本法改悪の狙《ねら》いは、「有事法制」を担う従順な兵士と労働力作り以外のなにものでもない。

そして最後のターゲットが、憲法九条。

侵略のナショナリズム、ファシズムが台頭するには、必ずその基盤がある。疲弊し、閉塞《へいそく》した社会への民衆の不満、鬱屈《うっくつ》。ナチズムも天皇制ファシズムも、人々の不満、鬱屈を侵略のナショナリズムにねじ曲げ、戦争に動員した。

現代日本にも、同じ基盤がある。バブル崩壊後の超・長期不況だ。バブル経済に踊った大企業、その甘い汁を吸った政治家、官僚たちが、失敗のツケを庶民に負わせている。

記録的な企業倒産、リストラという名の首切り・人減らし、上がり続ける失業率、女性・若者たちの就職難、「派遣」という名の不安定・低賃金労働、推定年間一万人といわれる過労死。そんな状況に「絶望」し、一九九八年以降、毎年三万人以上の人たちが自殺している。子どもたちも管理教育の強化、受験競争のなかで未来の見えないままに、もがきあえいでいる。いじめ、自殺、一見不可解な犯罪は、大人社会の縮図だ。

行き詰まる経済、息詰まる社会。それでも、不満や批判を口に出せば、企業社会から弾《はじ》き飛ばされる。いやでもしがみつくしかない。「もの言えば唇寒し」の無力感が漂っている。

そうしてたまった不満、鬱屈《うっくつ》、ストレスを流し込むべく、権力者たちが「翼賛知識人」を動員して作った受け皿が、〈居直りのナショナリズム〉だ。疲弊《ひへい》した経済、社会を作り出した当の責任者たちが、自分たちに向けられる怒りや非難を他者に振り向け、侵略に利用する巧妙・狡猾《こうかつ》なシステム。

その仕組みを暴くべき立場のメディアが、権力の企《たくら》みに加担し、人々をナショナリズムの泥沼に誘いこんでいる。

言論・報道機関の自殺行為

私は一九七三年に読売新聞社に入り、記者として可能な限り「少数者の小さな声」を伝えようと努めてきた。その一方、メディアによる人権侵害＝報道被害をなくすため、「人権と報道・連絡会」世話人として活動、社外のメディアで読売新聞社も含めたメディア批判、報道批判を続けた。そうした活動に対する報復的な人事で一〇年前、取材部門を追放された。

それでも、「編集記者」として社内でやれることはあった。読売年鑑の編集や新聞データベース作りなどで、報道の人権侵害や差別をなくすために精一杯の努力を重ねてきたつもりだ。新聞には記事は書けなくなったが、ヨミウリ・オンラインのホームページで、ジャーナリストとしての活動も続けた。

この数年は、『週刊金曜日』の「人権とメディア」欄などで、右傾化・権力の広報機関化するメディア批判に力を注いできた。二〇〇二年九月以降は「日朝交渉」報道について、「問うべきは日本の侵略責任」「拉致《らち》一色報道が隠す日本側の侵略責任」などの記事を『金曜日』誌上に書き続けた。

これを快く思わない人たちから読売新聞社に圧力がかかった。「山口が『週刊金曜日』に書いていることは読売新聞の社論と食い違っている。どういうことか」などという「苦情電話」が数本かかってきた、という。私が「読売新聞記者」であることを明記して読売新聞も対象に含めた報道批判をしているのを、「会社として何とかしろ」というわけだ。

それを受けて上司は私に、社外メディアへの執筆では「読売記者」の肩書きをはずして欲しいと「要請」してきた。私は断った。メディア批判をする際、自分が読売新聞記者であることを明らかにするのは、読者に対する責任だと考えてきたからだ。その後、さらに、「できれば日朝問題にはなるべくふれないように」との「要請」も受けたが、これも断った。

それに対する会社の対応が、営業渉外職への配転＝記者職の剥奪《はくだつ》だった。私に「読売新聞記者」を名乗らせないための妙案？　なんという姑息《こそく》なことを思いつくのか、この「新聞記者」たちは。外部の圧力を受け、それに屈服して記者の肩書きを奪う。それが、言論・報道機関にとって自殺行為であるなどという認識は、カケラもないのだろう。日本のメディアにおける報道統制は、もうここまできている。

それから半年余り、私にはもはや、社内でできる「ジャーナリストとしての仕事」はなくなった。新聞社にとどまる意味が「収入」以外にはほとんどなくなった。私は一二月末で、三〇年間勤務した読売新聞社を退職することを決断した。

しかし、私は「ジャーナリスト」をやめたわけではない。むしろ、ジャーナリストでありたいために、会社を辞した。

私は読売新聞社に絶望したわけでもない。社内には、アメリカのイラク攻撃に賛成するような現在の読売の報道姿勢に疑問・反対の意見を持つ記者が数多くいる。これまでの私の社内外での活動を支持し、応援してくれる若い記者も少なくない。彼・彼女らには、ジャーナリストとして活動できる場がある限り、踏みとどまってがんばって欲しいと思う。

読売新聞社以外にも、人権と報道・連絡会や新聞労連にジャーナリストの志を失わない記者仲間がたくさんいる。私は新聞労連のプロジェクト「ジャーナリスト・トレーニングセンター」の活動に、一九九三年の発足直後から加わってきた。その研修会などで出会った若い記者たちは、書きたいことが書けない現在のメディア状況に苦しみながらも、「市民のためのジャーナリズム」を目指し、日々悪戦苦闘している。

私の希望は、こうした若い記者たちの中にある。

そうしてなによりも、私がこれまで読売新聞と社外のメディアに書いてきたものを読み、それを受けとめて、支持・激励してくださった無数の読者たちがいる。その人たちの招きで、全国各地で講演する機会も多い。そうして出会った人たちの一人一人が、私の希望をふくらませてくれる。「9・17」後の講演で知り合った在日朝鮮人の若者たちは、私の「配転」を知り、ただちに「抗議のネットワーク」をつくってくれた。

私の希望は、こうした読者たちの中にもある。

〈居直りのナショナリズム〉に、決して自分の魂をゆだねない人たち。現実に正面から向き合い、理不尽と闘う。そんな勇気を失わない人々とともに、私はある。

この時代に絶望している人々に、私が見つけた希望の光を届けられるジャーナリストでありたいと、今痛切に思う。

さようなら読売新聞――あとがきに代えて

「最近の読売」を嘆くＯＢたち

三〇年余勤めた読売新聞社を退社して五カ月たった。二〇〇三年一二月三一日付、「定年」まで五年八カ月を残しての不本意な退社だった。その経緯は、本書に収めた『週刊金曜日』、月刊誌『創』、季刊誌『ひとりから』の各記事に記したので、ここでは繰り返さない。

年が明けて二〇〇四年一～二月、私の「早期退職」を知った支局時代の先輩・後輩、東京本社各部で一緒に仕事をした同僚記者の方々が、私の「再出発を祝い、励ます会」を数回にわたり開いてくださった。

多くの方が、在職中の私の仕事を評価して退社を惜しんでくださった。そのきっかけになった社外メディア執筆をめぐる「記者職剥奪《はくだつ》」に、「読売はいつから、こんな度量の小さい会社になったんだ」と、自分のことのように怒りをあらわにされた先輩ＯＢもいた。

皆さんが、「これからフリーとして活躍されるのを期待しています」と言ってくださった。

そんな会合で、読売ＯＢから、「それにしても最近の読売はおかしい。いったいどうなっているんだ」という声をたびたび聞いた。

批判の中心は、読売新聞が米英のイラク侵略、小泉政権を全面的に支持していることにあった。社説などでのイラク戦争支持表明だけではない。内外でイラク戦争に反対する動きが広がっているのに、そのことを「客観的事実」としてさえ伝えない偏向した紙面作り。

私が記者として尊敬するあるＯＢは、「読売のいいところは、在野精神のはず。政治家や官僚、大企業に対して、庶民感覚でおかしいことはおかしいと言う。それが最近はすっかりえらくなって、高みからエリートじみたモノ言いをするようになった」と、嘆いた。

同感だ。私が三〇年前、読売新聞に入ろうと思ったのも、読売紙面（私が読んでいたのは大阪読売だったが）に、記者の素朴な庶民感覚を感じ、共感したことが大きかった。

「社論一本化」のしめつけ

だが、「読売がおかしくなった」のは、最近のことではない。八〇年代前半、「ナベツネ」こと渡邉恒雄氏が社内権力を掌握して以来、リベラルな記者たちが次第に閑職に追いやられ、代わって渡邉氏に忠誠を誓う記者たちが社の中枢を占めるようになっていった。

彼らが元から「右翼的・権力的」だったとは思えない。彼らは、「ナベツネ」氏が言いそうなことを先取りして言った。そうして社内での地位を固め、社全体の雰囲気、論調を少しずつ「右派的」なものに変質させていった。

それでも九〇年代前半、私が婦人部・生活情報部で記事を書いていたころは、記事の中身にまでチェックが入ることはほとんどなかった。さまざまな工夫を凝らしてではあったが、私は日本軍性奴隷制度（「慰安婦」問題）やメディアの戦争責任、「子どもの権利条約」と教育・司法の問題点、外国人差別や「障害」者差別、性差別、さらには死刑制度といった問題まで自由に取材して記事にすることができ、「暮らしと家庭欄」に大きく掲載された。

しかし、私が「ロス疑惑」報道批判をめぐって取材部門を追放された後の九三年、現行憲法を「GHQの押し付け憲法」と言う渡邉氏肝煎りの「憲法問題研究会」が社内に設けられ、翌九四年、「九条」をターゲットとした「憲法改正試案」を発表したころから、社内の締めつけが目に見えて厳しくなった。

編集局幹部による「社論と異なる記事」へのチェックは厳しくなり、やがて個々の記者の「自主規制」をもたらした。各分野で長い取材経験があり、専門知識をもつベテラン記者までもが、「社論」を気にして記事のトーンを変える。そんな雰囲気が強まっていった。

二〇〇二年に出版された『提言報道　読売新聞の挑戦』（中央公論新社）の序章「社論と提言報道」で渡邉氏は、

こう述べている。

《新聞は報道機関であると同時に、言論機関である。そこで、読売新聞は、編集局、論説委員会、調査研究本部など、紙面制作にかかわるあらゆる機関を通じて、社論を絶えず一本化するようにしている。その点で読売は独特な強みを持っている》

九四年の改憲試案発表後、読売は「総合安全保障政策大綱」(九五年)、「内閣・行政機構改革大綱」(九六年)、「税制改革への提言」(九八年)、「領域警備強化のための緊急提言」(九九年)、「教育緊急提言」(二〇〇〇年)など、次々と「提言」を発表してきた。

それらが、渡邉氏の意向を汲んでまとめられたのは言うまでもない。たとえば、「教育緊急提言」には、文部省に教育基本法「改正」を迫る《責任ある自由を柱に新教育基本法を》といった「提言」が盛り込まれている。

日々の社説が、これらの「提言」の枠をはずれることはなく、記者たちの取材・報道も「提言」「社説」の方向でしか行われなくなる。

ジャーナリストとは、豊富な知識、柔軟な発想に支えられた自由な取材によって「新たな事実」を探り、発見し、そこから「時代の真実」に迫っていく人たちのことだと私は考えている。とりわけ、その取材エネルギーは「隠された事実」、権力が隠したい「真実」に向けられてこそ大きな力を発揮する。

だが、記者たちがあらかじめ設定された「社論」に縛られ、その方向でしか取材しようとしなくなったら……。その新聞は、「新たな事実」を発見することも、「時代の真実」に迫ることもできないだろう。読売新聞は今、そういうことになっているのではないか。

読売新聞が取材部門の「新聞協会賞」から遠ざかって久しく、読売より記者の数が少ない毎日新聞が四年連続して同賞を受賞していることと、この問題は無関係ではないだろう。

二〇〇二年度に「防衛庁の情報公開請求者身元リスト問題」で、二〇〇三年度に「自衛官募集に住基情報」スクープで、二年連続して受賞した毎日新聞・大治朋子記者の取材姿勢こそ、読売記者から希薄になっている「ジャーナリスト精神」の本来の姿だと痛感する。

目を覆う「9・11」後の体制翼賛化

九〇年代に強まった読売の「体制翼賛」化は二〇〇一年「9・11」事件でいっきに進み、その好戦的論調は、目を覆うばかりになった。

ブッシュ政権のアフガニスタン攻撃を小泉政権が無条件に支持し、「自衛隊派遣」をもくろむと、読売社説は《後方支援のための新法の成立を急がねばならない》（一〇月二日）として、自衛隊参戦・派兵を煽《あお》った。

米軍がアフガン空爆を開始すると、《自衛権の行使であり、正当だ。強く支持する》（一〇月九日）と全面支持。「テロ対策特別措置法」が成立すると、《ようやくテロ根絶の国際共同行動に自衛隊を派遣できる法制が整った》と賛美したうえ、《有事法制の整備や、憲法改正に関する論議を深めることも重要だ》と、それを改憲に結びつけようとした。

その「半権力的」体質は「個人情報保護法」問題でも露呈した。二〇〇二年五月、国会審議で法案への批判が高まる中、読売はごくわずかな手直しで法案を通そうとする「修正試案」を発表した（同月一二日）。本来の立法目的である「権力への規制」を骨抜きにし、市民やメディアの報道規制を企んだ本末転倒法案に、言論機関の責務を忘れて加担したのだ。

二〇〇二年「9・17」日朝首脳会談報道では、大手メディアが一斉に日本の侵略責任を覆い隠す「拉致《らち》一色」報道を繰り広げた。そこでも読売は「反北朝鮮」煽動《せんどう》の先頭に立った。植民地支配への賠償問題をすりかえた「経済協力方式」に対してさえ、読売は《北朝鮮が軍事独裁国家である限り、経済協力などできるものではない》（九月一八日付政治部長署名記事）と、「反北感情」を煽った。

私に対する「記者職剥奪《はくだつ》」人事も、「拉致一色」報道の過程で強化された「翼賛メディアの報道統制」の一環として強行された。

そして二〇〇三年三月、米英のイラク攻撃、それを支持した小泉政権への翼賛報道である。

読売は世界各地の反戦運動の高まりを読者の目から隠す一方、〝ブッシュホン〟と化した社説で「フセインの大量破壊兵器の脅威」を煽《あお》り、イラク攻撃を正当化した。

《湾岸戦争から十二年後の今なお、大量破壊兵器の廃棄義務を履行していない》(三月九日)、《大量破壊兵器を廃棄した、というフセイン政権の主張は、まだ立証されていない》(同一四日)、《問題の本質は、イラクの大量破壊兵器がテロリストの手に渡る危険性をどう排除するか、である》(同一九日)

それから一年余、「フセインの大量破壊兵器」は見つからず、「ブッシュの大量破壊兵器」は今もイラクの人々を殺傷し続け、すでに数万人がその犠牲になっている。

読売が、同年六月に成立した「有事三法」と称する戦時体制法に率先賛成したことにも、一二月に閣議決定された「イラク特別措置法」に基づく自衛隊イラク派兵を全面的に支持したことにも、私はもう驚かなくなった。

「自己責任論」に火をつけた読売

それでも、「これはいくらなんでもひどい」と憤りを抑えられなかったのが、二〇〇四年四月にイラクで起きた「日本人三人拘束事件」における報道姿勢だ。読売は第一報直後から「人質」三人に対する非難・攻撃に乗り出し、「自己責任論」という名で被害者と家族を非難する「世論」形成の中心的役割を果たした。

四月八日夜、カタールの衛星テレビ「アル・ジャジーラ」が、イラクの武装グループが日本人三人を拘束し、「米軍の侵略に協力する自衛隊が三日以内に撤退しなければ三人を殺害する」との声明を出した、と報じた。

拘束された三人は、劣化ウラン弾の廃絶やストリートチルドレンの支援活動に取り組むNGOのメンバーと、戦争の実態を伝えようとイラク入りしたフリージャーナリスト。彼・彼女らが目隠しされ、ナイフで脅されている映像に、私は大きな衝撃を受けた。

その映像が流れてわずか一時間半後、福田官房長官は記者会見で「自衛隊はイラクの人々のために人道復興支援を行っている。撤退の理由はない」と言明した。「人質救出」に向けた交渉の可能性や糸口を探った形跡すら感じさせない「問答無用」の即答だった。

三人の家族は「これでは助かる見込みはない」「一時撤退という選択肢はないのでしょうか」と、政府に再検討を求めた。自衛隊派遣がなければ、日本人はイラクの人々の「敵」にはならなかったのだ。この時期、サマワの陸上自衛隊は、「治安悪化」のため宿営地外での活動を休止していた。「一時撤退」は、「イラク特措法」上も必要な選択だった。

だが、川口外相は「人質解放」を訴えるビデオメッセージの中で「自衛隊はイラク復興のために派遣されている」と、武装グループを挑発した。小泉首相は来日中のチェイニー米副大統領と会談し、「日米の緊密な協力」を確認した。イラク侵略の黒幕、ネオコン・軍需産業の親玉に「協力」を求める無神経！

しかし、日本の「世論」は、こうした政府の「見殺し政策」批判には向かわず、それどころか、人質にされた三人と自衛隊撤退を求める家族を非難する方向に進んだ。

三人の実家や北海道東京事務所には「勝手にイラクに行って迷惑をかけたうえ、政府を非難するのか」「国に逆らって人質になったのだから、三人は自業自得だ」などという中傷の電話やファックスが殺到した。

政府、外務省もそれに便乗し、拍車をかけた。竹内行夫外務事務次官は一二日、外務省がイラクからの退避勧告を出していることに触れて「日本の主権の及ばないところでは、保護に限界があるのは当然だ。自己責任の原則を自覚して欲しい」と発言。小泉首相は一三日、「退避勧告に従わず入ってしまう人がいるようだが、そういうことはしてほしくない」と、人質の三人に「派兵の責任」を転嫁した。

こうした中で、政府の対応に批判的だった被害者家族たちの発言は次第に封じられ、それまでの発言を謝罪するようになった。被害者の一人、高遠菜穂子さんの母親は一三日、「子どもたちの感情的な発言を許してほしい」とテレビカメラに向かって頭を下げた。

それでもバッシングはおさまらず、三人と家族のプライバシーにまで踏み込んで非難の言葉を投げつけたり、「人質=自作自演」論を唱えたりする週刊誌報道も出てきた。

三人は一五日、八日ぶりに解放されたが、その後も「自己責任論」による被害者攻撃は続いた。小泉首相は一六日、「人質救出にいかに多くの人が取り組んだかということを、退避勧告を無視して行った方々はよく考えてほしい」

と批判。同日の閣議では、「救出費用を三人に負担させるべきだ」「損害賠償を求めてもいいぐらいだ」などという発言が相次いだ。

「人質」非難のキャンペーン

事件発生から八日間、私は国会議事堂周辺に出かけたり、自衛隊撤退要求デモに参加したりしながら、ただ三人の無事を祈ることしかできなかった。もどかしかった。

と同時に、腹が立って仕方がなかった。「ブッシュの戦争」で傷ついた子どもたちを助け、米国の大量破壊兵器の被害実態を伝えようと、命がけで行動する人たちに冷酷な「自己責任論」を投げつけ、日本の「戦争加担責任」には気づきもしない日本社会の腐ったありよう。

そんな浅薄・低劣な「自己責任論」を日本社会に蔓延させる「火付け役」となり、バッシングを煽動したのが、読売新聞だった。

それは、三人の拘束を伝える第一報が載った九日付紙面から始まった。《卑劣な脅しに屈してはならない》と題した同日付社説は、《外務省は渡航情報の中で危険度の最も高い「退避勧告」を出していた。三人の行動はテロリストの本質を甘く見た軽率なものではなかったか》と、非難の矛先を被害者に向けた。

翌一〇日付社説《首相の「撤退拒否」表明を支持する》は、もっと露骨だ。《三人にも問題がある。イラクでは、一般市民を巻き込んだテロが頻繁《ひんぱん》に発生している。それを承知でイラク入りしたのは、無謀な行動だ。三人にもこうした事態を招いた責任がある》――まさに「自己責任論」の原型である。

「一般市民を巻き込んだテロ」を繰り返してきたのは、米軍だ。開戦以来の一般市民の死者は一万人を超える。四月五日以降、米軍はファルージャの街を包囲し、子どもたちが避難するモスクにも容赦なくミサイルを撃ち込んで約七〇〇人を虐殺した。そうした戦争の被害者を助け、被害実態を伝えようとして、三人は「危険なイラク」に入ったのだ。

一三日付社説では、《人質の家族の言動にもいささか疑問がある。記者会見で公然と自衛隊の撤退を求めていることだ。（中略）武装グループの脅しに応じ、政府の重要政策の変更まで求めることが、適切といえるだろうか》と、家族にも攻撃の矛先《ほこさき》を向けた。

この社説は、《三人は事件に巻き込まれたのではなく、自ら危険な地域に飛び込み、今回の事件を招いたのである。自己責任の自覚を欠いた、無謀かつ無責任な行動が、政府や関係機関などに、大きな無用の負担をかけている。深刻に反省すべき問題である》とまで書いた。「自己責任論」の権力的本質を露にした「自業自得論」。家族に対する中傷・嫌がらせ電話の「手本」のような文章だ。

三人が解放された一五日以降、読売はバッシングに拍車をかけた。解放を伝えた一六日付紙面。二面では《問われる「自己責任」／無視された退避勧告／外務省　個人の行動把握困難／「危険」自ら招く》の大見出しで、政府・外務省・与党幹部らの《「自己責任」を求めるべきだとの意見》を大きく取り上げた。社会面には、《軽い行動　重い責任》の見出しの楢崎憲二社会部長署名入り記事。社説でも、《政府の「退避勧告」という制止を振り切って、危険を覚悟で出かける以上、万が一の時には政府が助けてくれる、と安易に考えるべきではない。政府が「自己責任」の自覚を求めているのは当然のことである》と追い討ちをかけた。

三人に続いて一四日に拘束されたフリージャーナリスト二人にも、読売は非難を浴びせた。二人の解放を伝えた一八日付の社説は、《同じ愚を繰り返してはならない》のタイトルで、《やはり、甘かったのではないか》と批判。社会面では《警告無視し取材強行／ベテラン写真家「退く勇気も大切」》として、「軽率」「無謀」などの非難の言葉を投げつけた。

さらに一八日に帰国した三人の様子を伝えた一九日付社会面では、《副大臣ら派遣●自治体も要員／費用は?「一部自己負担に」の声》の見出しで、本人の帰国費用ばかりか政府・自治体関係者の「活動費」まで細かく計算、「自己責任論」を「自己負担論」に拡大した。

こうした中で、自己責任論の「つじつまあわせ」のように行われたのが、大手メディア記者の「イラク撤退」だ。事件発生の八日以降、新聞、テレビ各社が次々と記者をイラク国外に撤退させ始め、一四日には、外務省が「報道関係者が誘拐事件の標的とならない保証はない」と各社に退避を要請した。

読売も一五日、サマワで自衛隊の「支援活動」を取材していた記者を退避させた。それを伝えたのは、《問われる「自己責任」》の大見出しで人質の三人を非難した紙面の最下段。一段見出し《本紙記者らサマワ撤退／空自輸送機で》と目立たない扱いで、読売記者ら四社一〇人が航空自衛隊輸送機でクウェートに退避した、と報じた。この記事には、「現地の治安が悪化し、外務省から航空自衛隊の輸送機での退避を求められたため、利用しました」との「広報部の話」添えられていた。その「輸送費用」に関して「自己責任」で「自己負担」したのかどうか、言及はなかった。

ジャーナリズムの責任放棄

サマワの陸上自衛隊に「密着取材」し、「現地の人々から感謝されている」だの「ヒゲの隊長に人気」だのという提灯《ちょうちん》記事を書いてきた読売記者が、「危険な非戦闘地域」から撤退しても、さほど影響はない。

しかし、自分たちが撤退するからといって、イラクにとどまって活動するフリージャーナリストやNGOの人たちに「無謀」「軽率」などの非難を投げつけ、「退去」を迫るのは、メディアとして許しがたい道義的退廃だ。

イラク戦争開戦以来、「爆撃される側」「殺される側」から、命がけで戦争の実態、悲惨な一般市民の被害を伝え続けてきたのは、組織に頼らないフリージャーナリストたちだ。また、戦争で家族を失い、仕事を奪われ、日々の生活に苦しむ人たちを、何とか支えようと「自己の責任・負担」で活動してきたのが、高遠さんをはじめとするNGOの人たちだ。

この人たちを危険にさらしたのは、「米英の占領支配」支援のために小泉政権が憲法も無視し、強行した自衛隊派遣である。また、人質が解放されたのは、《政府の毅然とした対応があったからこそ》（一八日付読売社説）などではない。それは事実に基づく主張ではない。

読売は意図的に報道しなかったのだろうが、事件発生後、NGO関係者やフリージャーナリストの仲間たちは、あらゆる手段、ルートを通じ、拘束された三人が「ブッシュの戦争」に反対する「イラクの友人」であることを知らせ、訴え続けた。各地で自衛隊撤退を求める抗議集会を開き、デモ行進を組織した。

三人を解放した武装勢力の声明は「日本の市民が行ったデモ」を評価し、自衛隊駐留という「日本政府の政策を拒否するという道義的な立場に立つ日本人に共感する。我々は人質三人の解放を決断した」とはっきり述べた。

読売新聞は事件発生直後から、武装勢力を「テロリスト」と断定した。しかし、イラクで起きているのはまぎれもなく「戦争」である。米英軍は、「大量破壊兵器」のウソをでっち上げてイラクを侵略し、その占領支配のためにイラクの無辜《むこ》の人々を殺傷し続けている。

そして日本は「有志連合国」の一翼を担い、自衛隊を派遣した。それによって、日本は明確に彼らの敵になった。その敵の一員である三人の人質を、彼らは「道義的な立場に立つ日本人」として解放したのだ。これがなんで「テロリスト」であろうか。

つい最近まで同じ社に属していた者として、ぞっとする想像だが、もし拘束されたのが「イラク戦争を支持し、自衛隊派遣にも賛成する読売新聞」の記者だったとしたら……。

読売新聞が火をつけた「自己責任論」に便乗して、日本政府は「非戦闘地域」かつ「危険なイラク」から、日本の大手メディアの大半を撤退させることに成功した。権力者の常套《じょうとう》手段「知らしむべからず」である。

それでも、「イラクで起きていることを伝えなければ」と「自己責任」で残ったジャーナリストたちがいる。もし彼らがいなければ、「ファルージャの虐殺」のような事態が繰り返されても、その事実は伝えられないだろう。派遣された自衛隊が戦闘行為に及んでも、その実態を知らせる者はいなくなるだろう。

彼らこそが「ジャーナリストの責任」をまっとうし、市民の「知る権利」に応える人たちだ。そして、読売新聞は、まやかしの「自己責任論」で、ジャーナリズム本来の報道責任を放棄した。

二〇〇〇年一月に改定された「読売信条」の最後に、こんな言葉がある。

《真実を追求する公正な報道、勇気と責任ある言論により、読者の信頼にこたえる》

読売新聞は今、読者の信頼に応えていない。

現在の読売新聞に、かつて抱いていたような愛着は、今もうほとんど感じられない。

三〇年余り勤務し、ジャーナリスト人生の大半を過した読売新聞に、こんな言葉を向けなければならないのは、ほんとうに残念だ。

*

しかし、読売社内には、ジャーナリスト精神を失わず、志をもった優れた記者は少なからずいる。彼／彼女らが、取材・報道の現場で、困難な闘いを続けていることを、私はよく知っている。この一文と本書が、彼／彼女らを励ますものとなることを願う。いつの日にか、読売新聞が読者の信頼に応えるメディアとして再生することを心から祈って。

最後に、本書に収めた記事、論文を掲載してくださった『週刊金曜日』『創出版』『ひとりから』『社会評論社』の編集者の皆さん、人権と報道・連絡会の仲間の皆さん、そして本書を編集してくださった現代人文社の木村暢恵さんに心から感謝し、お礼を申し上げます。

二〇〇四年五月三一日

山口正紀

ミニ用語解説

（※以下の日付は、初出の号）

◆事件・メディア問題

甲山事件　（※99年10月22日、ただし、本文に詳細記述あり）

一九七四年三月、兵庫県西宮市の知的障害児施設「甲山学園」で園児二人が浄化槽で水死。警察は四月、施設職員山田悦子さんを男児殺害容疑で逮捕。不起訴後、七八年二月再逮捕。一審無罪─二審差戻し─最高裁上告棄却─差戻し審一審無罪を経て九九年九月、大阪高裁判決で無罪確定。

「ロス疑惑」事件　（※01年2月9日）

一九八一年一一月、米ロサンゼルスで三浦和義さんと妻が銃撃され、妻が一年後に死亡。『週刊文春』が八四年一月、「保険金殺人疑惑」報道。テレビ、新聞も「情報の銃弾」を浴びせた。三浦さんは五〇〇件以上のメディア訴訟を起こし、約八割で勝訴。二〇〇三年三月、「銃撃事件」無罪確定。

幼女連続誘拐殺人事件　（※02年1月18日）

一九八八年八月から八九年六月にかけ、埼玉県内と東京都内で四人の少女が行方不明になり、警察は八月に二七歳の青年を逮捕。メディアは別件段階から「幼女連続誘拐殺人」犯人として実名報道、青年の家族は転居を余儀なくされ、後に父親は自殺した。

ＴＢＳ「オウムビデオ」問題　（※99年11月5日）

ＴＢＳが一九八九年一〇月、オウム真理教幹部に放映前の坂本堤弁護士のインタビュービデオを見せていたことが、九五年一〇月に明るみに出、視聴率競争に駆られたテレビの報道倫理が問われた。自民党や郵政省は「放送法抵触」として法的問題にし、ＴＢＳ幹部が国会に参考人招致された。

テレビ朝日「椿発言」問題　（※99年11月5日）

一九九三年九月、テレビ朝日の椿貞良・報道局長が民放連の会合で行った総選挙報道に関する発言について、一〇月一三日付産経新聞が《非自民政権意図し報道／総選挙／テレビ朝日局長発言》と一面で大報道。自民党や郵政省が「偏向報道」と問題にし、椿氏は国会に証人喚問された。

松本サリン事件（※99年10月8日）

一九九四年六月二七日深夜、長野県松本市の住宅街で毒ガスが発生し、七人が死亡、一五〇人以上が重軽症を負った。警察とメディアは当初、第一通報者の河野義行さんを容疑者扱いしたが、毒ガスはサリンとわかり、九五年七月、オウム真理教幹部らが殺人罪などで起訴された。

地下鉄サリン事件（※00年1月14日）

一九九五年三月二〇日朝、東京都内の地下鉄三路線の電車内で毒ガスが発生し、乗客ら一一人が死亡、五五〇〇人が重軽症。警察はサリンによる無差別殺人事件として捜査、オウム真理教幹部らを殺人罪などで逮捕、起訴した。

オウム報道（※99年9月10日）

一九九五年三月の地下鉄サリン事件後、警察はオウム真理教施設を一斉捜索、各地で別件・微罪逮捕などを行ったが、メディアは違法捜査を容認。教団が「アレフ」として再出発後も、各地で「オウムが来た」とメディアが煽り、住民票不受理や入学拒否など「反憲法的状況」が生まれた。

サンディエゴ事件（※99年11月5日）

一九九六年五月、米国サンディエゴ市でアルツハイマー病研究の世界的権威だった日本人大学教授父娘が銃撃され死亡。共同通信の誤報などによって遺族への「疑惑」報道が繰り広げられた。遺族はメディア三九社に損害賠償訴訟、葬儀会場での肖像無断撮影などで勝訴。

渋谷・女性管理職殺人事件（東電ＯＬ事件）（※99年11月5日）

一九九七年三月、東京・渋谷で大企業管理職女性が殺害された。メディアは、「キャリアウーマン、ナゾの私生活」などと被害女性のプライバシーを大報道。警察はネパール人男性を逮捕。男性は無実を訴え、一審は無罪だったが、身柄を拘束したままの二審で逆転有罪判決、最高裁で確定。

神戸事件（神戸・児童殺傷事件、酒鬼薔薇事件）（※99年11月5日）

一九九七年五月二七日、神戸市内の中学校前で小学生男児の頭部が発見され、「酒鬼薔薇聖斗」の署名入り犯行メッセージ。過熱取材競争の中、六月二八日に一四歳の少年逮捕。同年三月に起きた「連続通り魔事件」も少年の犯行とされ、少年審判で医療少年院送致の保護処分。

堺・通り魔事件（※00年4月7日）

一九九八年一月八日、大阪府堺市の路上でシンナー依存症の一九歳少年が通学途中の女子高校生、幼稚園児らを包丁で襲い、三人を死傷させた。二〇〇〇年三月、懲役一八年の一審判決。『新潮45』が少年を実名報道、それを訴えた訴訟で二〇〇〇年二月、大阪高裁は実名報道容認の逆転判決。

和歌山毒カレー事件（※99年9月24日）

一九九八年七月二五日、和歌山市内の住宅街の夏祭り会場でカレーに毒物が混入され、住民四人が死亡、六三人がヒ素中毒。メディアが「疑惑」対象とされた夫婦の自宅を二四時間包囲する中で一〇月、夫婦は別件逮捕され、妻は殺人容疑で再逮捕。和歌山地裁は二〇〇二年一二月、妻に死刑判決。

脳死移植報道（※99年11月5日）

一九九九年二月、臓器移植法による初の「脳死移植」が行われた際、メディアは脳死判定前から「脳死前提」報道を行った。病院に多数の報道陣が殺到、入院患者に「感想」を聞いたり、ドナー宅周辺でドナーの人柄を取材するなどの無神経な取材合戦を繰り広げた。

桶川事件（桶川ストーカー殺人事件）（※00年3月24日）

一九九九年一〇月二六日、埼玉県桶川市で白昼、女子大学生が刺殺された。被害者は数カ月前からストーカー行為に悩まされ、警察に対処を求めていたにもかかわらず、警察が告訴調書を改ざんするなどして放置する中で事件が起きた。遺族は警察を相手取り、国家賠償請求を提訴。

京都・日野小事件（※00年2月25日）

一九九九年一二月二一日、京都市伏見区の日野小学校校庭で男子児童が首を刺され、死亡。「少年の犯行」との見方が報道され、過熱取材が続いた。二月五日、事情聴取中の男性が捜査員を振り切って逃げる途中、高層階から転落死、捜査は「被疑者死亡」として終わった。

新潟女性監禁事件（※00年2月25日）

二〇〇〇年一月、新潟県柏崎市で、九年二カ月間、男性の自宅に監禁されていた少女が保護された。『週刊文春』などが逮捕前から入院中の男性の実名・顔写真を報道。警察は二月、男性を逮捕し、新聞も実名報道。少女の発見時、県警本部長が警察庁幹部を麻雀接待していたことも問題化。

森首相「神の国」発言（※00年7月7日）

二〇〇〇年五月一五日、森喜朗首相が、神道政治連盟国会議員懇談会で「日本の国、まさに天皇を中心としている神の国であるぞということを国民の皆さんにしっかりと承知していただく」と発言し、国民主権や政教分離に反すると批判された。

北陸クリニック事件（仙台・筋弛緩剤事件）（※01年6月15日）

二〇〇一年一月、宮城県警が仙台市の北陸クリニックに勤める准看護士を「患者五人に筋弛緩剤を混入した」として殺人・同未遂容疑で逮捕、起訴。被告・弁護側は「事件は病院の医療ミス隠し。被告は病院側に仕組まれた冤罪の被害者」と主張。仙台地裁は二〇〇四年三月、無期懲役判決。

大阪・児童殺傷事件（池田小事件）（※01年6月29日）

二〇〇一年六月八日午前、大阪府池田市の大阪教育大付属池田小学校に包丁を持った男性が侵入、一、二年生八人を刺殺、教師二人を含む一五人に重軽傷を負わせた。新聞、テレビはヘリコプターで現場を撮影して初期の救急活動を妨げ、精神疾患に関する報道とともに大きな問題になった。

◆団体・組織、その他

人権と報道・連絡会（※99年10月8日）

報道による人権侵害をなくそうと一九八五年、報道被害者、弁護士、研究者、ジャーナリスト、市民が参加して発足。報道被害者を支援する一方、定例会やシンポジウムを開き、報道被害をなくすための活動、メディア内部での報道改革に取り組んでいる。

新聞労連ＪＴＣ（ジャーナリスト・トレーニングセンター）（※99年12月3日）

「ジャーナリズムとは何か、新聞記者とは何かを問い直し、新聞社の枠を越えて自立・自律したジャーナリストを養成する」ことを目的に一九九三年設置。年に一～二回、全国の若い記者を対象に合宿研修会を開き、「報道される側」の声などを聞いて記者活動のあり方を話し合っている。

ＢＲＯ（ＢＰＯ）（※99年11月5日）

ＢＲＯは二〇〇三年七月、「放送番組向上協議会」と一本化し、「放送倫理・番組向上機構」（略称＝ＢＰＯ、放送倫理機構）に改組された。ＢＰＯには、「放送番組委員会」「放送と人権等権利に関する委員会（ＢＲＣ）」「放送と少年に関する委員会」が設けられている。

無罪推定原則（無罪推定の法理）　（※99年11月19日）

一七八九年、フランス革命「人および市民の権利宣言」九条は、「すべての人は、有罪と宣告されるまでは無罪と推定される」と宣言した。また、一九四八年、国連総会で採択された「世界人権宣言」一一条一項は、「有罪の立証があるまでは、無罪と推定される」と規定した。

オンブズマン　（※00年12月1日）

「代理人」を意味するスウェーデン語。一八〇九年に国会オンブズマン設置後、法律に基づく各種オンブズマンが生まれた。プレス・オンブズマンは一九六九年、メディアが自主的に設置。「市民の代理人」として報道を監視、苦情を調査して報道評議会に送付するなどの活動をしている。

メディア責任制度　（※00年7月7日）

メディア界全体で自主的に報道評議会などの制度を作り、報道倫理綱領を基準に報道内容を調査し、報道が倫理綱領に違反しているかどうか、メディア外の市民も交えた評議会で判断する。綱領違反と裁定された場合は、当該メディアはそれを自身の紙面に掲載しなければならない。

集団的過熱取材　（※02年1月18日）

新聞協会は、「集団的過熱取材」「メディア・スクラム」という表現を併用し、新聞なども「メディア・スクラム」を多用する。しかし、権力に対してメディアがスクラムを組んで闘うことが必要な場合もあり、一概に「メディア・スクラム」は否定できず、その用法には疑問がある。

夜討ち朝駆け　（※99年9月24日）

帰宅した警察幹部や捜査員の自宅を訪ねたり（夜討ち）、出勤する捜査員を自宅前でつかまえたり（朝駆け）して、役所では聞けない捜査の非公式情報を取材する。ごく断片的な情報がほとんどで、それを特ダネ扱いする結果、誤報、冤罪に結びつくことも多い。

ニュースの虚構　メディアの真実

現場で考えた'90〜'99報道検証

◎内容一覧

1993年1～12月

1994年1～12月

1995年1～12月

メディア責任制度〈サンディエゴ事件〉◆報道被害救済に独自の放送倫理基準を
冤罪◆甲山・長期裁判と冤罪加担の報道責任
誤報〈道頓堀事件〉◆事件の社会的背景に迫る取材・報道とは
報道被害◆「メディア受け」を狙った情報社会の冤罪
報道倫理◆取材者の立つ位置が問われるオウム報道
報道倫理◆報道は、大人だけのもんじゃない
「ロス疑惑」報道◆「情報の銃弾」への「有罪判決」
「ロス疑惑」報道◆「ロス銃撃」上告の矛盾を伝えない報道
冤罪◆家宅捜索で容疑を断定するリーク報道
ジャーナリスト◆人権侵害報道と新聞記者の人権状況
ジャーナリスト◆編集リストラが招く『新聞が消えた日』
犯人視報道〈和歌山事件〉◆〈疑惑情報の毒物〉をばらまいた朝日新聞
冤罪◆〈ハイジャッカー〉と冤罪・報道を考える
犯人視報道◆メディアが演出した〈劇場型捜査〉
プライバシー〈サンディエゴ事件〉◆葬儀の無断撮影・掲載は許されない
犯人視報道〈和歌山事件〉◆「黙秘権非難・弁護団敵視」報道の怖さ
冤罪◆「自白偏重捜査」を生み出す構造
冤罪〈安田弁護士逮捕報道〉◆弁護団敵視報道に支えられた政治的逮捕

1999年1〜8月

報道姿勢◆「権力のための番犬」のニュース価値観
報道倫理◆「ささいなミス」が生む大きな報道被害
冤罪◆安田弁護士逮捕報道と記者クラブの壁
メディア責任制度◆報道評議会設立へ新聞協会は決断を
冤罪◆「安田初公判」で報道されなかったこと
報道の自由◆問題すり替えの『テレ朝』バッシング
冤罪◆オウム弁護人「安田解任」報道を問う
医療報道◆過ちの自覚ない「脳死移植」検証報道
報道倫理◆男の性的関心に媚びる『週刊現代』の虚報
誤報◆道頓堀事件「共犯」被告無罪判決と報道
報道姿勢◆「盗聴法」容認はメディアの自殺行為だ
報道倫理◆「被害者基本法」報道に報道被害の視点を
メディア責任制度◆報道被害者を失望させるＢＲＣの欠陥
戦争責任◆日の丸・君が代の法制化と新聞の責任
誤報◆思い込みが歪めた「道頓堀事件」判決報道

◆プロフィール

山口正紀（やまぐち・まさのり）

「人権と報道・連絡会」世話人、ジャーナリスト。

一九四九年、大阪府生まれ。

一九七三年、読売新聞入社。

宇都宮支局、甲府支局、東京本社地方部、婦人部・生活情報部、情報調査部、データベース部などを経て二〇〇三年一二月末退社。

以後、フリージャーナリストとして活動。

◆主な共・編著書

『資料集　人権と犯罪報道』（八六年・日本評論社）、『情報の銃弾――検証「ロス疑惑」報道』（八九年・日本評論社）、『天皇とマスコミ報道』（八九年・三一書房）、『男性改造講座――男たちの明日へ』（九三年・ドメス出版）、『匿名報道――メディア責任制度の確立を』（九三年・学陽書房）、『報道の人権侵害と闘う本』（九五年・三一書房）、『無責任なマスメディア――権力介入の危機と報道被害』（九六年・現代人文社）、『テキストブック　現代の人権』（九七年第二版、〇四年第三版・日本評論社）、『〈男らしさ〉と〈男性問題〉――揺らぎ、動き始めた男たち』（九八年・広島県女性会議）、『ニュースの虚構　メディアの真実――現場で考えた'90～'99報道検証』（九九年・現代人文社）、『人権読本』（〇一年・岩波書店）、『検証・「拉致帰国者」マスコミ報道』（〇三年・社会評論社）など。

九七年から『週刊金曜日』に「人権とメディア」を隔週連載中。

メディアが市民の敵になる
さようなら読売新聞

2004年8月23日　第1版第1刷

著　者　山口正紀
発行人　成澤壽信
編集人　木村暢恵
発行所　株式会社現代人文社
〒160-0016東京都新宿区信濃町20佐藤ビル201
TEL　03-5379-0307（代表）FAX 03-5379-5388
E-mail　daihyo@genjin.jp（代表）
hanbai@genjin.jp（販売）
URL　http://www.genjin.jp
振替　00130-3-52366

装　幀　清水良洋（push-up）

発売所　大学図書
印刷所　モリモト印刷株式会社

検印省略　Printed in Japan
ISBN4-87798-222-1 C0036